Ganzheitliche Fitneß
für
Körper, Geist & Seele

Konzeption: litera-team med, München
Medizinische Beratung: Margarita Haberer, Ärztin
Redaktion und Text: Helga Jokl, München
Illustrationen: Holger Schubert, München
Die Typographie des Buches besorgte Dieter Blase
Den Schutzumschlag gestaltete Thomas Steinkämper
Fotosatz: Utesch Satztechnik, Hamburg
Druck: Neue Stalling, Oldenburg
ISBN: 3-927624-15-2

GANZHEITLICHE

FITNESS

FÜR KÖRPER GEIST & SEELE

stay young!

STEDTFELD

Inhaltsverzeichnis

Hinweis

Die Ratschläge in diesem Buch sind mit aller Sorgfalt zusammengestellt und mehrfach überprüft worden. Dennoch kann eine Garantie nicht übernommen werden. Eine Haftung des Verlages und seiner Beauftragten für Personen-, Sach- oder Vermögensschäden ist ausgeschlossen.

Ein Wort zuvor

Alle reden von Gesundheit – auch dieses Buch, und das gleich auf über 300 Seiten. Gesundheit, Fitneß, Wohlbefinden und der Traum von der ewigen Jugend... alles Themen, die die Menschheit seit Anbeginn beschäftigen. Die Ratschläge und Rezepte, die gefunden wurden, um diesen Idealen ein wenig näher zu kommen, füllen ganze Bibliotheken und sind so vielfältig wie die Kulturen und Epochen, die sie hervorgebracht haben. Altbekannte Themen also, die doch immer wieder neu sind. Was ist nun Anfang der 90er Jahre so neu am Thema Fitneß und Gesundheit? Was hat sich geändert in den letzten Jahren?

Es hat sich sehr viel geändert. Ein Blick auf Buchtitel und Schlagzeilen belegt die neue Entwicklung: *Naturmedizin, biologische Heilmittel, ganzheitliche Medizin, Homöopathie, Aktivierung der Selbstheilungskräfte, Stärkung des Immunsystems, Umweltschutz, Kritik an Chemotherapie*... diese Begriffe sind uns heute mehr als geläufig. Allein diese kurze Aufzählung zeigt, daß der blinde Glaube an die Allmacht der Wissenschaft und Medizin gebrochen ist, daß Zivilisationsschäden wie Allergien, Immunschwäche, Herzinfarkte und Krebs ebenso ihre Spuren hinterlassen haben wie die täglichen Meldungen von Umweltkatastrophen. Sie beweist aber auch, daß die Wirkung dieser Bedrohungen nicht die der passiven Lähmung ist, sondern die des Sich-Aufbäumens: Wir wollen uns nicht vergiften lassen, wir wollen gesund bleiben oder wieder gesund werden, wir wollen das Leben genießen, und wir wollen nicht resignierend hinnehmen, daß Infernos wie Tschernobyl oder die Zerstörung der Urwälder die gesamte Menschheit vernichten.

Wir wollen leben. Und wir suchen nach Alternativen, nach besseren Lebensformen. Immer mehr Menschen fangen an zu begreifen, daß weder der einzelne noch die Menschheit insgesamt dabei einen Alleingang machen kann: Ökologisches und ganzheitliches Bewußtsein sind die Pfeiler, auf denen die Wende des modernen Denkens steht – der Mensch begreift sich wieder als Teil seiner natürlichen Umwelt und wird sich der Einheit von Körper, Seele und Geist bewußt.

Wie ist dieser Wandel des Denkens zu beurteilen? Ist er Vorbote und Symptom eines neuen Zeitalters, wie es New-Age-Philosophen seit geraumer Zeit prophezeien? Stehen wir, wie der US-Atomphysiker und New-Age-Begründer Fritjof Capra schreibt, „an der Wende der Gezeiten"? Sind wir uns endlich „des Verrats an unserem Körper" bewußt geworden, wie es Alexander Lowen, der Begründer der Bioenergetik ausgedrückt? Fangen wir an zu begreifen, daß wir die Verantwortung für unser Wohlbefinden nicht nur anderen übertragen dürfen, und seien es auch noch so hochspezialisierte Mediziner und Wissenschaftler? Oder haben jene recht, die (etwas rationaler und materialistischer) in diesem Wandel in erster Linie eine Reaktion auf ökonomische und politische Verhältnisse sehen? Nach dem Motto: Wenn schon die Wirtschaft und die Politik versagen, wenn radikale Gesetzesreformen eine vernünftige staatliche Gesundheitsfürsorge gefährden, dann müssen wir zur Eigeninitiative greifen und uns selbst um unser Wohlbefinden kümmern. Welcher Interpretation Sie sich auch immer anschließen, die Tatsache, daß Sie dieses Buch in Händen halten, spricht dafür, daß Sie sich für ein neues Verständnis von Gesundheit interessieren und auch aktiv etwas für Ihr Wohlbefinden tun wollen.

Was erwartet Sie in diesem Buch?

Sie haben einen Ratgeber gekauft. Manche Verlage und Buchhändler stecken solche Bücher auch in die Sparte *Lebenshilfe*. Rat und Hilfe, wie man es besser machen kann, erwartet Sie also in erster Linie in diesem Buch, nur am Rande werden Theorie und Wissenschaft einfließen. Die Ausführungen sind praxisbezogen und bleiben beim Thema: Fitneß-Gesundheit-Wohlbefinden, und was Sie selbst dafür tun können, zuhause, als Laie, ohne große Vorkenntnisse. Alle Mittel und Ratschläge beruhen auf der Basis natürlicher Methoden, die teilweise auf jahrtausendealte Traditionen zurückgehen. Patentrezepte für Gesundheit und ewige Jugend, unseriöse Versprechungen und die Illusion, *alles* in Ihrem Leben liege in Ihrer eigenen Hand, werden Sie jedoch nicht finden. In dem Moment, in dem die Grenzen der Selbsthilfe erreicht sind und sie zur Selbstgefährdung werden könnte, finden Sie klare Hinweise darauf.

Die Ratschläge für ein so komplexes Thema wie die menschliche Gesundheit können sich nicht auf die eigenen vier Wände beschränken. Wer sich gesund ernähren will, ist abhängig von den Lebensmitteln, die er zu sich nimmt, und wer Wert auf natürliche Körperpflege legt, kommt nicht um Fragen wie Tierversuche, chemische Zusatzstoffe oder Allergieauslöser herum. Eine kritische, umweltbewußte Einstellung gehört untrennbar zu einem neuzeitlichen Gesundheitsverständnis. Der warnende Zeigefinger, der darauf hinweist, wie gefährlich und schrecklich manche Auswüchse unserer modernen Gesellschaft sind, wird jedoch nicht überstrapaziert. Er wird, wo immer möglich, durch den hinweisenden Zeigefinger ersetzt, der Alternativen aufzeigt.

Dieser Ratgeber möchte Ihnen vor Augen führen, wie weitreichend die Möglichkeiten sind, die Gesundheit und das Wohlbefinden zu fördern. Ganzheitliche Fitneß, so wie sie in diesem Buch verstanden wird, ist sanfte Fitneß. Deshalb erfahren Sie in erster Linie, wie Sie sich Schritt für Schritt diesem Ideal annähern. Sanfte, mit Motivationshilfen angereicherte Anleitungen und Stufenpläne werden Ihnen zeigen, daß Sie sich Fitneß nicht im Schweiße Ihres Angesichtes erarbeiten müssen, sondern daß Fitneß Spaß macht, das Selbstwertgefühl steigert und ein Stück Lebensqualität darstellt.

FIT WERDEN – FIT SEIN

Fitneß-Gesundheit-Wohlbefinden

Ausgeglichenheit, Erfolg, Gesundheit, Jugend, Leistungsfähigkeit und Schönheit. Wer besäße nicht gerne möglichst alle diese Eigenschaften? Wie schwer fiele die Wahl, könnte man sich, wie im Märchen, eine von ihnen wünschen! Aber müssen wir uns denn wirklich entscheiden, brauchen wir tatsächlich die Zauberkräfte einer guten Fee, um unsere Wünsche zu erfüllen?

Was ist Fitneß?

Prägnanter und gleichzeitig vielschichtiger lassen sich die unzähligen Vorstellungen zu menschlichem Wohlbefinden nicht ausdrücken wie mit dem kurzen Wörtchen *fit*. Wer fit ist, dem geht es gut, der fühlt sich in seiner Haut wohl, der ist nicht zu dick und nicht zu dünn, der ist geistig und körperlich auf der Höhe, der ist bzw. fühlt sich jung, hat keine gesundheitlichen Probleme und ist stets guter Dinge. Jeder, der sich jetzt überlegt, was für ihn *Fitneß* bedeutet, wird noch die eine oder andere Umschreibung hinzufügen können. Eines ist jedoch sicher: Es wird sich ausschließlich um positive Aspekte handeln.

Fitneß birgt alles in sich, was man sich Positives für Leib und Seele wünschen kann. Und das Beste an der Fitneß: Es gibt sie nicht nur im Märchen, und sie wird uns nicht per Zufall zuteil, sondern wir können sie uns selbst, mit eigener Kraft erwerben.

Fitneß: nur eine Modeerscheinung?

Seit in den 60er Jahren die erste Fitneßwelle aus Amerika zu uns überschwappte, sind unzählige Fitneßbewegungen entstanden: Aerobic, Jogging, Walking, Mountain-Biking... Kein Wunder, daß all diese Sportarten so beliebt wurden, denn sie versprachen das Zauberwort Fitneß, hatten einen herrlich amerikanischen Namen, und die Freizeitindustrie lieferte das entsprechende modische Outfit gleich mit. Wie alle Dinge im Leben hat auch die Fitneßwelle ihre negativen Seiten entwickelt. Falscher Ehrgeiz sowie mangelnde Trainingsvorbereitungen haben Sportverletzungen zur Unfallursache Nr. 1 werden lassen. Als Antwort auf solche Auswüchse hat sich vor kurzem ein Fitneßtrend entwickelt, der sich *Wellness* nennt. Als *neue* Fitneß für die neunziger Jahre werden unter diesem Namen Inhalte werbewirksam verkauft, die seit jeher zu einem richtig verstandenen Fitneßbegriff zählten: eine Berücksichtigung von Ernährung, Bewegung und Entspannung sowie die Einheit von Körper, Seele und Geist.

Ganzheitliche Fitneß

Die Gleichsetzung von Fitneß und sportlicher Betätigung war immer schon oberflächlich. Gerade diejenigen, die sich dem Sport als Hauptaufgabe widmen, wissen, daß ein umfassendes Wohlbefinden nur erreicht werden kann, wenn alle Bereiche des menschlichen Wesens angesprochen werden. So begreift die Sportwissenschaft Fitneß als Zusammenspiel von physischen, geistigen, sozialen und emotionalen Komponenten, die nur sehr bedingt voneinander trennbar sind. Und kein erfolgreicher Trainer vernachlässigt bei allem Bewegungstraining die Überwachung der Ernährung oder der Erholungsphasen seines Schützlings, selbst dessen Freizeitverhalten und soziale Kontakte werden für ihn von höchstem Interesse sein.

Die 10 Grundlagen ganzheitlicher Fitneß

1. **Ausgewogenheit:** Ganzheitliche Fitneß ist darauf ausgerichtet, das gesamte Wesen des Menschen zu erfassen. Entspannung, Bewegung, Körperpflege und gesunde Ernährung finden ebenso Beachtung wie die Steigerung des Wohlbefindens durch Wasseranwendungen oder

Massagen. Jeder dieser Bereiche ist dabei wie das Glied einer Kette, die nur so stark sein kann wie das schwächste ihrer Glieder.

2. **Kein Leistungszwang:** Ganzheitliche Fitneß setzt an die Stelle von Spitzenleistungen in Einzelbereichen die harmonische Allroundfitneß. Wer jeden Tag seine 20 Kilometer joggt, aber sich weiterhin falsch ernährt, raucht und trinkt, Entspannung und Körperpflege vernachlässigt, der tut weit weniger für seine Fitneß als derjenige, der in Maßen Sport betreibt, sich aber vernünftig ernährt, Genußgifte und unnötigen Streß vermeidet.

3. **Für jung und alt gleichermaßen:** Ganzheitliche Fitneß räumt mit der Vorstellung auf, ein fitter Mensch sei nur der junge, dynamische, sportliche, wohlgeformte, idealgewichtige, ja fast möchte man sagen maßhaltige Norm-Mensch aus der Sportartikelwerbung. Ganzheitliche Fitneß ist Fitneß für den Durchschnittsmenschen, ob jung oder alt, Bewegungsmuffel oder begeisterter Sportler.

4. **Individualität:** Ganzheitliche Fitneß nimmt auf die individuellen Voraussetzungen der Menschen Rücksicht. Sie macht deutlich, daß jeder sein Fitneßtraining entsprechend seinen eigenen Möglichkeiten gestalten und seine Ziele innerhalb eines vernünftigen, für ihn persönlich auch erreichbaren Rahmens stecken muß. Erfolge werden nie anhand von genormten Standardtabellen vorgenommen, sondern immer aufgrund individueller Leistungskontrollen wie Pulsschlag oder Atmung.

5. **Bewußtsein und Überlegung:** Ganzheitliche Fitneß stellt die Überlegung vor die Aktion. Was will ich überhaupt? Was kommt auf mich zu? Kann ich das durchhalten? Wie komme ich meinem Ziel näher? Checklisten, Tests und Vorschläge für Tagebücher helfen Ihnen in den einzelnen Kapiteln dieses Buches dabei, sich mit diesen wichtigen Fragen auseinanderzusetzen. Am Anfang jedes Einzelkapitels erfahren Sie, was Sie von der jeweiligen Fitneßmethode zu erwarten haben. „Was ist das?“ – diese Frage wird auf den folgenden Seiten oft gestellt und beantwortet werden.

6. **Realität und Sachlichkeit:** Ganzheitliche Fitneß erweckt keine falschen Erwartungen. Leere Versprechungen wie „In 10 Tagen um 10 Jahre jünger“ oder „In 10

Tagen um 10 Kilo leichter" werden Sie in diesem Buch nicht finden. Das mag so manchen um eine Illusion ärmer machen, aber es erspart auch Enttäuschungen und unnötige Selbstvorwürfe.

7. **Motivation:** Ganzheitliche Fitneß beschreitet behutsame Wege und setzt erreichbare Ziele. Stufenpläne zeigen auf, wie man langsam vom Ist-Zustand in den erstrebten Fitneß-Zustand kommen kann. Die Abstände dieser Fitneß-Stufen sind so klein, daß rasch Etappensiege erzielt werden können – die beste Motivationshilfe, um weiterzumachen.

8. **Flexibilität:** Ganzheitliche Fitneß ist vielseitig und abwechslungsreich. Viele Einzelbausteine fügen sich zu einem ganzheitlichen Fitneßmosaik zusammen. Wer sich entspannen, bewegen, abhärten oder gesund ernähren will, der kann dies auf unterschiedlichste Weise tun. Ganzheitliche Fitneß predigt keinen sturen, alleinseligmachenden Heilsweg.

9. **Zeitgemäßheit:** Ganzheitliche Fitneß nimmt auf die Anforderungen unseres modernen Lebens Rücksicht. Ob es der Streß und die Reizüberflutung in den Städten sind, die Bedrohung durch Umweltgifte oder die Belastungen des Organismus durch falsche Ernährungsweisen: Ganzheitliche Fitneß macht nicht nur auf Risiken aufmerksam, sondern zeigt vor allem Alternativen auf.

10. **Mündigkeit:** Ganzheitliche Fitneß vermeidet Bevormundungen. Die Verantwortung für Ihr Wohlbefinden wird Ihnen nicht abgenommen, es werden Ihnen lediglich Entscheidungshilfen geboten. Aber letztendlich müssen Sie entscheiden, welches Fitneßangebot der folgenden Seiten Sie annehmen.

Wie werde ich fit?

Fehler, die man vermeiden sollte

Der Vorsatz, endlich etwas für seine Fitneß und Gesundheit zu tun, wird meist erst gefaßt, wenn es fünf vor zwölf ist. Mit viel Eifer und einem Sack voll guter Vorsätze werden Gymnastikkurse belegt, Fitneßverträge geschlossen oder Schlankheitskuren begonnen. Aber die erste Fitneß-Euphorie wandelt sich meist im Laufe von etlichen Wochen schleichend in eine Fitneß-Lethargie. Die Pläne waren zu ehrgeizig, die Ziele unerreichbar oder auf Dauer nicht haltbar. Am Ende stehen dort, wo Motivation und Erfolg stehen sollten, Frustration und Mißerfolg.

Wo liegen die Gründe dafür, daß viele der guten Vorsätze im Nichts versanden? Sicher, jeder hat da so seine eigene Fitneß-Geschichte zu berichten. Die Widrigkeiten, die sich einem in den Weg stellen können, sind so verschieden wie die Menschen, die sich auf diesen Weg begeben. Aber das Scheitern an diesen Widrigkeiten hat meist sehr ähnliche Ursachen: *Das Unternehmen Fitneß war nicht wohl überlegt.* Man hat sich falsche Vorstellungen gemacht, ist einem Modetrend aufgesessen, der mehr versprach, als er hielt. Fitneß wurde mit einseitigem Fitneß-Streß verwechselt.

Fitneß im Baukasten-System

Ganzheitliche Fitneß schließt diese Fehler schon durch ihr Grundkonzept aus. Sie hat nichts zu tun mit kurzlebigen Modetrends und der sklavischen Einhaltung von Gesundheitsprogrammen. Im Rahmen ganzheitlicher Fitneß kann man sich auch fit schlafen, fit essen, fit duschen, fit massieren etc. Wie Sie ihr Fitneßprogramm gestalten, das hängt von Ihren persönlichen Bedürfnissen und Vorlieben ab. Sie werden in kein enges Korsett von Übungen und Regeln gezwängt, sondern können sich vielmehr in einer Art Baukasten-System die einzelnen Bausteine Ihres persönlichen Fitneß-Programms herausnehmen.

Einige Beispiele von Fitneß-Baukästen werden Ihnen zeigen, daß nicht nur ein, sondern mehrere Wege zu ein und demselben Ziel führen können. Es wurden bewußt Problembereiche ausgewählt, die zu den gängigsten Fitneß-Defiziten und Zivilisationserkrankungen zählen: Übergewicht, Abwehrschwäche, Streß und Bluthochdruck. An diesen Beispielen wird der komplexe Zusammenhang der einzelnen Fitneßkapitel dieses Buches deutlich.

Fällt es Ihnen beispielsweise schwer, Ihr Übergewicht durch eine Änderung der Ernährungsgewohnheiten zu bekämpfen, so sind Sie nicht zur Untätigkeit verdammt. Beginnen Sie mit Entspannungsmethoden, die Ihnen dabei helfen, Ihr seelisches Gleichgewicht zu finden. Dies ist auch ein wichtiger Schritt, um die psychischen Ursachen von Übergewicht in den Griff zu bekommen. Ist dieser erste Schritt einmal getan, so können Sie sich zum Beispiel über die Körperpflege langsam auch an die Ernährung herantasten. Mit jedem Baustein, den Sie sich aus den folgenden Seiten herausgreifen, vervollständigen Sie Ihr Fitneß-Gebäude.

Baukasten Übergewicht abbauen

Baustein/Kapitel	Wirkung/Zusammenhang
Ernährung	Reduzierung der Kalorienzufuhr. Vorbeugung von Fettdepots. Änderung falscher Ernährungsgewohnheiten.
Bewegung	Stärkung und Straffung des Gewebes. Abbau von Fettgewebe.
Entspannung	Psychische Ursachen (wie Streß- und Frustration) vermeiden lernen. Alternative Konfliktlösungen finden.
Körperpflege	Körperbewußtsein und Selbstvertrauen gewinnen durch einen gepflegten Körper.

Baukasten Bluthochdruck vermeiden

Baustein/Kapitel	Wirkung/Zusammenhang
Bewegung	Gefäßtraining, Stärkung der Herz-Kreislauf-Funktion.
Ernährung	Zu hoher Kochsalzgenuß zählt mit zu den wichtigsten Auslösern von Bluthochdruck.
Entspannung	Nervosität und Streß führen zur Verengung der Blutgefäße. Hypertoniker sind oft gereizte Menschen.
Wasseranwendungen, Sauna und Massagen	Gefäßtraining, Kreislaufstärkung.

Baukasten Streß abbauen

Baustein/Kapitel	Wirkung/Zusammenhang
Entspannung	Spezielle Entspannungsmethoden wie autogenes Training oder Yoga bieten Erholung vom Alltagsstreß.
Bewegung	Körperliche Betätigung baut Aggressionen und Streß ab und bildet ein wohltuendes Gegengewicht für den Streß sitzender und kopflastiger Berufe.
Wasseranwendungen, Sauna und Massagen	Nervosität, Überreiztheit und Verspannungen lassen sich auch durch physikalische Reize lindern. Warme Bäder und Massagen wirken entspannend und beruhigend.
Ernährung	Falsche Ernährung und vor allem Übergewicht bedeuten körperlichen Streß. Richtige Ernährung stärkt die Widerstandskräfte und Belastbarkeit.

Baukasten Abwehrstärkung

Baustein/Kapitel	Wirkung/Zusammenhang
Wasseranwendungen, Sauna, Trockenbürsten und Massagen	Gefäßtraining, Wärmeregulation, Stoffwechselanregung und Durchblutungsförderung. Durch Reflexzonen-Massage gezielte Beeinflussung der körpereigenen Selbstheilungskräfte.
Ernährung	Optimale Nährstoffversorgung gewährleistet das richtige Funktionieren aller Körperfunktionen und den Aufbau der für das Immunsystem wichtigen Stoffe.
Bewegung	Stärkung von Herz- und Kreislauffunktion, Verbesserung der Sauerstoffversorgung, Anregung des Stoffwechsels.
Entspannung	Stärkung des vegetativen Nervensystems. Positives Gegengewicht zum Alltagsstreß. Regenerierung und Aufbau neuer Energien.
Körperpflege	Die Haut als wichtiges Organ des Immunsystems ist maßgeblich an der Abwehr von Schadstoffen und Krankheitserregern beteiligt.

Der sanfte Einstieg

Die Entspannung steht an erster Stelle der fünf beschriebenen Fitneß-Wege. Dies heißt nicht, daß Sie mit diesem Kapitel beginnen *müssen*. Die Entspannung kann genausogut auch an einer anderen Stelle Ihres Fitneß-Baukastens stehen. Aber all denjenigen, die ihren Zugang zur Fitneß noch nicht gefunden haben, sei dieser sanfte Einstieg empfohlen. Kommen Sie erst einmal zur Ruhe, entspannen Sie sich. Setzen Sie nicht an den Anfang Ihres Fitneß-Programms gleich den Fitneß-Streß. Fitneß fängt im Kopf an. Entspannen Sie sich deshalb zuerst – und fangen Sie aus einer inneren Ruhe heraus an, weitere Pläne zu schmieden.

FIT DURCH ENTSPANNUNG

Entspannung und Wohlbefinden

Was hat Entspannung mit Fitneß zu tun?

Ein Entspannungskapitel als Einstieg in ein Fitneßbuch. Das mag so manchen Leser verwundern (besonders den, der die einleitenden Seiten überblättert). Fitneß, da schwingt doch soviel Energie und Bewegung, soviel Action und Power mit, wo sollen da die Gemeinsamkeiten mit dem Begriff Entspannung sein, bei dem jeder zu Recht an Ruhe, Erholung, Urlaub und Nichtstun denkt? Fitneß hat natürlich sehr viel mit Bewegung und körperlicher Leistungsfähigkeit zu tun. Aber wir können unsere Kräfte nicht unbegrenzt beanspruchen. Nach einer gewissen Zeit müssen wir uns erholen und entspannen: in der Pause zwischendurch, am Abend, am Wochenende, im Urlaub. Dies sind die Phasen, in denen wir auftanken und neue Kräfte schöpfen. Ohne sie kann es keine umfassende Fitneß geben.

Weshalb müssen wir uns entspannen?

Ausgleich schaffen: Heutzutage ist viel die Rede von der Hektik des Alltags und der Überlastung im Berufs- und Privatleben. Den Anforderungen, denen wir tagtäglich genügen müssen, sind wir nicht immer gewachsen. Oftmals wird der Streß zuviel, und wir haben nicht die Kraft und Ruhe, ihn zu bewältigen. Die Energie, die der Streß verzehrt, müssen wir wieder aufbauen. Die Belastung muß durch ein gleichwertiges Gewicht ausgeglichen werden. Nur wenn sich die Waagschalen der An-spannung und der Ent-spannung harmonisch einpendeln, können wir Streßsituationen unbeschadet überstehen.

Nervenstärkung: In der Alltagssprache reden wir davon, daß jemand *die Nerven verliert,* wenn er Belastungen nicht gewachsen ist. Starke Nerven hingegen hat jemand, der souverän eine Sache angeht, ruhig und gelassen ist. Diese Sprachwendungen kommen nicht von ungefähr. Sie beruhen darauf, daß das Nervensystem einen entscheidenden Einfluß darauf hat, wie wir auf Streß reagieren. Die Schaltzentrale für die Entspannung befindet sich nämlich im vegetativen Nervensystem, in dem zwei gegensätzliche Kräfte eine Rolle spielen: sympathische und parasympathische Nerven. Der Sympathikus beeinflußt unter anderem unsere Aktivität und Leistungsfähigkeit, während der Parasympathikus für Erholung und Entspannung von Körper, Geist und Seele zuständig ist und die körpereigenen Selbstheilungskräfte anregt.

Sympathische und parasympathische Nerven sind eng miteinander vernetzt und hängen voneinander ab. Je aktiver wir sind, desto mehr müssen wir auch für unsere Entspannung tun. Aber auch umgekehrt: Wenn wir zuwenig für unsere Erholung tun, dann leidet auch unsere Leistungsfähigkeit darunter – wir sind überfordert, nervös und gereizt.

Energieaufbau und Regenerierung: In den Phasen der Erholung und Entspannung reduziert der Körper die Tätigkeiten, die ihm Energie abverlangen: Die Atmung verlangsamt sich, die Frequenz des Herzschlages sinkt, und die Muskelspannung lockert sich. Die energieverbrauchenden Vorgänge im Organismus schalten also auf Sparflamme, dafür arbeitet der Körper auf Hochtouren, um neue Energie aufzubauen. Während der Entspannung befindet sich der Körper zudem in einem Zustand gedämpfter Reaktionsbereitschaft. Außenreize wie Lärm oder Licht werden nicht mehr so intensiv wahrgenommen, und die Sinne können sich erholen.

Streßverhalten ändern: Wir leiden oft nicht am Streß selbst, sondern an unserer Reaktion auf ihn. Der Nervenkitzel, der für den einen das Salz in der Suppe ist, kann für den anderen zum Auslöser eines Magengeschwürs werden. Mit Hilfe von Entspannungstechniken können wir lernen, ruhiger und gelassener auf Streßsituationen zu reagieren. So kann auf lange Sicht auch Streßerkrankungen wie Herzinfarkten, hohem Blutdruck, Magengeschwüren und einer Vielzahl anderer Beschwerden vorgebeugt werden.

Entspannung und Wohlbefinden

Entspannung
* ist das unersetzliche Gegengewicht zu Anspannung und Alltagsstreß.
* ist Voraussetzung für eine umfassende Harmonie von Körper, Seele und Geist.
* baut neue Energien auf und gewährleistet damit die körperliche und psychische Leistungsfähigkeit.
* verhilft zu einer besseren Einstellung gegenüber Streß.
* beugt streßbedingten Krankheiten wie Herzinfarkt oder Magen-Darm-Erkrankungen vor.

Wer braucht Entspannung? Streß-Check und Streß-Test

Wie nötig wir alle Entspannung brauchen, wird uns in der Hektik des Alltags meist gar nicht mehr bewußt. Die Gründe dafür liegen zum Teil darin, daß wir oft gar nicht wissen, welche Faktoren zu Verspannungen führen und wie sich diese äußern. Die nachfolgende Checkliste und der Streßtest sollen Ihnen deshalb zeigen, was alles Streß bedeuten kann und wie Ihre persönliche Streßbelastung aussieht.

Wie verspannt bin ich?

Vegetative Störungen: Verspannungen und ihre Folgen für das physische und psychische Wohl drücken sich nicht immer unmittelbar aus. Sie wählen Umwege. Auch der Arzt hat zuweilen Schwierigkeiten, die Ursachen von Erkrankungen zu lokalisieren. Manchmal fallen alle Untersuchungsbefunde negativ aus, der Patient sollte nach ärztlichem Ermessen eigentlich rundum gesund sein. Und dennoch: Er ist krank, leidet an Migräne, Herzklopfen oder unerträglichem Juckreiz. Wenn Beschwerden auftauchen, für die keine organischen Ursachen gefunden werden, spricht der Arzt oft von *vegetativen Störungen* oder *Dystonien* (Dys-tonie bedeutet Fehlspannung, im Gegensatz zur Eu-tonie, der Wohlspannung). Dystonien haben vielfach psychische Ursachen, sind Anzeichen von inneren Verspannungen – und damit auch Alarmsignale des Körpers, daß er dringend Entspannung braucht.

Durchführung: Lesen Sie die nachfolgende Checkliste durch und kreuzen Sie die Rubriken an, die für Sie zutreffen. Befindet sich die überwiegende Mehrzahl der Kreuze im rechten Bereich der Liste, so können Sie im großen und ganzen mit Ihrem Entspannungszustand zufrieden sein. Sammeln sich jedoch die Kreuze hauptsächlich im mittleren oder gar linken Bereich, so ist Vorsicht geboten. Je mehr Kreuze sich dort befinden, desto intensiver sollten Sie sich um Ihre Entspannung kümmern.

Und noch eine Bitte: Kreuze in den linken Spalten sind eine Warnung, die Sie ernst nehmen sollten. Lassen Sie sich in jedem Falle auch von Ihrem Arzt untersuchen.

Checkliste Verspannungsanzeichen

1=immer, 2=sehr oft, 3=oft, 4=manchmal, 5=selten, 6=sehr selten, 7=nie

Das trifft für mich zu:

Beschwerden	1	2	3	4	5	6	7
Allgemeinbefinden							
Krankheitsanfälligkeit	○	○	○	○	○	○	○
Gefühl des Unwohlseins	○	○	○	○	○	○	○
Schwindelgefühl	○	○	○	○	○	○	○
Schwächegefühl	○	○	○	○	○	○	○
Kopfschmerzen	○	○	○	○	○	○	○
Hitzewallungen	○	○	○	○	○	○	○
Wetterfühligkeit	○	○	○	○	○	○	○
Kurzatmigkeit	○	○	○	○	○	○	○
Erstickungsangst	○	○	○	○	○	○	○
Herzklopfen	○	○	○	○	○	○	○
Druck in der Brust	○	○	○	○	○	○	○
Beklemmungsgefühl	○	○	○	○	○	○	○
Hoher Blutdruck	○	○	○	○	○	○	○
Starkes Schwitzen	○	○	○	○	○	○	○
Frösteln	○	○	○	○	○	○	○
Sexuelle Unzufriedenheit	○	○	○	○	○	○	○
Undefinierbare Schmerzen	○	○	○	○	○	○	○

1=immer, 2=sehr oft, 3=oft, 4=manchmal, 5=selten, 6=sehr selten, 7=nie
Das trifft für mich zu:

Beschwerden	1	2	3	4	5	6	7
Ernährung/Verdauung							
Appetitlosigkeit	○	○	○	○	○	○	○
Heißhunger	○	○	○	○	○	○	○
Widerwillen gegen Speisen	○	○	○	○	○	○	○
Übelkeit nach/vor dem Essen	○	○	○	○	○	○	○
Erbrechen	○	○	○	○	○	○	○
Aufstoßen	○	○	○	○	○	○	○
Sodbrennen	○	○	○	○	○	○	○
Magenschmerzen	○	○	○	○	○	○	○
Völlegefühl	○	○	○	○	○	○	○
Blähungen	○	○	○	○	○	○	○
Durchfall	○	○	○	○	○	○	○
Verstopfung	○	○	○	○	○	○	○
Bewegungsapparat							
Muskelkrämpfe	○	○	○	○	○	○	○
Kalte Füße	○	○	○	○	○	○	○
Kalte Hände	○	○	○	○	○	○	○
Ameisenlaufen/Kribbeln	○	○	○	○	○	○	○
Nervöse Muskelzuckungen	○	○	○	○	○	○	○
Unruhige Glieder	○	○	○	○	○	○	○
Taubheitsgefühl in den Gliedern	○	○	○	○	○	○	○
Steife Glieder	○	○	○	○	○	○	○
Gliederschmerzen	○	○	○	○	○	○	○
Schmerzen in Nacken/Schultern	○	○	○	○	○	○	○
Rückenschmerzen	○	○	○	○	○	○	○
Hexenschuß/Ischias	○	○	○	○	○	○	○
Schlechte Körperhaltung	○	○	○	○	○	○	○
Haut, Haare und Nägel							
Unreine Haut	○	○	○	○	○	○	○
Hautausschlag	○	○	○	○	○	○	○
Brüchige Nägel	○	○	○	○	○	○	○
Stumpfes, brüchiges Haar	○	○	○	○	○	○	○
Stark fettendes Haar	○	○	○	○	○	○	○
Übermäßige Schuppenbildung	○	○	○	○	○	○	○
Juckreiz	○	○	○	○	○	○	○

1=immer, 2=sehr oft, 3=oft, 4=manchmal, 5=selten, 6=sehr selten, 7=nie
Das trifft für mich zu:

Beschwerden	1	2	3	4	5	6	7
Nerven, Gefühle, geistige Anspannung							
Niedergeschlagenheit	○	○	○	○	○	○	○
Leichte Erregbarkeit	○	○	○	○	○	○	○
Unkontrollierte Gefühlsausbrüche	○	○	○	○	○	○	○
Gefühl der Einsamkeit	○	○	○	○	○	○	○
Verunsicherung	○	○	○	○	○	○	○
Vergeßlichkeit	○	○	○	○	○	○	○
Konzentrationsschwierigkeiten	○	○	○	○	○	○	○
Überforderung	○	○	○	○	○	○	○
Nervöses Fingertrommeln	○	○	○	○	○	○	○
Nägelbeißen	○	○	○	○	○	○	○
Fußwippen	○	○	○	○	○	○	○
Neigung zum Weinen	○	○	○	○	○	○	○
Schlafverhalten							
Einschlafstörungen	○	○	○	○	○	○	○
Durchschlafstörungen	○	○	○	○	○	○	○
Zu frühes Erwachen	○	○	○	○	○	○	○
Alpträume	○	○	○	○	○	○	○
Starkes Schnarchen	○	○	○	○	○	○	○
Ständige Müdigkeit	○	○	○	○	○	○	○
Übermäßiges Schlafbedürfnis	○	○	○	○	○	○	○

Wieviele Streßfaktoren gibt es in meinem Leben?

Streß addiert sich: Die beiden amerikanischen Streßforscher Prof. Dr. Thomas Holmes und sein Schüler Richard Rahe haben einen Test entworfen, der heute zu den klassischen Streßtests gehört. Er beinhaltet eine hierarchische Ordnung von Streßfaktoren, die mit einem Punktesystem bewertet werden. Die beiden Forscher ermittelten in ihren Untersuchungen, daß zirka zwei Drittel aller Testpersonen, die bei ihrem Streßtest einen Punktewert über 300 erreichten, in den darauffolgenden zwei Jahren schwer erkrankten. Bei denjenigen Personen, die zwischen 150 und 300 Punkte erzielten, mußten immerhin noch 50 Prozent in den nächsten Jahren eine schwere Krankheit erleiden.

Wer braucht Entspannung? Streß-Check und Streß-Test

Streß, das zeigt die nachfolgende Liste, kann im Grunde genommen alles sein, die Heirat der Tochter ebenso wie die Kündigung des Arbeitsvertrages oder der Streit mit dem Ehepartner. Und was noch hinzukommt: Ein Streßfaktor kommt selten allein. Je mehr Stressoren zusammentreffen, desto größer ist auch die Streßbelastung. So kann sich die Belastung an Weihnachten (wenn meist Urlaub, Eßgelage und der Besuch von Verwandten zusammentreffen) zu einem Wert von 55 Streßpunkten summieren – eine Belastung, die größer ist als eine Erkrankung (mit 53 Punkten).

Durchführung: Kreuzen Sie in der nachfolgenden Liste diejenigen der 43 geschilderten Situationen an, die momentan für Sie zutreffen. Notieren Sie die entsprechenden Streßpunkte und addieren Sie zum Schluß Ihre persönlichen Streßpunkte.

Test Streßfaktoren

Streßfaktor (mit Streßpunkten)	**trifft zu**	**Persönliche Punkte**
1. Tod des Ehepartners (100)		
2. Scheidung (73)		
3. Trennung vom Ehepartner (65)		
4. Gefängnisaufenthalt (63)		
5. Tod eines nahen Verwandten (63)		
6. Verletzung oder Krankheit (53)		
7. Heirat (50)		
8. Verlust des Arbeitsplatzes (47)		
9. Versöhnung mit dem Ehepartner (45)		
10. Ruhestand (45)		
11. Erkrankung eines Verwandten (44)		
12. Schwangerschaft (40)		
13. Sexuelle Schwierigkeiten (39)		
14. Familienzuwachs (39)		
15. Umorganisation im Geschäft (39)		
16. Finanzielle Veränderungen (38)		
17. Tod eines nahen Freundes (37)		
18. Beruflicher Aufgabenwechsel (36)		
19. Veränderung in der Häufigkeit von Ehestreitigkeiten (35)		
20. Darlehen über DM 20.000,– (31)		
21. Kündigung von Darlehen (30)		

Streßfaktor (mit Streßpunkten)	trifft zu	Persönliche Punkte
22. Änderung der beruflichen Verantwortung (29)		
23. Kinder verlassen das Haus (29)		
24. Ärger mit angeheirateten Verwandten (29)		
25. Besondere persönliche Leistungen (28)		
26. Partner beginnt/beendet die Berufstätigkeit (26)		
27. Beginn/Ende der Ausbildung (26)		
28. Änderung der Lebensumstände (26)		
29. Änderung von Gewohnheiten (24)		
30. Ärger mit Vorgesetzten (23)		
31. Änderung von Arbeitszeit oder Arbeitsbedingungen (20)		
32. Wohnungswechsel (20)		
33. Schulwechsel (20)		
34. Änderung des Freizeitverhaltens (19)		
35. Veränderte kirchliche Aktivitäten (19)		
36. Veränderte gesellschaftliche Aktivitäten (18)		
37. Darlehen unter DM 20.000,– (17)		
38. Änderung der Schlafgewohnheiten (16)		
39. Mehr/weniger familiäre Treffen (15)		
40. Änderung der Eßgewohnheiten (15)		
41. Urlaub (13)		
42. Weihnachten (12)		
43. Geringfügige Gesetzesübertretung (11)		
Summe der persönlichen Streßpunkte		

Liegt der Wert

* unter 100, so haben Sie im Moment eine relativ niedrige Streßbelastung.
* über 100, so ist Ihre Streßbelastung bedenklich, und Sie sollten unbedingt Ihre Kräfte durch Entspannungsmethoden stärken, vor allem, wenn möglicherweise neue Streßsituationen bevorstehen.

Richtig entspannen

Nicht über–, aber auch nicht unterfordern

An dieser Stelle sei eine Unterstellung erlaubt: Es gibt niemanden, der in den vorangegangenen Selbsttests nicht das Ergebnis erzielte, er benötige dringend Entspannung. Was ist nun angesagt? Sollen alle Streßfaktoren beseitigt werden? Eine solche Schlußfolgerung würde vermutlich erst einen wahren Entspannungs-Streß auslösen, denn wer kann schon beispielsweise den unsympathischen Chef einfach wegzaubern, der einem tagtäglich das Leben schwermacht?

Sie werden an dieser Stelle deshalb auch von wohlgemeinten Ratschlägen verschont bleiben, was Sie in Zukunft alles nicht mehr tun sollten. Sie sollen ja auch nicht von einem Extrem ins andere schlagen. Und vor allem müssen Sie sich nicht durch falsche Erwartungen das Leben schwermachen, denn das Leben besteht aus Streß und: *ohne Streß kein Leben* (so lautet auch ein Buchtitel von Hans Selye, dem Begründer der Streßforschung). Versuchen Sie deshalb nicht, den Streß völlig aus Ihrem Leben zu verbannen, das wird Ihnen weder gelingen, noch wäre es erstrebenswert.

Ein verträgliches Maß an Streß hält nämlich fit und gesund. Nur so läßt sich die Tatsache erklären, daß bei uns viele Menschen ein Jahr nach Eintritt in den Ruhestand am sogenannten Pensionierungstod sterben, und andererseits die ältesten und vitalsten Menschen nicht in unseren Altersheimen leben, sondern in Regionen Mittelasiens, in denen das Leben harte Bedingungen an den menschlichen Organismus stellt (zu glauben, die tägliche Knochenarbeit, das Ausgesetztsein an Wind und Wetter oder die Angst, ob die Vorräte über den Winter reichen, sei kein Streß, ist wohl eher eine romantische Verklärung von uns Wohlstandsmenschen). Weder Überforderung noch Unterforderung ist deshalb die richtige Antwort auf die Frage „Was tun gegen Streß?“, sondern Ausgewogenheit. Es muß uns gelingen, das Verhältnis von Anspannung und Entspannung in die Waage zu bringen, den Phasen der Belastung eine angemessene Entlastung, sprich Entspannung entgegenzusetzen.

Welche Formen der Entspannung gibt es?

Wie kann man nun dieses Gleichgewicht, das bei den meisten Menschen durch zuviel Anspannung gestört ist, wiederherstellen? Die Möglichkeiten der Entspannung sind naturgemäß so vielfältig wie die Anspannungen, zu denen ein Ausgleich hergestellt werden muß. Wer den ganzen Tag sitzt und nicht an die frische Luft kommt, der wird sich am besten mit Bewegung – vielleicht einem Waldlauf – entspannen, der Waldarbeiter hingegen, der den ganzen Tag hart körperlich gearbeitet hat, wird sich in seinen Entspannungspausen ausruhen und hinlegen. Ob durch Bewegung (siehe Seite 85), Massagen, heiße Bäder oder Saunagänge (siehe Seite 214, 196, 209), Entspannung kann auf vielfältige Weise erreicht werden.

Auf den folgenden Seiten finden Sie eine Zusammenstellung alltäglicher Entspannungsformen und klassischer Entspannungstechniken. Wenn Sie aufgrund dieser Einführung an der einen oder anderen Methode Geschmack finden, dann erhalten Sie im Bücher- und Adreßverzeichnis auf den Seiten 309 und 311 weiterführende Hinweise. In manchen Fällen (zum Beispiel Taichi Chuan oder Yoga) ist es anzuraten, das Selbststudium durch den Besuch eines Kurses unter erfahrener Leitung zu vervollständigen.

Entspannungsformen und Entspannungstechniken

Sofort-Entspannung

Sofortentspannung – wozu?

Abschalten und innehalten, sich auf sich selbst konzentrieren und in sich selbst hineinhorchen, dazu bedarf es nicht unbedingt komplizierter Techniken und Methoden. Wer abends müde von der Arbeit nach Hause kommt oder während des Tages über Streßsituationen hinwegzukommen versucht, dem stehen eine Reihe von Möglichkeiten zur Verfügung, innerhalb von kurzer Zeit zumindest einen Teil der Belastungen abzustreifen und neue Energien zu tanken. Das nachfolgende Sofortentspannungsprogramm stellt eine Art „Erste-Hilfe-Programm" dar, eine Notbremse quasi, die Sie immer dann ziehen können, wenn die körperlichen und psychischen Anspannungen des Alltags nach einer Entspannung verlangen.

Feierabendprogramm: Besonders geeignet sind diese Übungen für die Entspannung am Feierabend. Bei regelmäßiger Durchführung werden Sie bald bemerken, daß diese streßfreie Zone nicht nur Ihnen guttut, sondern auch Ihre Angehörigen davor bewahrt, zum Prellbock der Spannungen zu werden, die Sie vom Arbeitsplatz oder Straßenverkehr mit nach Hause gebracht haben. Nehmen Sie sich diese Viertelstunde für sich, und bitten Sie Ihre Mitbewohner und Familienangehörige, Sie in dieser Zeit nicht zu stören.

FITNESSWERT: Sofort-Entspannung

* Bedarf keinerlei Vorkenntnisse.
* Fördert die Muskelentspannung.
* Baut psychischen Streß und zwischenmenschliche Spannungen ab.
* Wirkt Fehlbelastungen des Bewegungsapparates entgegen.
* Kann in jeder Alltagssituation durchgeführt werden.
* Hervorragende Feierabend-Entspannung.

Entspannung der Sinne

Ein Schlagwort unserer Zeit ist die Reizüberflutung. Auf Schritt und Tritt werden wir mit Geräuschen traktiert: Tag und Nacht dringt Straßen- und Fluglärm in Büros und Wohnungen, konsumfördernde Musik begleitet nahezu jeden Einkaufsbummel, aus Autoradios, Walkman und Plattenspielerboxen beschallen wir freiwillig jede freie Minute. Unseren Augen geht es meist nicht besser: Von Computerarbeitsplätzen, Fernsehgeräten und Kinoleinwänden werden sie bestrahlt, oder sie müssen bei schlechter Beleuchtung Kleingedrucktes aus Büchern und Zeitungen entziffern.

Brechen Sie einige Minuten aus dieser Reizüberflutung aus und schaffen Sie ein entspannendes Gegengewicht. Begeben Sie sich in eine bequeme Position und versuchen Sie, die nachfolgenden Ratschläge zu befolgen:

Stille: Suchen Sie einen möglichst ruhigen Ort auf, schalten Sie das Radio oder das Fernsehgerät aus und genießen Sie die Ruhe, die um Sie herum herrscht. Horchen Sie nur in sich hinein.

Schweigen: Sprechen Sie auch selbst nicht. Ziehen Sie sich zurück und schweigen Sie. Lassen Sie die Gedanken an die vergangenen Ereignisse durch den Kopf wandern, ohne daß Sie einen Kommentar dazu abgeben.

Augen schließen: Schließen Sie die Augen, und entspannen Sie diesen Körpersinn, der wie kein anderer den ganzen Tag über gefordert ist. Schauen Sie in das weiche und samtene Schwarz. Wenn Sie sich in einer Situation befinden, in der Sie einer hellen Lichtquelle nicht entgehen können, dann legen Sie zusätzlich beide Hände über die Augen.

Ruhig atmen: Atmen Sie ruhig. Versuchen Sie nicht, besonders bewußt oder besonders tief zu atmen. Lassen Sie den Atem so fließen, wie er sich ergibt.

Den Bewegungsapparat entspannen

Die vorangegangenen Übungen zur Entspannung der Sinne können Sie in jeder Stellung durchführen. Sie können ihre Wirkung noch steigern, indem Sie eine der folgenden Entspannungshaltungen einnehmen. Suchen Sie sich diejenige Haltung aus, die Ihrem Entspannungsbedürfnis (und Ihren Möglichkeiten, zum Beispiel am Arbeitsplatz) am nächsten kommt:

Stillsitzen (Abbildung 1): Die einfachste und überall durchführbare Entspannungshaltung ist das Stillsitzen auf einem Stuhl. Setzen Sie sich mit aufrechtem Oberkörper hin, ohne sich anzulehnen. Die Wirbelsäule ruht völlig gerade in sich selbst. Die Beine sind leicht geöffnet, und die Füße stehen fest auf dem Boden. Beide Handflächen und die Unterarme liegen auf dem Oberschenkel. Der Kopf sitzt gerade auf der Wirbelsäule, er wird nicht künstlich in Kopfhoch-Brustraus-Manier verspannt.

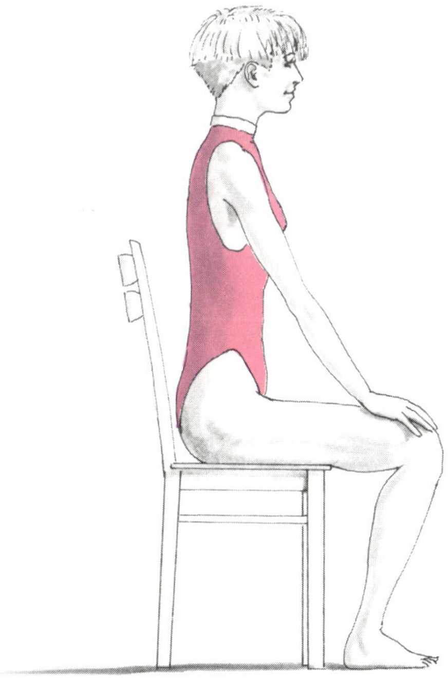

Abbildung 1

Entspannt liegen (Abbildung 2): Eine der besten Entspannungshaltungen für den Bewegungsapparat ist die Rückenlage mit hochgelagerten Knien. Legen Sie sich dazu flach auf den Boden. Wenn Ihnen der blanke Boden zu hart ist, können Sie sich mit Kissen und Polstern so betten, wie es Ihnen am bequemsten ist. Schieben Sie unter die Knie eine dicke Rolle (diese können Sie auch selbst herstellen, indem Sie eine Decke zusammenrollen).

Stufenbett (Abbildung 3): Wer unter Rückenschmerzen leidet, wird das sogenannte *Stufenbett* schätzen lernen. Positionieren Sie einen Hocker oder Stuhl so, daß Sie die Unterschenkel auf die Sitzfläche des Möbelstücks legen können, während der Oberkörper, Arme und Kopf auf dem Boden liegen.

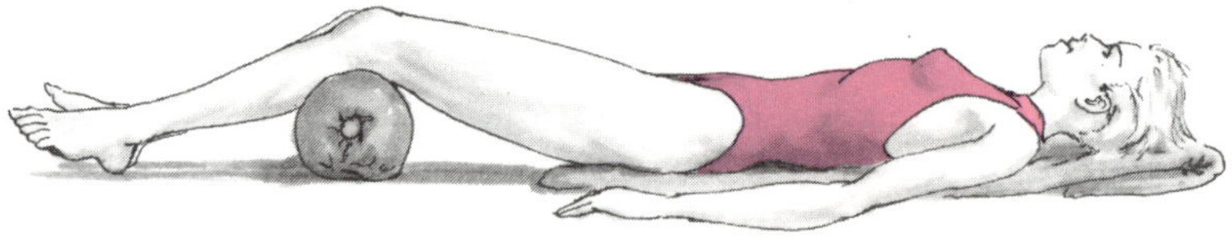

Abbildung 2

Abbildung 4

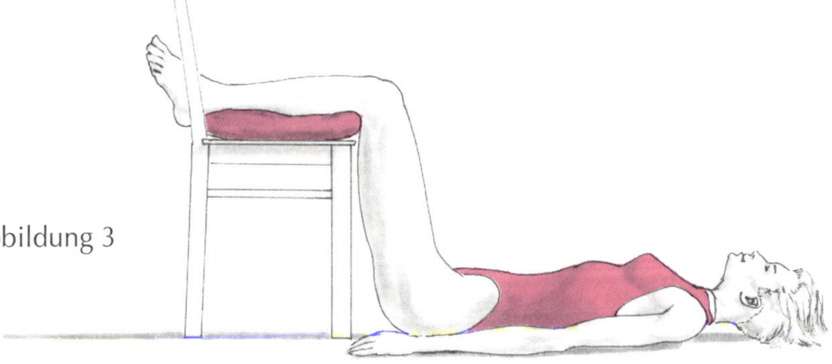

Abbildung 3

Demutshaltung (Abbildung 4): Diese Entspannungshaltung ist aus dem Yoga entlehnt. Knien Sie sich dazu auf den Boden, und setzen Sie sich auf die Fersen. Beugen Sie den Oberkörper so weit wie möglich nach vorne, die Arme liegen vor dem Körper. Im Idealfall berühren die Unterarme und Handflächen den Boden, während der Kopf auf den Knien ruht. Wer dazu nicht in der Lage ist, läßt den Kopf entspannt zwischen den Oberarmen baumeln.

Gesund schlafen

Wozu brauchen wir Schlaf?

Erholung und Regenerierung: Ungefähr ein Drittel unseres Lebens verbringen wir im Schlaf. Ob Kurz- oder Langschläfer: In durchschnittlich sieben Stunden Schlaf tanken wir so viel Energie und neue Lebenskraft, daß wir die restlichen Stunden des Tages davon zehren können. Die Aufbauleistungen, die unser Körper im Schlaf – ganz unmerklich und unseres Bewußtseins entrückt – vollbringt, sind immens.

Je tiefer wir in den Schlaf versinken, desto größer wird auch die Entspannung: Die Muskeln lockern sich, Umweltreize werden immer weniger wahrgenommen, schließlich stellt sich im Tiefschlaf eine umfassende körperliche und seelische Entspannung des Organismus ein. Der Blutdruck sinkt, die Körpertemperatur und die Produktion von Streßhormonen wie Adrenalin werden zurückgefahren. Auf der anderen Seite arbeitet der Körper während des Schlafes auf Hochtouren, um neue Energien aufzubauen: So werden vermehrt gewebeaufbauende Hormone produziert (mit eine Erklärung dafür, warum Kinder, sie sich noch im Wachstumsprozeß befinden, sehr viel Schlaf brauchen).

Seelische Ausgeglichenheit: „Ein gutes Gewissen ist ein sanftes Ruhekissen" – dieses bekannte Sprichwort weist auf den engen Zusammenhang zwischen Psyche und Schlafverhalten hin. Ebenso wie seelische Probleme (Angst, Ärger, Streß und Kummer) den Schlaf rauben, kann auch ein gestörter Schlaf umgekehrt zu psychischen

Problemen führen. Schon nach einer schlaflosen Nacht steigt bei vielen die Aggressivität und Gereiztheit. Anhaltende Schlafstörungen sind nicht selten Begleiterscheinungen von Depressionen und wachsender Lebensunlust.

Ebenso wie die Gesundheit wissen wir auch den Schlaf solange nicht zu schätzen, wie er problemlos funktioniert. Kaum aber stellen sich Schlafschwierigkeiten ein, so wissen wir, was es bedeutet, nicht schlafen zu können: Wir sind wie gerädert, fühlen uns nicht leistungsfähig, sind gereizt und unzufrieden. Auf lange Sicht führen Schlafstörungen zu ernsthaften körperlichen und seelischen Erkrankungen. Schlafqualität ist Lebensqualität. Schlafstörungen hingegen sind Störungen des Wohlbefindens, die man nicht ernst genug nehmen kann.

FITNESSWERT: Gesunder Schlaf

* Wichtigste Quelle von Erholung und Entspannung.
* Baut neue Energien auf.
* Gewährleistet geistige und körperliche Leistungsfähigkeit.
* Stabilisiert das seelische Gleichgewicht.
* Beugt Erkrankungen vor.

Wieviel Schlaf brauchen wir?

Schlafbedarf und Alter: Wieviel Schlaf wir brauchen, hängt in entscheidendem Maße von unserem Alter ab. Verbringen Neugeborene und Babys fast den ganzen Tag in einer Art Dauerschlaf, so reduziert sich die Schlafdauer mit zunehmendem Alter immer mehr. Bei Erwachsenen liegt sie durchschnittlich zwischen sieben und acht Stunden täglich. Aber schon ab dem 50. Lebensjahr sinkt der Schlafbedarf auf unter sechs Stunden. Von vielen alten Menschen hört man immer wieder die Klage, sie würden unter Schlafstörungen leiden. Vielfach haben sie sich jedoch nur nicht damit vertraut gemacht und abgefunden, daß man im Alter schlichtweg weniger Schlaf braucht. Wer mit 70 oder 80 täglich seine fünfeinhalb bis sechs Stunden schläft, der hat einen völlig gesunden und ausreichenden Schlaf.

Schlaftypen: Unabhängig von diesen Durchschnittswerten ist der Schlaf eine sehr individuelle Sache. Nicht jeder braucht genausoviel Schlaf wie sein Altersgenosse.

Es gibt ausgesprochene Kurzschläfer und ausgesprochene Langschläfer. Der eine fühlt sich bereits nach sechs Stunden Schlaf ausgeruht, der andere braucht täglich seine achteinhalb Stunden Schlaf, um voll leistungsfähig zu sein. Diese Schlafcharakteristika sind von der ersten Minute unseres Lebens an in den Erbanlagen vorgegeben und können durch Erziehungs- und Disziplinierungsmaßnahmen nur schwer geändert werden. Ebenso angeboren ist die Veranlagung zum Morgen- oder zum Abendmenschen.

Natürliche Schlafmittel

„Der Schlaf ist wie eine Taube – sobald man die Hand nach ihm ausstreckt, fliegt er davon", diese Erfahrung hat wohl jeder schon gemacht. Je unruhiger man sich im Bett herumwälzt und je mehr man sich ärgert, nicht einschlafen zu können, desto wacher wird man in der Regel. Der Schlaf läßt sich nicht erzwingen, aber man kann ihm den Weg ebnen, indem man Körper, Seele und Geist in einen Zustand der Schlaf-Bereitschaft versetzt. Im Informationssystem des Organismus müssen die Weckreize ersetzt werden durch eine Reihe von Botschaften, die alle signalisieren: Ich will schlafen.

Bett: Schon ein altes Sprichwort sagt: Wie man sich bettet, so liegt man. Eine entspannte Körperhaltung, eine Entlastung des Bewegungsapparates und eine ungehinderte Körpermotorik während des Schlafes sind in erster Linie abhängig von einem gesunden Bett.

* Vor allem: Die Matratze muß möglichst hart und körperunterstützend sein. Nach zirka zehn Jahren lassen auch gute Matratzen in ihrer Stützfähigkeit nach und müssen ausgewechselt werden. Hohe körperunterstützende Qualität haben Naturmaterialien wie Naturlatex (ein Kautschuk-Produkt), Stroh, Roßhaar, Kokosfasern oder Schafschurwolle.
* Die Bettdecke muß leicht sein, denn zu schwere Betten behindern die Körperbewegungen.
* Matratze, Bettdecke und Bettzeug sollten aus natürlichen, schweißaufsaugenden Materialien bestehen, da der Körper jede Nacht bis zu einem Liter Flüssigkeit ausschwitzt.

Einschlafritual: Je mehr sich Körper und Psyche an ein regelmäßiges Ritual gewöhnt haben, desto problemloser läuft das Einschlafen ab. Immer wiederkehrende Reize zur gleichen Zeit signalisieren nach geraumer Zeit dem Organismus automatisch: Es ist Zeit zum Schlafengehen. Nehmen Sie sich zirka eine halbe Stunde vor dem Zubettgehen Zeit für die richtige Einstimmung auf den Schlaf: Machen Sie einen Abendspaziergang, lesen Sie eine Gute-Nacht-Geschichte, hören Sie entspannende Musik, machen Sie Eintragungen in Ihr Tagebuch – wie Sie das Einschlafritual gestalten, bleibt ganz Ihren individuellen Vorlieben überlassen. Einzig wichtig ist, daß die Handlungen Sie nicht aufregen und sie regelmäßig jeden Tag zur selben Zeit ausgeführt werden.

Musik und Geräusche: Entspannende und schlaffördernde Wirkung haben natürliche Geräusche wie das Plätschern eines Baches, das Rauschen des Meeres oder von Blättern (Kassetten mit schlaffördernden Geräuschen sind im Buch- und Musikhandel erhältlich). Aber auch beruhigende Musik und die angenehme Stimme einer vertrauten Person, die Geschichten erzählt oder vorliest, erleichtern das Einschlafen.

Schlafkissen: Aus der Aromatherapie kennen wir die vielfältigen gesundheitsfördernden Wirkungen von Duft- und Aromastoffen. Heilkräuter mit ausgesprochen entspannender und schlaffördernder Wirkung sind Hopfen, Lavendel, Melisse und Veilchenblüten. Näht man diese Kräuter in getrockneter Form in ein kleines Kissen (zirka 30 × 30 Zentimeter) ein, so entströmen ihre Wirkstoffe während der Nacht und werden über die Nasenschleimhäute aufgenommen. Da sich die Aromastoffe im Laufe der Zeit verflüchtigen, sollten die Füllungen solcher Schlafkissen alle drei bis vier Monate erneuert werden. Als Kissenmaterial eignen sich am besten Naturstoffe (Leinen, Baumwolle, Seide).

Schlummertrunk: Auch in Form von Kräutertees kann man sich die Wirkstoffe von Heilpflanzen nutzbar machen. Als Einschlaftees sind besonders geeignet: Baldrian, Melisse, Pfefferminze und Johanniskraut.

Ein weiteres, altbekanntes Hausmittel ist eine Tasse heiße Milch mit Honig. Sie stellt nicht nur eine leichte Abendmahlzeit dar, die den Magen beruhigt, sondern enthält auch Substanzen, die im Körper den Schlafstoff Serotonin aufbauen.

Wasseranwendungen: Durch Kalt- und Warmwasserreize lassen sich vor allem Stoffwechsel- und Durchblutungsstörungen beheben, die mit zu den verbreitetsten Schlafstörungen gehören. Als Einschlafmittel eignen sich vor allem warme und ansteigende Bäder (siehe Seite 197). Wird das Badewasser noch mit einem beruhigenden Kräuterzusatz versehen, so läßt sich die Wirkung der Wasseranwendungen noch steigern (siehe Seite 201).

Die 10 Grundregeln des gesunden Schlafes

1. Regelmäßige Schlafzeiten einhalten: Der Körper findet sich am besten in den regelmäßigen Rhythmus von Schlafen und Wachen, wenn seine innere Uhr zu einer festgesetzten Zeit auf Schlaf programmiert ist. Gehen Sie deshalb so oft wie möglich zum gleichen Zeitpunkt ins Bett, und stehen Sie zu einer festgelegten Stunde auch wieder auf.

2. Vor dem Schlafen nicht zuviel essen: Ein voller Bauch schläft nicht gern. Zu üppiges Essen kurz vor dem Schlafengehen hindert den Körper daran, in die Tiefschlafphasen zu versinken, denn er wird von der Verdauungsarbeit wachgehalten. Schwerverdauliche Speisen schlagen sich auch auf die Psyche und führen zu Alpträumen. Deshalb nicht später als vier Stunden vor dem Schlafengehen zu Abend essen. Leichtverdauliche, kleine Mahlzeiten dürfen noch bis zu einer Stunde vor dem Schlafen gegessen werden.

3. Alkohol- und Nikotingenuß einschränken: Alkohol und Nikotin zählen zu den Schlafstörern Nummer 1. Alkohol steht völlig zu Unrecht in dem Ruf, ein gutes Schlafmittel zu sein, denn nur in sehr kleinen Mengen genossen fördert er den Schlaf. Schon mehr als ein halber Liter Bier beeinträchtigt die für die Erholung so wichtigen Tiefschlafphasen und führt zu schlechten Träumen.

4. Aufputschende Mittel vermeiden: Aufputschende Mittel wie Kaffee, schwarzer Tee und Colagetränke sollte man vor dem Schlafengehen meiden. Sie regen den Kreislauf an und erschweren das Einschlafen.

5. Abschalten und entspannen: Vor dem Schlafengehen sollte man sich eine „streßfreie Zone“ (siehe auch

Schlafprobleme, und was man dagegen tun kann

Beschwerde	Mögliche Ursache	Abhilfe
Alpträume	Alkoholmißbrauch, zu spätes Essen, seelische Probleme.	Alkoholgenuß und üppige Speisen vor dem Zubettgehen vermeiden, Entspannungsübungen.
Ameisenlaufen	Durchblutungsstörungen, Alkoholmißbrauch, Nervenerkrankungen.	Massage und Wasseranwendungen.
Kalte Füße	Niedriger Blutdruck, Durchblutungsstörungen.	Fußbad, Fußmassage, Socken mit kaltem Wasser anfeuchten und naß ins Bett anziehen.
Magenschmerzen	Zu spätes und zu üppiges Essen.	Vor dem Zubettgehen keine schwerverdaulichen Speisen essen.
Rückenschmerzen	Falsches Bett, Übergewicht, Haltungsfehler.	Auf richtiges Bett achten, Übergewicht abbauen, Ausgleichsgymnastik.
Schnarchen	Alkoholmißbrauch, Übergewicht, Nebenwirkungen von Medikamenten, blockierte Nasenatmung, Vererbung.	Übergewicht abbauen, Alkoholgenuß einschränken, Atemwege freimachen (z. B. Inhalation).
Schwitzen	Wechseljahre, Schilddrüsenerkrankungen, falsches Bettzeug, zu hohe Schlafzimmertemperatur.	Wasseranwendungen zur Wärmeregulation, atmungsaktive Bettwäsche, frische und kühle Luft.
Ständiges Aufwachen	Lärm, Gerüche, Hunger, Alkohol, seelische Probleme.	Schlafstörende Umwelteinflüsse eindämmen, Alkoholgenuß einschränken, vor dem Schlafengehen eine Kleinigkeit essen.
Wadenkrämpfe	Alkoholmißbrauch, Durchblutungsstörungen, Nikotin, Schlafmittelmißbrauch.	Fußbad, Bürstenmassage, Alkohol- und Nikotingenuß einschränken, keine chemischen Schlafmittel über längere Zeit einnehmen.

Seite 29) einrichten. Stimmen Sie sich schon schon einige Zeit vorher auf die kommende Ruheperiode ein: Vermeiden Sie Aufregungen (dazu zählt auch der Horrorfilm im Fernsehen), und streifen Sie die Hektik des Tages ab.

6. Schlafstörer vermeiden: Äußere Störfaktoren wie Lärm, Abgase und Licht beeinträchtigen die Qualität des Schlafes. Auch wenn wir uns im Laufe der Zeit an sie gewöhnen, mindern sie unterschwellig die Erholung und Regenerierung, die wir so dringend benötigen. Das Schlafzimmer sollte der ruhigste Raum der Wohnung sein, immer gut gelüftet werden und möglichst nicht an einer vielbefahrenen und hellerleuchteten Straße liegen.

7. Schadstoffe vermeiden: Bedenken Sie, daß viele Chemikalien über Jahre hinweg giftige Stoffe an die Umwelt abgeben, vor allem Klebstoffe von Bodenbelägen und Tapeten, Wandfarben, Holzlacke und -lasuren gasen aus und gefährden die Gesundheit. Besonders im Schlafzimmer sollte man solche Wohngifte vermeiden. Achten Sie bei Renovierung, Reinigung und Neuanschaffung auf schadstoffarme Produkte. Bevorzugen Sie möglichst unbehandelte Möbel und Stoffe. Selbstverständlich sollte sein, daß im Schlafzimmer nicht geraucht wird.

8. Auf ein gesundes Raumklima achten: Die ideale Raumtemperatur im Schlafzimmer beträgt zwischen 15 und 18 Grad Celsius. Höhere Temperaturen beeinträchtigen den Schlaf ebenso wie niedrigere. In jedem Falle sollte man auf eine ausreichende Frischluftzufuhr achten, ohne daß das Bett im Zug steht. Achten Sie auf die richtige relative Luftfeuchtigkeit im Schlafzimmer: Der ideale Wert liegt zwischen 40 und 60 Prozent. Besonders in zentralgeheizten Räumen fallen die Werte oft bis unter 20 Prozent.

9. Vorsicht chemische Schlafmittel: Keinesfalls sollten Sie eigenmächtig über einen längeren Zeitraum chemische Schlafmittel einnehmen. Sie führen schon nach kurzer Zeit zu einer Gewöhnung und Abhängigkeit. Darüber hinaus beeinträchtigen sie die Schlafqualität. Ein künstlich erzwungener Schlaf führt zu einer geringeren Erholung und Entspannung, am nächsten Tag fühlt man sich oft benommen und erschlagen. Ein weiterer Nachteil: Nach dem Absetzen der Tabletten verschlimmern sich oft die Schlafstörungen, die ja eigentlich hätten bekämpft werden sollen.

10. Den Schlaf nicht erzwingen: Der Schlaf läßt sich nicht erzwingen, weder durch chemische Mittel noch durch verbissenes Schäfchenzählen. Wenn Sie nicht einschlafen können, dann quälen Sie sich nicht stundenlang im Bett herum, sondern stehen Sie auf und beschäftigen Sie sich mit entspannenden Dingen.

Atemschulung

Atemschulung – wozu?

Sauerstoffversorgung: Atmen bedeutet Leben. Neben dem Rhythmus des Schlafens und Wachens gehört der Rhythmus des Ein- und Ausatmens zu den lebenswichtigen Vorgängen im menschlichen Organismus. Durch das Atmen wird unser Körper mit dem für alle Zellen so wichtigen Sauerstoff versorgt. Sämtliche Körperfunktionen und das gesamte Wohlbefinden hängen von einer ausreichenden Sauerstoffversorgung ab. Ohne zu atmen, können wir maximal eine Viertelstunde überleben. Unsere Gehirnzellen kommen sogar nur ganze drei Minuten ohne Sauerstoff aus. Selbst ein geringer Mangel an frischer Atemluft führt zu Müdigkeitserscheinungen und Leistungsabfall.

Harmonisierung und Entspannung: Ebenso wie die Alltäglichkeit des Schlafens ignorieren wir auch den Strom der Atemluft. Wir bemerken seine Wichtigkeit erst dann, wenn unser Wohlbefinden gestört ist. In gewisser Weise ist das auch gut so und hat seine Funktion, denn der Körper arbeitet ökonomisch – und gerade die wichtigsten Dinge, die ständig ablaufen, gehen so automatisch und selbstverständlich vonstatten, daß wir sie nicht wahrnehmen. Es würde auch zuviel Energie kosten, würden wir jeden einzelnen Atemzug ständig bewußt erleben und spüren.

Sind wir aber der umfassenden Harmonie von Körper, Seele und Geist verlustig gegangen, sind die Rhythmen des Lebens durcheinandergeraten, so können wir über das bewußte Erleben und Wiedererkennen eben dieser

Rhythmen wieder zu einem wohlfunktionierenden Ablauf zurückfinden. Atemübungen spielen aufgrund ihrer harmonisierenden Wirkung auf das vegetative Nervensystem in den meisten fernöstlichen Meditationspraktiken, in allen Yoga- oder Taichi-Chuan-Schulen eine wichtige Rolle.

Medizin: Aber auch in den westlichen Zivilisationen hat die Atemschulung heute einen festen Platz eingenommen. Die unterschiedlichsten Beschwerdebilder – von Lungen-, Herz- und Rheumakranken bis hin zu vegetativen Dystonien (siehe Seite 21) und psychischen Erkrankungen – werden durch gezielte Atemübungen behandelt. In der Schmerzbehandlung spielt die Atemtherapie eine stetig wachsende Rolle.

FITNESSWERT: Atemschulung

* Versorgt alle Körperteile mit dem lebenswichtigen Sauerstoff.
* Gewährleistet Leistungsfähigkeit und Wohlbefinden.
* Fördert die Harmonie der Körperkräfte.
* Hat positiven Einfluß auf das vegetative Nervensystem und damit auf die Entspannung.
* Wichtige Methode zur Vorbeugung und Behandlung von Beschwerden, vor allem zur Schmerzbehandlung.

Richtig atmen

Natürliche Atmung: Das Ziel der Atemschulung ist es, zu einem natürlichen Atemfluß zu finden. Je nachdem, welche Anforderungen an den Organismus gestellt werden, sollen wir in der Lage sein, richtig zu atmen – zu gähnen, tief durchzuatmen oder (wie im Schlaf) flach und leise zu atmen. Nur wenn wir zu dem richtigen Atemrhythmus finden, können wir beispielsweise einen Dauerlauf durchhalten, eine Geschichte vorlesen oder ein Lied vorsingen. Fehlatmungen, die nicht den momentanen Erfordernissen entsprechen, sollen vermieden werden, denn sie führen auch zu Fehlleistungen: Kommt der Dauerläufer außer Atem, so muß er den Lauf abbrechen, der Vorleser wird im Lesefluß stocken und die Sätze falsch betonen, der Sänger wird schließlich aus dem Takt geraten und nicht das nötige Stimmvolumen erzielen.

Nicht bewußt atmen: Natürliche Atmung kann nur entstehen, wenn sie nicht bewußt erzwungen wird. Atemübungen, bei denen man willentlich eine bestimmte Atmung *trainiert*, verhindern auf lange Sicht den Zugang zu einer automatischen, natürlichen Atmung, die ja unbewußt abläuft. „Wehe dem, der atmen will", so lautet eine in diesem Zusammenhang gerne zitierte Warnung.

Verspannungen lösen: Vielmehr arbeitet die Atemschulung daran, Blockaden und Verspannungen zu lösen, die die Atmung behindern. Natürliche Atmung stellt sich von selbst ein, wenn man sie zuläßt. Gerda Alexander, die Begründerin der Eutonie (eine Entspannungsmethode zur Regulierung des Spannungszustandes) hat dies folgendermaßen ausgedrückt: „Die Normalisierung der Atmung geschieht aber nicht durch aktive Übungen, sondern auf indirekte Weise durch Lösung der Spannungen, die die Entfaltung der optimalen unbewußten Atmung verhindern. [...] Werden sie aufgehoben, normalisiert sich die Atmung umgehend."

Die 10 Grundregeln des Atmens

1. **Nichts erzwingen:** Versuchen Sie nie, eine bestimmte Atmung bewußt zu steuern oder gar zu erzwingen. Lassen Sie die Atemluft strömen, ohne sie willentlich zu beeinflussen.

2. **Spüren:** Das Wichtigste bei den Atemübungen ist es, ein Gespür für den natürlichen Atem zu erlernen. Versuchen Sie, Ihren Körper und den Fluß des Atems durch den Körper aufmerksam zu beobachten und jede Veränderung zu empfinden.

3. **Zeit nehmen:** Nehmen Sie sich Zeit. Wenn Sie unter Termindruck stehen, wird es Ihnen schwerfallen, die nötige Entspannung und Ruhe zu finden.

4. **Frischluft:** Üben Sie möglichst im Freien oder in einem Raum, den Sie vorher gut durchgelüftet haben.

5. **Kleidung:** Tragen Sie bequeme Kleidung. Keinesfalls darf ein enger Hosen- oder Rockbund oder Gürtel die Atmung behindern.

6. **Mahlzeiten:** Üben Sie nicht direkt nach dem Essen. Lassen Sie mindestens zwei Stunden nach Mahlzeiten vergehen, bevor Sie mit den Atemübungen beginnen (der Körper ist noch mit Verdauungsarbeiten beschäftigt).

7. Atmosphäre: Sorgen Sie in dem Raum, in dem Sie üben, für eine angenehme Atmosphäre. Vermeiden Sie laute Geräusche oder grelles Licht, Hitze oder Kälte. Erlauben Sie Ihren Sinnen, sich bei den Atemübungen völlig zu entspannen.

8. Nasenatmung: Atmen Sie immer durch die Nase. In der Nase kommt es zu einer Erwärmung und (durch die Nasenschleimhäute) auch zu einer Befeuchtung der Luft, die die Bronchien schützt. Darüber hinaus wird die Luft in der Nase gefiltert und von Bakterien oder Staub gereinigt.

9. Übungsdauer: Zwingen Sie sich nicht zu einem Atempensum. Üben Sie nur so lange, wie Sie sich entspannt und wohl fühlen. Brechen Sie die Übungen ab, sobald sich ein Gefühl des Unbehagens meldet.

10. Regelmäßigkeit: Wichtiger als die Dauer oder Anzahl der Einzelübungen ist es, regelmäßig zu üben. Nur so kann sich ein Gespür für eine natürliche Atmung entwickeln.

Atemübungen

Atemfluß: Lassen Sie beim Einatmen die Luft ganz langsam durch die Nase strömen, versuchen Sie zu spüren, welchen Weg der Atem durch den Körper geht: Wie er über die Nase langsam nach oben steigt, über den Rachen langsam durch die Luftröhre nach unten sinkt und schließlich die Lungen ausfüllt. Lassen Sie die Luft so lange in den Lungen, bis sie von selbst wieder nach oben steigt und über die Luftröhre, den Rachen und die Nasenflügel wieder entweicht. Das Einatmen geschieht wieder ganz von selbst. Sie brauchen nicht bewußt Luft zu holen. Beobachten Sie diesen Rhythmus des Ein- und Ausatmens, und spüren Sie die Regelmäßigkeit und Ruhe, die von ihm ausgeht.

Atemrhythmus: Um den zyklischen Wechsel von Einatmung und Ausatmung intensiver zu spüren, ist es hilfreich, in Gedanken zu zählen. Atmen Sie ein, und zählen Sie im Geiste: "eins, zwei, drei, vier, fünf", beim Ausatmen zählen Sie: „sechs, sieben, acht, neun, zehn". Denken Sie an nichts anderes als an Ihren Atem und an die Zahlen eins bis zehn. Beobachten Sie, wie eine Beschleunigung der Atmung auch eine Beschleunigung des Zäh-

Abbildung 5

lens mit sich bringt – so entwickeln Sie ein Takt- und Zeitgefühl für den Atemrhythmus.

Nasenatmung: Legen Sie nun den Zeige- und Mittelfinger der rechten Hand auf die Nasenwurzel, genau zwischen die Augenbrauen (Abbildung 5). Der Daumen ruht sanft auf einem Nasenflügel, der Mittelfinger auf dem anderen. Halten Sie mit dem Daumen das rechte Nasenloch zu und atmen Sie tief durch das linke ein. Während sich die Luft in den Lungen ausbreitet, gibt der Daumen das rechte Nasenloch wieder frei und der Mittelfinger schließt dafür das linke. Die verbrauchte Atemluft entströmt durch das nun freie rechte Nasenloch, durch das auch erneut eingeatmet wird. Während nun die Luft im Körper ist, schließt der Daumen wieder das rechte Nasenloch und der Mittelfinger gibt das linke wieder frei usw.

Gähnen: Gähnen ist die natürlichste Form der Tiefenatmung. Wenn durch Übermüdung oder schlechte Raumluft ein Sauerstoffmangel entsteht, reagiert der Körper mit Gähnen. Während der Mund weit geöffnet ist, wird ein Strom von Frischluft aufgenommen und die verbrauchte Atemluft ausgestoßen.

Kultivieren Sie die Kunst des Gähnens, indem Sie – wann immer möglich – das Gähnen nicht unterdrücken, sondern voll auskosten. Unterstützen Sie die Atmung durch genußvolles Räkeln und Strecken, und stoßen Sie dabei auch die typischen Gähnlaute aus.

Seufzen und stöhnen: Mit dem Ausstoßen von Lauten strömt gleichzeitig die verbrauchte Luft aus dem Körper, und die Produktion und Wahrnehmung des Lautes verstärkt die sinnliche Wahrnehmung des Atmens. Am besten eignen sich für diese Atemübungen die Stöhn- und Seufzlaute *A, O, U* und *I.* Atmen Sie durch die Nase ein, lassen Sie die Luft durch den Körper strömen. Wenn Sie spüren, daß die Luft den Körper wieder verlassen will, dann atmen Sie durch den Mund aus und seufzen Sie laut „Aaaaa", „Oooo", „Uuuuu" oder „Iiiii". Halten Sie den Laut so lange, bis der letzte Lufthauch aus dem Körper entwichen ist.

Droschkenkutscherhaltung (Abbildung 6): Setzen Sie sich mit leicht geöffneten Beinen auf einen Stuhl, und stützen Sie die Ellbogen auf die Oberschenkel. Der Oberkörper ist völlig entspannt nach vorne geneigt, der Kopf baumelt locker nach unten. Atmen Sie völlig entspannt und ruhig. Kann sich der Atem überall frei im Körper bewegen, oder stößt er auf Widerstände, auf Blockaden? Wenn Sie Verspannungen spüren, beispielsweise im Bauch oder in den Schultern, dann versuchen Sie, die Muskeln zu lockern.

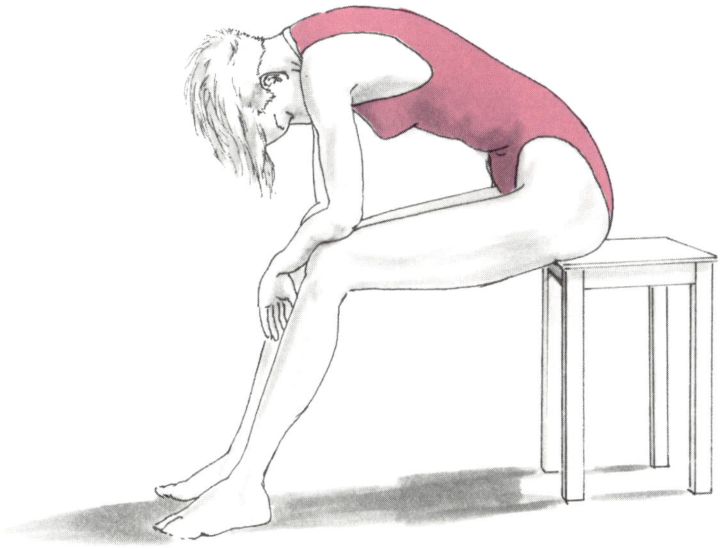

Abbildung 6

Bauchatmung: Legen Sie sich ausgestreckt auf den Rücken. Die Arme ruhen auf der Leistengegend, die Schultern fallen nach hinten. Nehmen Sie möglichst intensiven Kontakt mit dem Boden auf. Spüren Sie, welche Teile des Rückens auf dem Boden aufliegen und welche nicht. Atmen Sie tief durch die Nase ein. Spüren Sie, wie sich die Brust, die Rippenbögen und der Bauch beim Einatmen wölben und beim Ausatmen wieder senken. Erleben Sie diesen Atemrhythmus möglichst intensiv, und erfahren Sie so, wie die natürliche Atmung mit einer Bewegung von Brust und Bauch einhergehen.

Umhergehen: Diese wunderbare Atemübung sollte am besten während eines Spaziergangs in der Natur ausgeführt werden. Gehen Sie locker und entspannt, und versuchen Sie den Rhythmus von Atem und Schritt zu harmonisieren. Atmen Sie zum Beispiel fünf Schritte lang ein und fünf Schritte lang aus. Wenn Sie den Schritt beschleunigen, dann beschleunigen Sie auch den Atem, wenn Sie langsamer werden, dann reduzieren Sie auch die Atemgeschwindigkeit. Spüren Sie jedem Schritt und jedem Atemzug nach. Nehmen Sie auch die Gerüche wahr, die Sie aufnehmen.

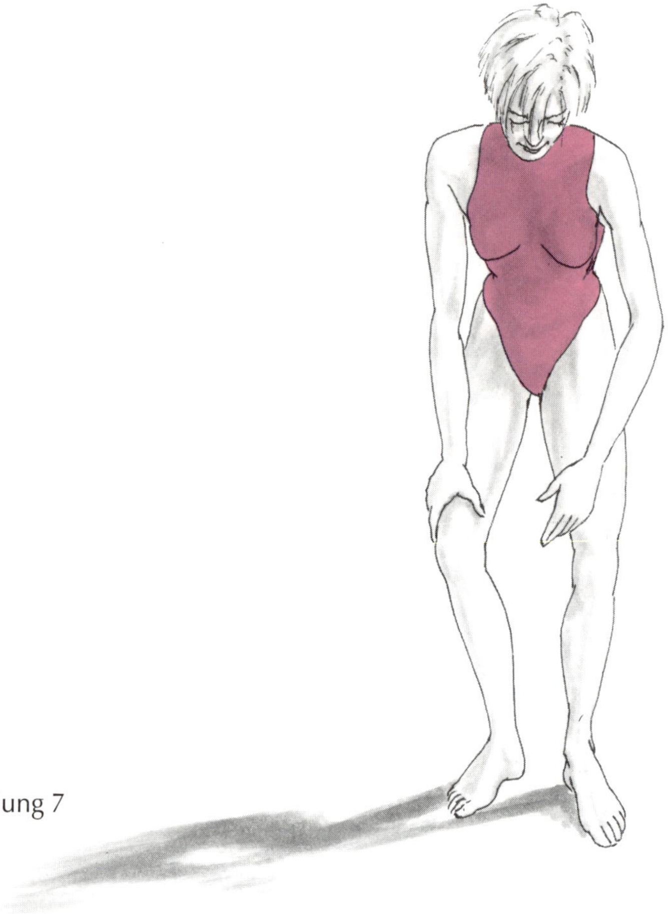

Abbildung 7

Abrollen und aufrichten (Abbildung 7): Kombinieren Sie mit dieser Übung Atmung und Bewegung: Stellen Sie sich aufrecht mit leicht geöffneten Beinen hin. Halten Sie die Arme über dem Kopf. Während Sie ausatmen, rollen Sie den Oberkörper Wirbel für Wirbel nach unten. Mit jedem Zentimeter, den der Oberkörper nach vorne fällt, entweicht ein Hauch Atemluft. Spüren Sie, wie durch das

Zusammenfallen des Körpers und das Einfallen des Bauches die Luft förmlich aus dem Körper gepreßt wird. Während Sie sich wieder ebenso langsam aufrichten, füllen sich die Lungen wieder mit frischer Luft. Wie ein Blasebalg entfalten Sie sich, bis Sie wieder aufrecht und mit nach oben gestreckten Armen stehen. Erst wenn die Lungen vollgefüllt mit neuer Luft sind, beginnt die erneute Abrollbewegung.

Yoga

Was ist Yoga?

Wortbedeutung: Das Wort *Yoga* entstammt dem Sanskrit, der indischen Gelehrtensprache. Meist wird Yoga als *Joch* übersetzt, unter das die Zugtiere eingespannt werden. Daraus leitet sich die Interpretation ab, das Wesen des Yoga bestehe darin, sich den strengen Regeln der Körperbeherrschung wie einem Joch zu unterwerfen. Aber Yoga bedeutet auch *die Vereinigung*, denn das Joch hat seine ureigenste Bedeutung darin, die beiden Zugtiere zu einer Aufgabe zusammenzuführen und zu verbinden. Diese Interpretation der Vereinigung trifft den harmonisierenden Wesenszug des Yoga weit mehr. Sie bedeutet, daß im Yoga das Wesenselement der meisten östlichen Philosophien, nämlich das Prinzip der Ausgewogenheit der Kräfte Yin und Yang (siehe Seite 59) erreicht werden soll.

Ursprung und Entwicklung: Der Yoga geht auf eine jahrtausendealte Tradition zurück. Er ist eine Schule der geistigen Konzentration, die in der Religion Indiens tief verankert ist und ihre Wurzeln bereits in vorchristlicher Zeit hat. Das uns heute bekannte Lehrgut des Yoga wurde in den Schriften des Gelehrten Patandschali überliefert, der im 1. Jahrhundert nach Christus gelebt hat. Er lehrte einen achtgliedrigen Heilsweg, dessen wesentliche Bestandteile die Abwendung von Äußerlichkeiten, die Gedankenbeherrschung durch Konzentration und die meditative Versenkung sind. In späterer Zeit entwickelten sich eine Reihe unterschiedlicher Yoga-Arten, von denen der Hatha-Yoga die heute bekannteste ist. Der

Kern des Hatha-Yoga ist das Erlernen verschiedener Haltungen und Stellungen (man nennt sie *Asanas*). Auf den Hatha-Yoga beziehen sich auch die folgenden Ausführungen.

Was bewirkt Hatha-Yoga?

Vereinigung und Harmonie: Hatha-Yoga bedeutet wörtlich übersetzt die *Vereinigung von Sonne und Mond (ha = Sonne, tha = Mond)*. Gemeint ist damit die Vereinigung der männlichen und weiblichen Elemente Yin und Yang. Die Sonne symbolisiert dabei die männliche, bewußte und geistige Seite der menschlichen Natur, der Mond die weibliche, unbewußte und körperliche Seite.

Körperliche Veränderungen: Die Körperhaltungen (Asanas) des Hatha-Yoga sind eine Art Gefäß- und Organgymnastik. Durch die unterschiedlichen Stellungen wird der Blutfluß gezielt in einzelne Körperregionen geleitet. Diese Körperteile werden durch die so verbesserte Blut- und Nährstoffversorgung in ihrer Funktion gestärkt. Regelmäßiges Üben von Hatha-Yoga vermag den Blut- und Lymphfluß dauerhaft anzuregen, den Stoffwechsel zu verbessern und die trainierten Organe gesund zu erhalten. Schließlich bilden die körperlichen Übungen einen wohltuenden Ausgleich für den Bewegungsapparat, vor allem für die Wirbelsäule.

FITNESSWERT: Yoga

* Harmonisiert die Körperkräfte
* Regt die Durchblutung und den Stoffwechsel an.
* Trainiert die Gefäße und inneren Organe.
* Verbessert die Körperfunktionen.
* Entspannt den Bewegungsapparat.

Die 10 Grundregeln des Hatha-Yoga

1. Übungsraum: Lüften Sie den Übungsraum gut durch, damit die Wirkung der Asanas durch eine gute Sauerstoffversorgung noch verstärkt wird. Sorgen Sie für eine angenehme Raumatmosphäre durch gedämpftes Licht.

2. Zeitpunkt: Üben Sie nur, wenn Sie nicht unter Termindruck stehen. Vielfach wird empfohlen, morgens zu üben, um so gestärkt den Tag besser bewältigen zu können. Wenn Sie allerdings jeden Morgen in Hetze sind, um rechtzeitig zur Arbeit zu kommen, hat ein zusätzliches Yoga-Programm wenig Sinn. Üben Sie dann lieber nach Feierabend.

3. Essen und Trinken: Hatha-Yoga sollte nur ausgeführt werden, wenn Magen, Darm und Blase leer sind. Lassen Sie nach einer Mahlzeit mindestens zwei Stunden vergehen, bevor Sie mit den Übungen beginnen.

4. Kleidung: Tragen Sie bequeme Kleidung, die Sie nicht einengt. Achten Sie darauf, daß Sie in Ihrer Übungskleidung weder frieren noch schwitzen. Die Muskeln und Gelenke müssen stets warm sein, um Verletzungen vorzubeugen. Wenn Sie unter kalten Füßen leiden, dann tragen Sie Legwarmers oder dicke Socken.

5. Unterlage: Führen Sie die Asanas auf einer nicht zu weichen Unterlage aus. Am besten eignen sich natürlich Gymnastikmatten, aber ein Teppichboden oder eine dicke Decke reichen auch aus.

6. Aufwärmen: Erwärmen Sie Muskeln und Gelenke vor den Yoga-Übungen durch eine leichte Aufwärmgymnastik (siehe Seite 107) oder durch eine warme Dusche/ein warmes Bad. Dadurch wird der Bewegungsapparat gelenkiger und geschmeidiger.

7. Langsam aufbauen: Die Stellungen des Hatha-Yoga setzen Beweglichkeit und Elastizität voraus. Diese beiden Eigenschaften müssen langsam erworben werden. Das Übungsprogramm ist stufenweise aufgebaut und geht von einfachen langsam zu schwierigeren Übungen über. Wenn Sie Yoga-Anfänger sind, dann halten Sie sich an diese Reihenfolge.

8. Nichts erzwingen: Auch für die fortgeschritteneren Übungen wurden bewußt solche Asanas ausgewählt, die keine extreme Beweglichkeit erfordern. Wenn Sie dennoch Schwierigkeiten mit einer Stellung haben, dann üben Sie keinesfalls einen Zwang aus. Yoga hat nichts mit Schmerzen und Zerrungen zu tun.

9. Atmung: Atmen Sie stets durch die Nase. Achten Sie darauf, daß Sie unverkrampft und gleichmäßig atmen. Unter keinen Umständen darf die Luft angehalten werden.

10. Dauer der Übungen: Wie lange Sie in einer Stellung verharren, ist abhängig von Ihrer Kondition. Als Anfänger sollten Sie nur einige Sekunden oder Minuten in einer Stellung verharren. Achten Sie auf die Signale Ihres Körpers: Melden sich Verspannungen oder gar Schmerzen, so beenden Sie die Übung. Fortgeschrittene können bis zu einer halben Stunde in einer Asana verweilen.

Übungen im Liegen

Totenstellung (Abbildung 8): Legen Sie sich ausgestreckt auf den Boden. Die Knie sind durchgestreckt, und die Füße fallen leicht nach außen. Die Arme sind seitlich ausgebreitet, die geöffneten Hände zeigen mit der Innenseite nach oben. Der Kopf liegt ganz gerade (stellen Sie sich vor, eine Linie würde zwischen den Augenbrauen über die Nase und den Hals zur Wirbelsäule verlaufen). Konzentrieren Sie sich auf jeden einzelnen Körperteil. Versuchen Sie, jede Spannung abzulegen. Bleiben Sie in dieser Stellung mindestens fünf Minuten.

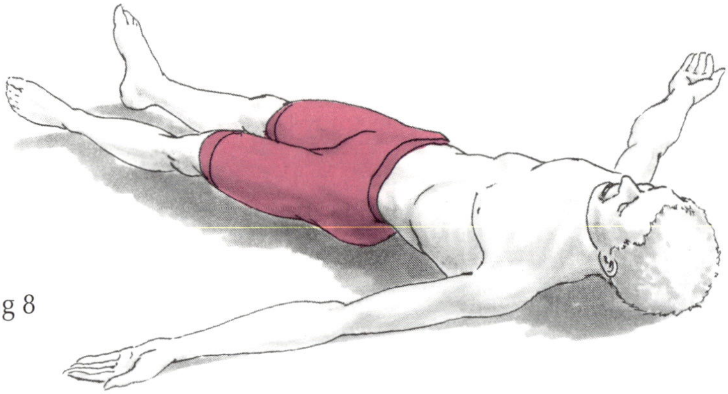

Abbildung 8

Kreuz (Abbildung 9): Bleiben Sie auf dem Rücken liegen. Öffnen Sie die Beine zu einer weiten Grätsche, und strecken Sie die geöffneten Arme über den Kopf. Bleiben Sie eine Weile so liegen, ohne sich zu bewegen. Nun dehnen Sie den rechten Arm (stellen Sie sich vor, Sie wollen etwas ergreifen, das weit hinter dem Kopf liegt). Halten Sie die Dehnung und atmen Sie ruhig weiter. Die Dehnung aufgeben und entspannt in der Ausgangsstellung liegen. Den linken Arm dehnen und wieder entspannen. Danach das rechte und linke Bein dehnen. Nachdem Sie so jeden Arm und jedes Bein einzeln gestreckt haben,

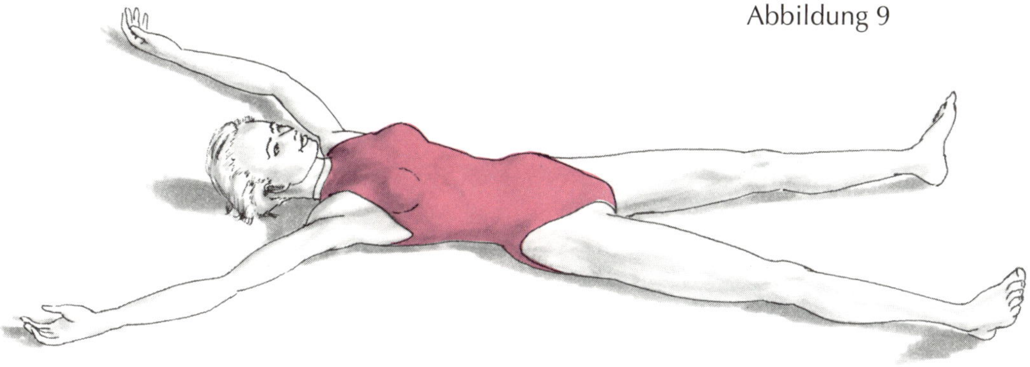

Abbildung 9

strecken Sie gleichzeitig beide Arme nach oben. Dehnung halten. Entspannen. Beide Beine nach unten strecken. Dehnung halten. Entspannen. Zum Abschluß der Übung dehnen Sie gleichzeitig das rechte Bein und den linken Arm, danach das linke Bein und den rechten Arm.

Delphin (Abbildung 10): Drehen Sie sich auf den Bauch, die Beine bleiben weiterhin leicht gegrätscht (Fortgeschrittene versuchen, die Fersen möglichst zusammenzuführen). Die Fußspitzen zeigen nach außen. Die Arme sind vor dem Kopf verschränkt, das Kinn ruht auf den Handgelenken. Dehnen Sie nun den ganzen Körper der Länge nach, indem Sie die Beine nach hinten und die verschränkten Arme nach vorne strecken. Halten Sie die Dehnung einige Sekunden lang. Nach einer kleinen Pause die Übung einige Male wiederholen.

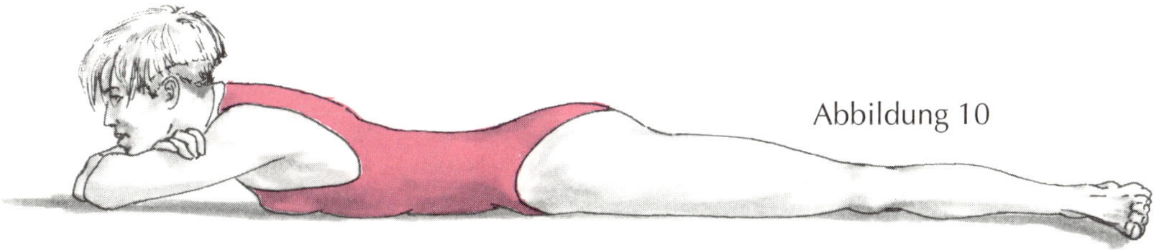

Abbildung 10

Kobra (Abbildung 11): Bleiben Sie auf dem Bauch liegen. Die Beine sind geschlossen, und die Füße ruhen auf dem Rist. Setzen Sie die Handflächen direkt unter den Schultern auf dem Boden auf. Heben Sie nun den Oberkörper vom Boden ab, indem Sie die Arme durchstrekken. Beugen Sie den Oberkörper so weit nach hinten, wie es Ihnen möglich ist (nicht überanstrengen!), und lassen Sie den Kopf in den Nacken fallen. Bleiben Sie in dieser Stellung so lange, wie es Ihnen angenehm ist.

Abbildung 11

Übungen im Sitzen

Stock (Abbildung 12): Setzen Sie sich auf den Boden, und strecken Sie die Beine durch. Die Hände liegen neben dem Gesäß mit den Handflächen auf dem Boden, die Fingerspitzen zeigen zu den Füßen. Der Rücken ist vollkommen gerade, so als hätten Sie einen Stock verschluckt. Rücken und Beine bilden einen rechten Winkel. Bleiben

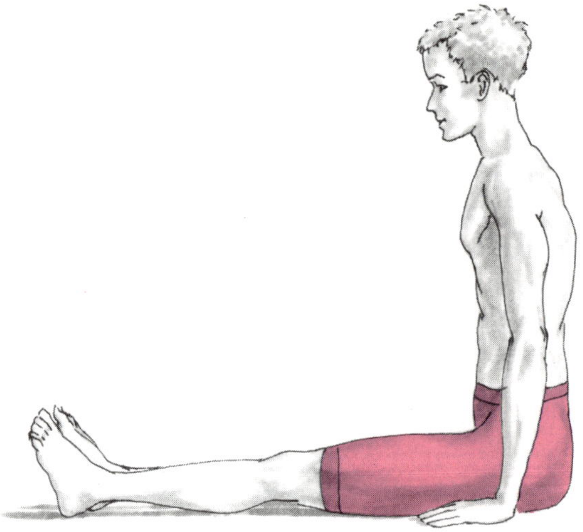

Abbildung 12

Sie einige Minuten in dieser Stellung, die einfacher aussieht als sie ist (gerade für Haltungsgeschädigte). Auf den Rücken legen und dann die Übung wiederholen.

Gemäßigter Lotossitz (Abbildung 13): Sie sitzen auf dem Boden und winkeln beide Beine an. Der linke Fuß ruht mit den Sohlen am rechten Oberschenkelansatz, der rechte Fuß berührt das linke Schienbein. Halten Sie den Oberkörper gerade, schieben Sie dazu das Becken leicht nach vorne. Der Schultergürtel und die Kopfhaltung sind völlig entspannt. Lassen Sie die Hände mit geöffneten, nach oben gerichteten Handflächen auf den Knien ruhen. Spüren Sie in dieser Haltung Ihre Mitte, werden Sie sich bewußt, wie Ihr Gewicht auf dem Boden ruht, welche Körperteile auf dem Boden aufliegen.

Abbildung 13

Bethaltung (Abbildung 14): Bleiben Sie in der oben beschriebenen Haltung auf dem Boden sitzen. Legen Sie die Hände vor dem Körper auf den Boden, gleichzeitig neigt sich der Oberkörper nach vorne. In der angestrebten Endstufe dieser Asana neigt sich der Körper so weit vor, daß die Stirn den Boden berührt. Ungeübte tasten sich behutsam an diese Stellung heran, indem sie zunächst die Hände ganz nah vor dem Körper auflegen und sich leicht vorbeugen. Von Mal zu Mal wandern die Hände etwas weiter nach vorne, und der Körper beugt sich mehr und mehr. Der Blick ist immer, auch bei der anfänglichen leichten Dehnung, zu Boden gesenkt.

Abbildung 14

Kniekuß (Abbildung 15): Setzen Sie sich wieder mit gestreckten Beinen auf den Boden. Neigen Sie den Oberkörper so weit nach vorne, wie es Ihnen möglich ist. Die Hände umfassen beide Fußsohlen, der Oberkörper ruht auf den Schenkeln, und der Mund berührt die Knie. Ungeübten wird diese Stellung nicht auf Anhieb gelingen. Umfassen Sie als Hilfsmittel zunächst nur die Waden mit den Händen, und ziehen Sie sich so weit nach vorne, wie es geht (Sie sollen nur ein leichtes Ziehen, nie Schmerzen verspüren). Bei regelmäßigem Üben werden Sie sich von Mal zu Mal tiefer beugen können.

Abbildung 15

Übungen im Stehen

Pyramide (Abbildung 16): Öffnen Sie die Beine zu einer weiten Grätsche (die Füße zeigen nach vorne). Der Oberkörper wird völlig gerade gehalten. Strecken Sie die Arme zur Seite, und führen Sie sie in hohem Bogen über dem Kopf zusammen, so daß sich die Handflächen berühren und die Fingerspitzen zur Decke zeigen. Der Blick ist nach vorne gerichtet.

Abbildung 16

Halbmond (Abbildung 17): Mit geschlossenen Beinen aufrecht stehen, die Arme (wie vorhin beschrieben) über dem Kopf mit den Handflächen zusammenführen. Der Blick richtet sich diesmal nach oben zu den Händen. Behutsam den Oberkörper und die Arme nach rechts neigen. Es wird eine leichte Dehnung in der linken Körperseite spürbar. In dieser geneigten Stellung einige Zeit ausharren. Zur Mitte zurückkehren und die Entspannung auskosten. Sodann zur linken Seite neigen. Die Dehnung ist nun in der rechten Körperseite spürbar. Zur Mitte zurückkehren. Einige Male wiederholen.

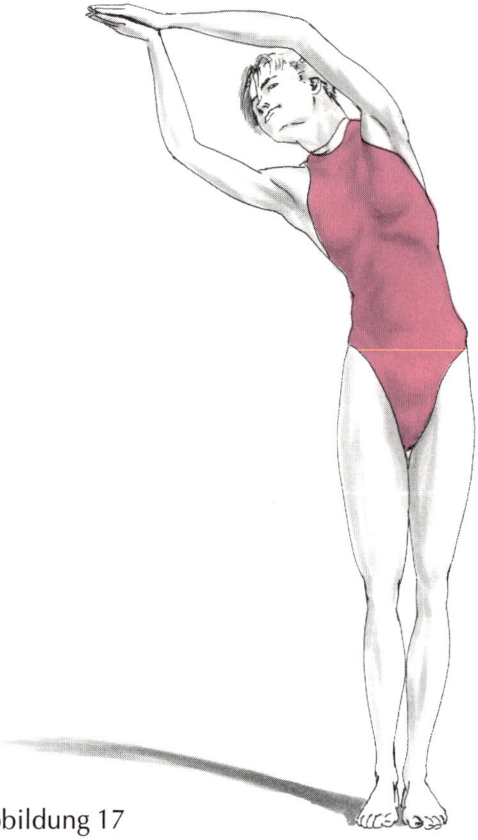

Abbildung 17

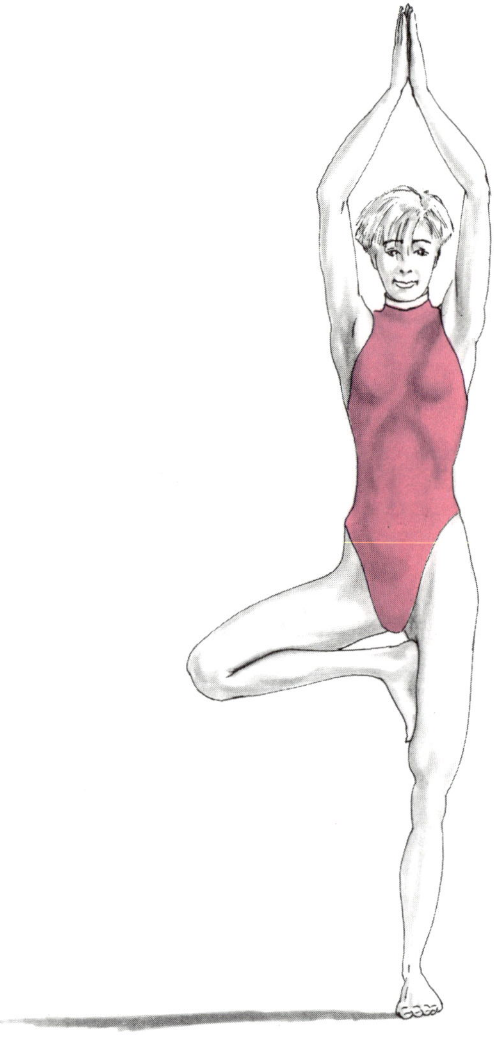

Abbildung 18

Baum (Abbildung 18): Aufrecht stehen, mit beiden Händen einen Fuß umfassen und die Fußsohle an den Oberschenkel des anderen Beins hochziehen. Das Knie des so angewinkelten Beines zeigt so weit wie möglich nach außen. Den Oberkörper dann gerade aufrichten. Die Arme über dem Kopf so zusammenführen, daß die Fingerspitzen zum Himmel zeigen. Wie ein Baum stehen – fest verankert, gerade und nach oben gerichtet. Nach einiger Zeit wieder auf beiden Beinen entspannen und mit dem anderen Bein die Übung wiederholen. Für Anfänger: Aufrecht stehen und die Fußsohle des angewinkelten Beines zunächst nur an die Wade des anderen Beines legen. Die Arme nicht nach oben, sondern zur Seite strekken, so kann das Gleichgewicht besser gehalten werden. Bei jeder neuen Übung versuchen, den Fuß etwas höher an dem Standbein anzusetzen. Als nächsten Schritt versuchen, die Arme von der seitlichen Stellung nach oben zu richten.

Zehenberührung (Abbildung 19): Sie stehen aufrecht, die Beine sind geschlossen. Den Oberkörper tief nach vorne beugen, die Arme hängen locker zu Boden, die Knie bleiben durchgedrückt. Beugen sie sich so weit vor, bis Sie ein leichtes, noch erträgliches Ziehen in Rücken und Beinen verspüren. Steigern Sie Ihre Beweglichkeit durch regelmäßiges Üben so weit, bis Sie mit den Fingern die Zehen umfassen können.

Abbildung 19

Taichi Chuan

Was ist Taichi Chuan?

Wortbedeutung: Taichi Chuan ist bei uns unter verschiedenen Schreibweisen bekannt. So finden sich auch die Bezeichnungen T'ai Chi, T'ai Chi Ch'uan oder Tai-Ji-Quan. Die vielfältigen Schreibweisen haben ihre Erklärung in der unterschiedlichen Transkription chinesischer Wörter, da es für die lautgetreue Übersetzung der chinesischen Sprache zu lateinischen Buchstaben keine einheitliche, verbindliche Regelung gibt. Alle Namen stehen jedoch für dieselbe Erscheinung, das Taichi Chuan, meist als *chinesisches Schattenboxen* übersetzt. Die eigentliche Bedeutung von Taichi ist das *Ursprüngliche, Urgegebene, Absolute.* Taichi ist in der taoistischen Philosophie die Mutter von Yin und Yang, den beiden Energieströmen und Gegensatzpaaren, die die Grundelemente der Welt bilden. Chuan bedeutet soviel wie *Faust* oder *Hand* und steht für die Bewegungsfolgen des Taichi Chuan.

Ursprung und Entwicklung: Der genaue Ursprung des Taichi Chuan ist ungewiß, da es keine alten Schriftquellen gibt, die über seine Entstehung Auskunft geben könnten. Der Legende nach soll der taoistische Mönch Chang San-Feng im 12. Jahrhundert nach Christus den Kampf eines Kranichs mit einer Schlange beobachtet und daraus die Grundlagen des Taichi Chuan entwickelt haben. Das Taichi Chuan war anfangs als reine Kampfsportart ausgelegt. Es gehörte aber immer schon der Inneren Schule an, die durch sanfte, weiche Bewegungen und Gelassenheit die innere Energie wecken will und sich dadurch von der Äußeren (harten) Kampfsportschule unterscheidet, der zum Beispiel das Kung-Fu angehört.

Im Laufe seiner geschichtlichen Entwicklung hat das Schattenboxen eine Reihe von Wandlungen durchlebt, die sich in unterschiedlichen Schulen und Stilrichtungen niedergeschlagen haben. Der populärste Taichi-Stil ist der Yang-Stil, der auf die Taichi-Meister Yang Cheng-Fu und Yang Jian-Hou zurückgeht. In den 50er Jahren des 20. Jahrhunderts hat das Sportkomitee der Volksrepublik China aus diesem Yang-Stil eine Art volkstümliche Taichi-Richtung entwickelt, den sogenannten Peking-Stil.

Sein ruhiger und harmonischer Bewegungsfluß und seine leichte Erlernbarkeit haben den Peking-Stil breiten Volksschichten zugängig gemacht und entscheidend zur Verbreitung des Schattenboxens auch in der westlichen Welt beigetragen.

Charakteristika: Um das Wesen des Taichi Chuan zu begreifen, müssen wir einen Abstecher in die taoistische Philosophie machen. Yin und Yang (Abbildung 20) sind die beiden Urelemente, die das Wesen der Welt bestimmen. Die Polarität von Yin und Yang spiegelt sich in allen Bereichen und Ebenen wider – im Gegensatz von Gut und Böse, Schön und Häßlich, Hell und Dunkel, Männlich und Weiblich, Tag und Nacht, Sommer und Winter, Bewegt und Unbewegt. Jede Erscheinung auf der Welt bringt gleichzeitig auch ihr Gegenteil hervor, alles ist ständig in Bewegung.

Abbildung 20

In den Bewegungsfolgen des Taichi Chuan spiegelt sich dieses Urprinzip wider. Sie sind gekennzeichnet durch ein ständiges Fließen, den sanften Wechsel von Zurückweichen und Vorwärtsdrängen, von Belastung und Nichtbelastung, von Ein- und Ausatmen, von Heben und Senken. Jede Aktion geht fließend in ihr Gegenteil über. Die einzelne Bewegung wird nie für sich alleine gesehen, sie ist immer Bestandteil der gesamten Bewegung.

Was bewirkt Taichi Chuan?

Ganzheitlichkeit: Das Prinzip der Harmonie von Gegensätzen und des Flusses von Energieströmen durchzieht die gesamte chinesische Vorstellungswelt. Gesundheit ist in der chinesischen Medizin gleichbedeutend mit einem ungestörten Einklang der gegensätzlichen Energieströme Yin und Yang. Die Übungen des Taichi Chuan sind ein wichtiger Pfeiler dieses ganzheitlichen Gesundheits-Gebäudes. Sie zielen darauf ab, die Energieströme im Menschen zu harmonisieren. Sie sind umfassend und sprechen den Körper als Ganzes an. Die Leichtigkeit und Sanftheit der Bewegungen sorgen für die Gesundheit des Bewegungsapparates und fördern den Gleichgewichtssinn und die Koordinationsfähigkeit, und der meditative Charakter des Taichi Chuan wirkt sich beruhigend auf das gesamte Nervensystem aus.

Medizin: Körperliche Bewegung und geistige Entspannung finden ihre Ergänzung in der bewußten Atmung, die die Sauerstoffversorgung, die Stoffwechsel- und Organfunktionen verbessert. Taichi Chuan hat in seiner Gesamtheit einen so positiven Einfluß auf das menschliche Wohlbefinden, daß es sich auch in der westlichen Medizin eine immer stärkere Position erobert. Taichi Chuan wird heute erfolgreich eingesetzt zur Therapie von rheumatischen Erkrankungen wie Arthrose oder Osteoporose, als Rehabilitations- und Seniorensport, zur Bekämpfung von Erkrankungen wie Arteriosklerose sowie zur Behandlung des ganzen Spektrums psychosomatischer Beschwerden.

FITNESSWERT: Taichi Chuan

* Harmonisiert die Energieströme im Körper.
* Verbessert die Beweglichkeit und die Koordinationsfähigkeit.
* Beugt Haltungsschäden vor.
* Fördert die allgemeine Entspannung.
* Wirkt sich positiv auf die Sauerstoffversorgung, auf den Stoffwechsel und die Organfunktionen aus.
* Hervorragend geeignet für Rehabilitationsmaßnahmen und ältere Menschen.

Die 10 Grundregeln des Taichi Chuan

1. Entspannung des Geistes: Die Aufmerksamkeit für Reize aus der Umwelt läßt nach, der Übende konzentriert sich nur auf sich selbst, seinen Atem und seine Bewegungen. Er wird still, horcht in sich hinein und löst sich von rationalen Gedanken und Problemen.

2. Körperhaltung: Der Körper nimmt eine entspannte Haltung ein. Unverkrampft und ohne Verspannungen ruht er in seiner eigenen Mitte.

* Der Kopf wird aufrecht gehalten.
* Der Hals ist gerade, ohne steif zu sein.
* Der Rücken ist gerade.
* Das Becken: In ihm liegt der Schwerpunkt des Körpers.
* Der Brustkorb wird weder herausgestreckt, noch ist er eingefallen. Schultern, Arme und Hände hängen locker herab.
* Die Knie sind stets leicht angewinkelt.
* Die Füße haben immer einen festen Kontakt mit dem Boden, sie stellen die Erdverbundenheit her.

3. Leichtigkeit und Sanftheit: Alle Bewegungen werden locker und leicht ausgeführt. Sie sollen so sanft sein wie eine zu Boden schwebende Feder. Jede abrupte und harte Veränderung der Position wird vermieden.

4. Zeitlupe: Jede Aktion wird wie in Zeitlupe ausgeführt, ohne Hektik und ohne Zeitdruck. Jedes Detail eines Bewegungsablaufes wird erspürt.

5. Aufmerksamkeit statt Muskelkraft: Die Bewegungen des Taichi Chuan bedürfen keiner muskulären Kraftanstrengung. Der Wille und die Konzentration – die Kraft des Geistes – ersetzen die Anspannung und die Kraft der Muskeln.

6. Gleichgewicht und Gewichtsverlagerung: In der bewußten und klaren Gewichtsverlagerung drückt sich die wechselseitige Beziehung von Yin und Yang aus. Beim Taichi Chuan gibt es immer ein belastetes und ein unbelastetes Bein. In jeder Position ruht der Körper stabil in sich selbst. Die Verlagerung des Schwerpunktes von einem auf das andere Bein geschieht stufenlos, ohne daß das Gleichgewicht gefährdet wird – mit der Geschwindigkeit einer Katze und in Zeitlupe.

7. Koordination: Jede Bewegung zieht eine Folgebewegung nach sich. Es ist nie eine Aktion allein möglich. Das einzelne steht in einem festen Bezug zum Ganzen und will mit ihm abgestimmt sein. Die Bewegungen der Arme müssen mit der Haltung von Wirbelsäule und Kopf ebenso in Einklang stehen wie mit dem Rhythmus des Atmens oder der Belastung der Füße.

8. Kreisförmigkeit: Harte und geradlinige Bewegungen werden vermieden. Erlernt wird die harmonische und runde Körperbewegung. Der Gelenkkopf bewegt sich auf natürlichste Weise immer kreisförmig in der Gelenkpfanne.

9. Atmung: Die Atmung befindet sich im Einklang mit der Bewegung. Werden Arme und Beine gehoben, so wird eingeatmet, senken sich die Extremitäten, so entweicht der Atemfluß. Bewegt sich der Körper nach vorne, so wird Luft geholt, bewegt er sich nach hinten, so wird ausgeatmet. Langsam und bewußt wird durch die Nase ein- und durch den Mund ausgeatmet.

10. Ausdauer und Geduld: Taichi Chuan ist so andersartig und so verschieden von unserer üblichen hektischen, harten und unbewußten Körpersprache, daß man es nur durch Ausdauer und Geduld erlernen kann. Nur schrittweise und mit regelmäßigem Üben ist es möglich, sich dem Ideal der umfassenden Harmonie anzunähern. Schnelligkeit und zwanghafte Einstellungen sind fehl am Platz. Gefragt sind Gelassenheit, Ruhe und Konzentration auf den Körper.

Grundübungen des Taichi Chuan

Das Zen-Stehen (Abbildung 21): Sie stehen mit aufrechtem Oberkörper frei im Raum. Das Gewicht ruht auf dem rechten (hinteren) Fuß, der linke Fuß wird nur leicht mit den Zehenballen aufgesetzt. Die Arme sind so vor dem Brustkorb angewinkelt, daß die Handflächen zur Brust sehen und der linke Arm zirka zehn Zentimeter über dem rechten Arm liegt. Bleiben Sie so in sich ruhend einige Minuten stehen. Bewegen Sie sich nicht, konzentrieren Sie sich auf Ihren Körper, atmen Sie ruhig und entspannt, und versuchen Sie Ihre Mitte zu erspüren.

Nach einigen Minuten die Arme ganz langsam – im Zeitlupentempo – senken, dabei ausatmen. Gleichzeitig den linken Fuß zurückziehen und den rechten dafür nach vorne auf die Zehenballen absetzen. Während das Gleich-

Abbildung 21

Abbildung 22

gewicht sanft auf den linken (nun hinteren) Fuß verlagert wird, heben sich beim Einatmen die Arme wieder in der Form, daß der rechte Arm zirka zehn Zentimeter über dem linken Arm steht. In dieser Stellung einige Minuten verharren.

Der Wechsel der zwei Zen-Standpunkte kann beliebig oft wiederholt werden. Er ist eine der wichtigsten Grundübungen für die Entwicklung des Gleichgewichtsgefühls und des Atem- und Bewegungsflusses.

Arme heben und senken (Abbildung 22): Ausgangspunkt dieser Übung ist das entspannte, gerade Stehen mit locker hängenden Armen. Die Beine sind leicht geöffnet und die Knie angewinkelt. Ganz langsam und behutsam werden die Arme Zentimeter für Zentimeter nach oben bewegt. Die Handgelenke sind ganz locker, die Handflächen und Finger hängen leicht nach unten. Die Arme

werden so weit nach oben bewegt, bis sie sich parallel zum Boden befinden.
Ohne Unterbrechung wandelt sich die Aufwärtsbewegung in eine Abwärtsbewegung. Ganz langsam gleiten die Arme wieder gen Boden, die Handgelenke senken sich dabei leicht nach unten, so als würden sie sich dem Widerstand der Luft beugen. Sobald die Arme neben den Beinen hängen, erwächst auch schon wieder die Aufwärtsbewegung. Das sanfte Auf und Ab der Arme wird begleitet von entspanntem Einatmen (bei der Aufwärtsbewegung) und Ausatmen (bei der Abwärtsbewegung).

Abbildung 23

Abbildung 24

Der Elefantenrüssel (Abbildung 23): Sie stehen entspannt, die Arme hängen locker neben dem Körper. Das rechte Bein ist nach vorne gestellt, das linke Bein leicht angewinkelt. Auf ihm ruht das Körpergewicht. Behutsam das Körpergewicht vom linken (hinteren) Fuß auf den rechten Fuß verlagern. Mit der Gewichtsverlagerung geht eine Aufwärtsbewegung der Arme einher (die Handgelenke sind locker, die Fingerspitzen zeigen nach unten). Die Arme werden bis in Schulterhöhe gehoben. Der Blick folgt den Händen. Haben die Arme ihren höchsten Punkt erreicht, beginnt fließend und leicht die Abwärtsbewegung, die begleitet wird von einer erneuten Gleichgewichtsverlagerung auf den linken Fuß. Wiederholen Sie die Übung einige Male, bevor Sie die Grundhaltung wechseln, indem Sie das linke Bein nach vorne und das rechte nach hinten stellen.

Den Rumpf drehen (Abbildung 24): Sie stehen mit lokker hängenden Armen und leicht geöffneten Beinen, das Gewicht ruht gleichmäßig auf beide Beine verteilt. Beide Füße stellen mit der ganzen Sohle einen Kontakt mit dem Boden her. Die Beine und Füße bleiben während der ganzen Übung in dieser Ausgangsstellung. Nun heben sich langsam die Arme und öffnen sich in einem weiten Bogen. Gleichzeitig dreht sich der Oberkörper nach rechts, und das Gewicht verlagert sich auf den rechten Fuß. Der Kopf wandert ebenfalls nach rechts, der Blick verfolgt den rechten Arm, bis er gestreckt und mit senkrecht nach oben gerichteter Handfläche seine maximale Drehung nach hinten erreicht hat. Nun fließt die Rückwärtsbewegung wieder in eine Vorwärtsbewegung über, die Arme werden zueinander geführt und fallen in einem weichen Bogen nach unten. Das Gewicht verlagert sich in die Körpermitte (gleichmäßig auf beide Füße). Die gleiche Bewegung wird analog mit einer weichen Drehung nach links ausgeführt: Die Arme heben sich, Kopf und Blick folgen dem linken Arm, bis er gestreckt hinter dem Körper ist. Das Gewicht wird auf den linken Fuß verlagert.

Die Peitsche (Abbildung 25): Mit geöffneten Beinen und leicht angewinkelten Knien stehen. Während der rechte Arm im Uhrzeigersinn vor dem Oberkörper einen Kreis beschreibt, dreht sich der Rumpf nach rechts. Der linke Arm wird bis auf Schulterhöhe angehoben. Gleichzeitig gibt die linke Ferse ihren Bodenkontakt auf. Nur noch die Zehenballen berühren den Boden, das Gewicht ruht nun ganz auf dem rechten Fuß. Jetzt dreht sich der Rumpf wieder nach links, der linke Fuß macht einen

Schritt nach vorne links, und der linke Arm wird gerade vor dem Körper ausgestreckt. Die linke Handfläche zeigt wie in einer Abwehrhaltung nach außen. Der rechte Arm befindet sich in einer waagrechten Lage, die Hand weist nach unten. Der Blick folgt der linken Hand.

Der weiße Kranich breitet seine Schwingen aus (Abbildung 26): Mit leicht geöffneten und angewinkelten Bei-

Abbildung 25 a

Abbildung 25 b

nen aufrecht stehen. Die Arme befinden sich vor dem Oberkörper: Die linke Hand zeigt mit der Handfläche nach unten, die rechte mit der Fläche nach oben, so als wollten Sie einen großen Ball halten. Das Gewicht ruht auf dem rechten Fuß. Der Oberkörper dreht sich langsam nach rechts. Gleichzeitig bewegt sich der rechte Arm in einer bogenförmigen Bewegung nach oben bis über den Kopf, während der linke Arm nach unten gleitet, bis er locker neben dem Oberschenkel hängt. Während der Rumpfdrehung und Armbewegung hebt sich der linke Fuß vom Boden und kommt vor dem rechten Fuß wieder auf. Langsam die Bewegung in umgekehrter Reihenfolge wieder in die Ausgangsstellung zurückführen. Nun breitet der Kranich seine Schwingen in die andere Richtung aus. Das Gewicht wird auf den linken Fuß verlagert, die rechte Hand faßt den imaginären Ball von oben, die linke von unten. Der linke Arm schwingt nun nach oben zur Schläfe, während sich der rechte am Oberschenkel vorbeibewegt usw.

Abbildung 26

Meditation

Was ist Meditation?

Wortbedeutung: Unter dem Begriff *Meditation* läßt sich eine ganze Vielfalt von Methoden und Praktiken zusammenfassen. Ob Atemmeditation, autogenes Training, Zen oder Transzendentale Meditation – der aus dem lateinischen Wort *meditari = geistig ermessen, abwägen, erwägen* abgeleitete Begriff ist zu einem Sammelbecken unterschiedlicher Interpretationen und praktischer Umsetzungen geworden. Diese – oft verwirrende – Vielfalt gibt einen bedeutsamen Einblick in das Wesen der Meditation und die Art, wie wir sie in der westlichen Zivilisation behandeln.

Bewußtseinsveränderung: Meditation, das ist das Erreichen eines anderen Bewußtseinszustandes, das Abschalten der rationalen Gedanken und die Grenzüberschreitung von Wachbewußtsein zum Unterbewußtsein, das Versinken in einen zweckfreien Zustand. Durch diesen Wesenskern ist die Meditation so verschieden von unserer materialistischen, rationalen und intellektgläubigen Welt, daß sich zwangsläufig eine Verwirrung und Sprachlosigkeit gegenüber diesem fremdartigen Zustand einstellen muß.

Innerlichkeit: Andererseits entzieht sich die Meditation auch bewußt einer starren Definition und Normierung. Wer meditiert, der schweigt. Doch dieses Schweigen ist ein Schweigen der Innerlichkeit. Welche Richtung der Meditierende dabei einschlägt, welcher Hilfsmittel und Methoden er sich dabei bedient, das ist eine individuelle Frage, die nur die Selbsterfahrung während des Meditierens beantworten kann. Meditation ist die Reise ins eigene Innere oder, wie es der Philosoph Carl Friedrich von Weizsäcker ausdrückt: „Es ist ein Stillwerden des bewußten Getriebes und es meldet sich, es zeigt sich etwas, was immer schon vorher da war. Überhaupt, man wird durch die Meditation kein anderer, sondern der, der man immer gewesen ist.“

Was bewirkt Meditation?

Aufwertung des Spirituellen: Die Meditation hat in ihrem ursprünglichen Sinne eine religiöse und spirituelle Dimension. Sie will die Erkenntnisfähigkeit steigern und den Zugang zum Höheren, Göttlichen öffnen. Christliche Kontemplation, die geistige Konzentration auf einen Glaubensgrundsatz oder ein religiöses Gleichnis, ist in diesem Sinne ebenso mit der Meditation verwandt wie das christliche Gebet mit seiner rituellen Wiederholung von Worten.

Anti-Streß-Meditation: Aber nicht jeder kann und will Meditation von diesem spirituellen Standpunkt aus betrachten. Und wäre sie allein auf diesen beschränkt, so hätte sie sicherlich nie die Popularität erlangt, die sie heute besitzt. Meditation kann auch von einem ganz praktischen Standpunkt aus gesehen werden: als Anti-Streß-Maßnahme. Wie alle Entspannungsmaßnahmen führt die Meditation zu einer Aktivierung der energieaufbauenden Vorgänge in unserem Organismus, wirkt sich regulierend auf das vegetative Nervensystem aus und versetzt den Körper in einen schlafähnlichen Zustand. Die physischen Erfolge der Meditation lassen sich in medizinischen Befunden ablesen: Die Atmung und der Herzschlag verlangsamen sich, die Gehirnwellen werden gleichmäßiger, der Sauerstoffverbrauch vermindert sich u. v. m.

Die entspannende Wirkung der Meditation kann in vielerlei Situationen Mittel zum Zweck sein. Sie schafft Distanz zu Ängsten und Sorgen, verändert die Einstellung zu Examen, Krankheiten oder den beruflichen Anforderungen.

FITNESSWERT: Meditation

* Stellt einen Ausgleich her zur Hektik des Alltags.
* Ist ein wohltuender Gegenpol zur rationalen, intellektbezogenen Lebensweise.
* Schafft einen Zugang zum Unterbewußtsein und zu vernachlässigten Teilen der Persönlichkeit.
* Ist eine umfassende Beruhigung für Körper, Seele und Geist.
* Ruft eine schlafähnliche Erholung und Entspannung hervor.
* Versetzt uns in einen anderen Bewußtseinszustand.
* Schafft Distanz und hilft, Ängste und Probleme besser zu bewältigen.

Die 10 Grundregeln der Meditation

1. Vorbereitung: Schaffen Sie sich eine streßfreie Zone, bevor Sie zu meditieren beginnen. Direkt nach einer anstrengenden Besprechung oder einem Streit können Sie unmöglich sofort abschalten. Kommen Sie erst einmal etwas zur Ruhe, sammeln Sie sich und überlegen Sie, ob Sie auch wirklich in der Stimmung sind zu meditieren.

2. Ort: Suchen Sie sich einen Ort aus, an dem sie sich besonders wohl fühlen und den Sie für Ihre Meditationsübungen reservieren können. Je weniger sie diesen Ort zweckentfremden, desto leichter wird es Ihnen fallen, in eine meditative Stimmung zu versinken. Der Fernsehsessel, auch wenn er noch so bequem ist, ist definitiv nicht der richtige Meditationsort.

3. Zeitpunkt: Meditieren Sie möglichst immer zum selben Zeitpunkt. Zeitliche Regelmäßigkeit und Gleichförmigkeit des Ortes sind wesentliche Bestandteile des Meditationsrituals. Günstige Zeitpunkte zum Meditieren sind der frühe Morgen oder der Spätnachmittag.

4. Dauer und Häufigkeit: Meditieren Sie im Durchschnitt 20 Minuten am Tag. Versuchen Sie, wirklich jeden Tag zu meditieren, denn Meditation ist eine stetige, fließende Entwicklung. Setzen Sie zu lange aus, so fällt es sehr schwer, wieder einen Zugang zu finden.

5. Atmosphäre: Richten Sie sich für die Dauer der Meditation so ein, wie Sie es am liebsten haben. Entfernen Sie alle Gegenstände aus Ihrem Blickwinkel, die Sie ablenken könnten, stellen Sie dafür Dinge auf, die Ihnen gefallen: eine Blüte, eine Kerze, einen Zweig... Versuchen Sie, Störungen schon im Vorfeld vorzubauen: Stellen Sie das Telefon leiser, bitten Sie Ihre Mitbewohner darum, Sie nicht zu stören. Achten Sie auch darauf, daß Sie nicht durch hartes Licht oder grelle Farben gestört werden.

6. Genußmittel und Nahrung: Verzichten Sie darauf, direkt vor dem Meditieren zu essen. Halten Sie eine Pause von mindestens einer Stunde nach Mahlzeiten ein, da der Körper sonst zu sehr mit Verdauungsarbeiten beschäftigt (also angespannt und angestrengt) ist, um sich richtig zu entspannen. Meiden Sie auch aufputschende Mittel wie Kaffee oder Kola-Getränke sowie Zigaretten.

7. Körperhaltung: Die Meditationstheorie geht von einer untrennbaren Einheit von Körper und Psyche aus. Die körperlich unverkrampfte Haltung ist daher eine der wichtigsten Voraussetzungen für die psychische Konzentration und Sammlung. Die Meditationshaltung darf niemals zwanghaft oder gar schmerzhaft sein (s. unten).

8. Innere Einstellung: Meditation verfolgt keinen Zweck. Sie kennt keine Begriffe wie Leistung, Erfolg oder Zwang. Meditation bedeutet Hingabe. Alles, was passiert, soll automatisch, natürlich und ohne Kraft- und Willensanstrengung vor sich gehen. Legen Sie deshalb jedes Zwangsdenken ab. Sie müssen nicht in der bestimmten Zeit einen bestimmten Erfolg erzielen. In der Meditation gibt es keine Tests oder Leistungsabzeichen.

9. Aufkommende Gedanken: Die Meditation versucht, einen Zustand der Gedankenfreiheit zu erreichen. So einfach dies klingt, so schwierig ist es auch. Immer wieder schweifen die Gedanken ab, tauchen unvermittelt Ängste, Bilder und Sorgen vor dem geistigen Auge auf. Gerade für den Meditationsanfänger ist es schwierig, diesen Zustand zu überwinden. Der falscheste Weg wäre, die Gedanken gewaltsam zu unterdrücken. Nehmen Sie sie an, sehen Sie das Positive darin. Lassen Sie das Unterbewußtsein hochkommen. Lassen Sie sie im Raum stehen, ohne sie weiterzuverfolgen.

10. Ausklingen: Beenden Sie die Meditation nie abrupt. Stellen Sie sich keinesfalls einen Wecker, der Sie mit schrillem Gerapple aus der Stille herausreißt. Lassen Sie die Phase der Besinnung langsam und sanft ausklingen. Bleiben Sie noch einige Minuten ruhig in der Meditationshaltung, lassen Sie so Ihre Gedanken langsam wieder zur Alltäglichkeit zurückkehren.

Meditations-Haltungen

Für gelenkige und körperlich geübte Menschen ist der Lotossitz (Abbildung 29) sicherlich eine der besten Haltungen, um entspannt und unverkrampft in sich selbst zu ruhen. Aber nicht jeder kann diese klassische Meditationshaltung einnehmen. Solange Sie sich im Lotossitz nicht vollkommen wohl fühlen oder gar Schmerzen haben, sollten Sie sich keinesfalls zu dieser Haltung zwingen. Versuchen Sie es mit einfacheren Varianten, sie eignen sich ebensogut für die Meditation – Hauptsache, Sie fühlen sich völlig entkrampft.

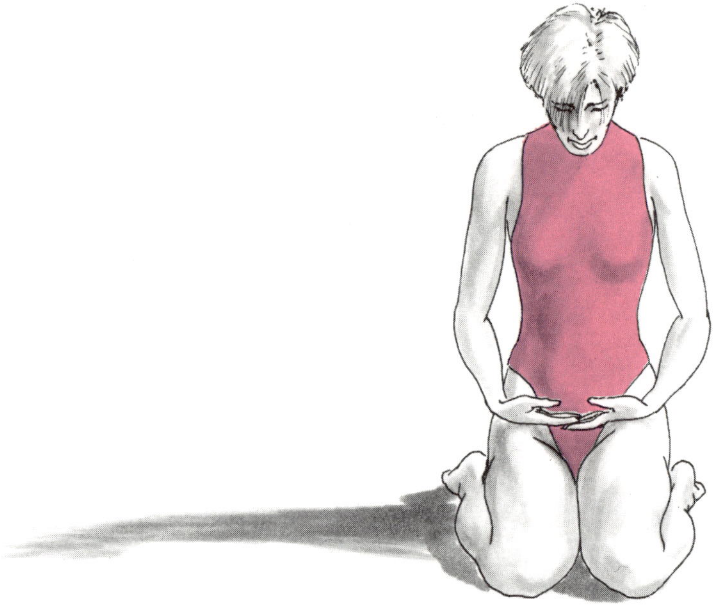

Abbildung 27

Fersensitz (Abbildung 27): Wer körperlich ungeübt ist, sollte es für den Anfang mit dem unkomplizierten Fersensitz versuchen (für Menschen mit Venenleiden ist diese Haltung jedoch nicht geeignet). Knien Sie sich dazu auf den Boden, und senken Sie das Gesäß zwischen die leicht geöffneten Unterschenkel, so daß die Fersen neben den Pobacken liegen. Der Oberkörper bleibt gerade, die Schultern sind völlig entspannt. Legen Sie die Hände mit den Außenflächen auf die Oberschenkel, so daß die geöffneten Handflächen nach oben zeigen.

Schneidersitz (Abbildung 28): Aufrecht auf den Boden setzen und die Beine übereinanderschlagen. Die Knie fallen locker zur Seite, und die Hände ruhen mit den Außenflächen auf den Oberschenkeln. Oberkörper, Schultern und Kopf sind gerade und unverkrampft.

Gemäßigter Lotossitz: Diese Haltung ist eine Vorstufe des Lotossitzes. Sie wurde bereits im Kapitel *Yoga* auf Seite 53 (siehe Abbildung 13) beschrieben.

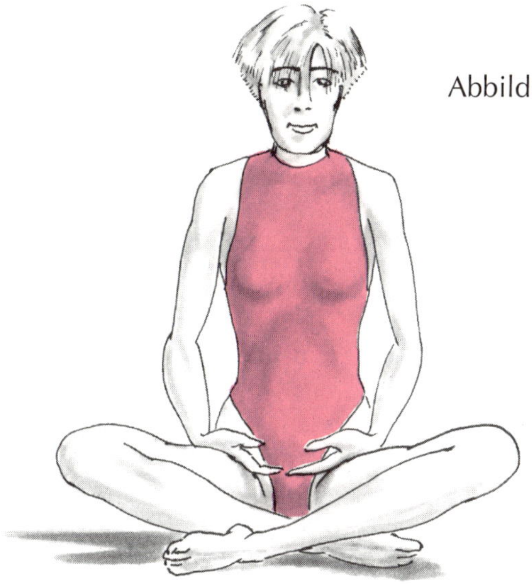

Abbildung 28

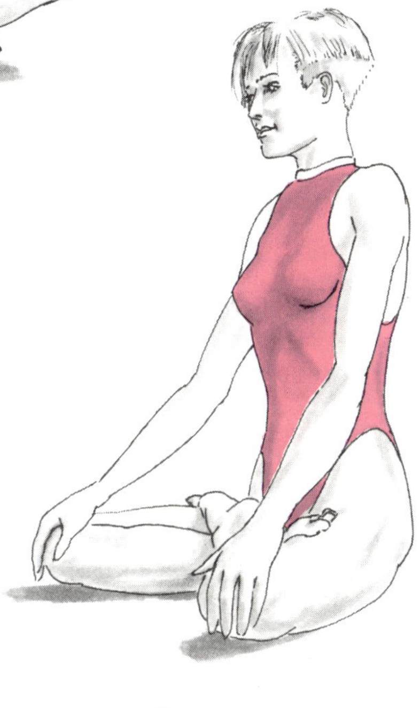

Abbildung 29

Lotossitz (Abbildung 29): In der Ausgangsstellung sitzen Sie auf dem Boden, und beide Beine sind gestreckt. Nun umfassen Sie den rechten Fuß und legen ihn auf den linken Oberschenkel, danach den linken Fuß auf den rechten Oberschenkel legen. Beide Fußsohlen schauen nach oben. Der Oberkörper wird vom Gesäß aus Wirbel für Wirbel gerade aufgerichtet, und die Hände ruhen auf den Knien. Vergessen Sie nicht: Es soll nichts ziehen, spannen oder schmerzen. Sie sollen völlig entspannt sitzen und atmen.

Meditationsübungen

Geräuschmeditation: Suchen Sie sich aus Ihrer Platten- oder Kassettensammlung eine ruhige Musik aus, die Ihnen besonders gut gefällt (Empfehlungen für Meditationskassetten finden Sie auf Seite 309). Nehmen Sie eine der beschriebenen Meditationshaltungen ein und schließen Sie die Augen. Hören Sie sich die Musik an. Versenken Sie sich in den Klang der Instrumente oder Stimmen, spüren Sie den Rhythmus, entdecken Sie die Motive. Versuchen Sie, alle anderen Gedanken und Eindrücke um Sie herum abzustreifen. Wenn dennoch Gedanken und Bilder vor Ihrem geistigen Auge auftauchen, dann lassen Sie sie zu, aber verfolgen Sie sie nicht weiter. Kehren Sie immer wieder zur Musik zurück. Versuchen Sie, mit ihren Klängen eins zu werden.

Eine besonders beruhigende und entspannende Wirkung haben Naturklänge. Wenn Sie sich im Freien befinden, dann versuchen sie, sich in den Klang von Wellenrauschen, das Plätschern eines Baches, in das Gezwitscher von Vögeln oder das Rascheln von Herbstlaub zu versenken. Sie müssen zum Meditieren nicht unbedingt in einer unbeweglichen Haltung verweilen. Meditieren können sie auch während eines Spaziergangs. Konzentrieren Sie sich auf den Rhythmus Ihres Ganges und auf die Laute um Sie herum.

Visuelle Meditation: Suchen Sie sich einen Gegenstand, der Ihnen gut gefällt und der Sie in eine angenehme Stimmung versetzt. Er sollte sich möglichst um einen natürlichen Gegenstand handeln, ein Blatt, eine Blüte oder eine Frucht. Wenn Sie gerne zur frühen Morgenstunde meditieren, dann wählen Sie Ihren Meditationsort so, daß Sie den Sonnenaufgang beobachten können. Oder sehen Sie abends dem Sonnenuntergang zu. Sie können auch den Schein einer Kerze betrachten, dabei sollten Sie jedoch darauf achten, daß Sie das Flackern und der Schein der Flamme nicht irritieren.

Setzen Sie sich so, daß Sie das Bild Ihrer Wahl gut im Gesichtsfeld haben, stellen Sie alles weg, was Sie von der Beobachtung des Meditationsobjektes ablenken könnte. Nehmen sie dann Ihre Meditationshaltung ein, und sehen Sie den Gegenstand an. Versuchen Sie, wirklich nur Ihre Augen auf ihm ruhen zu lassen, versuchen Sie nicht, möglichst alle Details zu erkennen oder den Gegenstand zu analysieren. Tun Sie nichts, außer den Blick auf ihn zu senken. Alles andere, das entspannte Sitzen, der regelmäßige Fluß des Atmens, sollte so selbstverständlich sein, so harmonisch und von selbst passieren, daß Sie es gar nicht mehr wahrnehmen. Wenn Ihre Aufmerksamkeit von dem Meditationsobjekt abschweift, dann lassen Sie dies geschehen. Fangen Sie nicht an, es bewußt anzustarren. Lassen Sie den Blick wandern, und kehren Sie nach einigen Sekunden wieder zurück.

Mantra-Meditation: Mantras sind heilige Silben, Worte oder Formeln aus dem Sanskrit, die für hinduistische Gottheiten stehen. Da im Hinduismus eine Einheit zwischen dem Namen einer Gottheit und ihrem Wesen besteht, soll in der ursprünglichen Form durch das Wiederholen von Mantras eine Vereinigung mit der Gottheit erreicht werden. Das wohl bekannteste Mantra ist *Om (Aum),* ein heiliger Laut, der die Einheit des Universums symbolisiert. Man singt *A–U–M* und drückt damit die Dreieinigkeit von Brahma, Vishnu und Shiva aus.

Das rituelle Singen von Mantras, die Versenkung in den Klang und die Schwingungen von Lauten ist eine weitverbreitete Meditationsform, die sich mittlerweile über die bloße Verwendung von Sanskrit-Mantras hinausentwickelt hat. Sie können ein Wort Ihrer ganz persönlichen Wahl zum Mantra wählen, vorausgesetzt, es hat eine beruhigende Wirkung auf Sie. Emotional aufgeladene Worte, mit denen Sie negative oder aggressive Stimmungen verbinden, sind als Mantra ungeeignet.

Suchen Sie sich eine Lautkombination, deren Klang Ihnen besonders gefällt. Setzen Sie sich in Ihrer bevorzugten Meditationshaltung an einen ruhigen Ort, und wiederholen Sie Ihr Mantra laut immer wieder. Experimentieren Sie mit der Betonung, mit der Lautstärke, summen Sie, singen Sie. Versenken Sie sich ganz in den Klang und die Schwingungen des Mantras. Finden Sie einen entspannten Rhythmus von Atmung und Gesang. Nach einiger Zeit werden Sie immer leiser. Artikulieren Sie das Wort immer sanfter, bis es schließlich nicht mehr laut zu hören ist. Sie hören es nur noch im Geiste, tief in Ihrem Inneren. Sie sind von dem Mantra erfüllt. Ihre Gedanken denken nur eines: Ihr Mantra. In Ihrer Vorstellung wird es lauter und leiser, heller und dumpfer …

Einige Beispiele für Mantras:
Om
(man singt A–U–M)
Ahnam
(man singt Ah-nam)
Ramah
(man singt Ra-mah)

Symbolmeditation: Symbole sind Sinnbilder. Sie stehen stellvertretend für einen Gegenstand, eine Person oder eine Anschauung. Oft besteht kein erkennbarer Zusammenhang zwischen dem Zeichen und dem Phänomen, für das es steht. Den tieferen Sinn und die wahre Bedeutung eines Symbols muß man entweder als Eingeweihte(r) kennen oder intuitiv erahnen. Diese Möglichkeit des unbewußten Begreifens von Symbolen erklärt die Psychologie. Sie sieht in Symbolen die Verschlüsselung von verdrängten Bewußtseinsinhalten einer Gesellschaft. So gesehen verfolgt man durch die Symbol-Meditation gleichsam den Weg ins Unterbewußte, in das Innerste seines Wesens.

Einige Beispiele von bekannten Symbolen:

* das Kreuz als Sinnbild des Christentums,
* das Yin und Yang-Symbol des Taoismus (siehe Abbildung 20, Seite 59),
* der Kreis als Symbol für Geschlossenheit, Einheit und Harmonie.

Nehmen Sie eines dieser Symbole oder ein Symbol Ihrer Wahl. Legen Sie es vor sich hin, malen Sie es sich auf oder stellen Sie es sich vor Ihrem geistigen Auge vor. Begeben Sie sich in Ihre Meditationshaltung und versuchen Sie, sich völlig zu entspannen. Nun richten Sie Ihre Aufmerksamkeit auf das Symbol. Sehen Sie es an, konzentrieren Sie sich auf seine Gestalt, verfolgen Sie seine räumliche Ausdehnung mit Ihrem Blick. Dringen Sie mit Ihrem Bewußtsein tief in das Symbol ein. Lassen Sie die Gedanken, die in Ihrem Kopf bei dieser Versenkung entstehen, ungehindert hochkommen, aber verfolgen Sie nicht einen Gedanken weiter. Lassen Sie ihn einfach im Raum stehen.

Autogenes Training

Was ist autogenes Training?

Wortbedeutung: Die Bezeichnung *autogen* geht zurück auf eine alte griechische Wortbildung. *Autos* heißt *selbst,* und *genos* bedeutet *die Abstammung.* Autogen könnte man also wörtlich übersetzen als *aus sich selbst abstammend, selbst hervorgebracht.* Das autogene Training ist demzufolge auch eine Entspannungsmethode, die sich keinerlei äußerlicher Hilfsmittel bedient, sondern ausschließlich die in jedem Menschen ruhenden Kräfte der Vorstellung und der Selbstbeeinflussung nutzt. Autogenes Training ist Entspannung durch die Kraft des Geistes.

Ursprung und Entwicklung: Das autogene Training wurde in den 20er Jahren unseres Jahrhunderts von dem Arzt J. H. Schultz entwickelt. Dr. Schultz war einer der ersten Mediziner, der sich in Deutschland mit der Psychosomatik, also dem Wechselspiel von Körper und Seele (gr. *psyche = Seele,* gr. *soma = Körper*) beschäftigte. Bei seinen zahlreichen Versuchen mit Hypnosepatienten stellte er fest, daß alle immer wieder von einer Erfahrung berichteten: Sie fühlten eine eigenartige Ruhe, Schwere und Wärme, besonders in den Armen und Beinen. Was ein Hypnotiseur bewirken kann, das muß – zumindest in abgeschwächter Form – jeder einzelne auch durch die Kraft seiner eigenen Vorstellungen hervorrufen können, so dachte Schultz. Im Laufe der Jahre entwickelte er aus dieser Hypothese eine Methode der Selbsthypnose, die es auch dem Laien erlaubt, mit Hilfe von Formeln der Selbstbeeinflussung einen Zustand der Ruhe und Entspannung zu erreichen. Heute zählt das autogene Training, manchmal auch *Konzentrative Selbstbeeinflussung* genannt, zu den verbreitetsten und wissenschaftlich eingehend untersuchten Entspannungsmethoden.

Was bewirkt autogenes Training?

Keine Einbildung: Viele stehen dem autogenen Training skeptisch gegenüber, weil sie glauben, seine Wirkungen seien lediglich Einbildung. Das ist nicht richtig. Durch die Kraft der Vorstellung wird zunächst ein Gefühl hervorgerufen, das sich dann in kurzer Zeit in den tatsächlichen Zustand wandelt, der wissenschaftlich nachweisbar ist. Ein Beispiel: Wenn ich mir intensiv vorstelle: „Mein ganzer Körper ist schwer", dann wird sich bald ein Gefühl der Schwere in meinem Körper ausbreiten, das dann zu einem Zustand der Schwere wird, den Geräte zur Messung der Muskelspannung in einem sogenannten Myogramm auch aufzeichnen können. Die Psyche wirkt also unmittelbar auf den Körper – ein augenfälliger Beweis für die Einheit von Leib und Seele.

Medizin: Durch das einfache Wiederholen von Beeinflussungsformeln lassen sich Verkrampfungen des Bewegungsapparates lösen und eine allgemeine Entspannung des vegetativen Nervensystems hervorrufen. Dieser Rundum-Entspannung verdankt das autogene Training seinen Einsatz in der Behandlung von Schlafstörungen, aber auch von Schmerzen, die durch die Kraft der eigenen Vorstellung objektiv gelindert werden können.

Lebenshilfe: Über die Entspannung hinaus wird seine Wirkung vor allem für die Stärkung der psychischen Kräfte genutzt. Ebenso wie man sich durch Formeln wie „Ich bin ganz ruhig" beeinflussen kann, kann man sich selbstverständlich auch suggerieren: „Ich schaffe es", „Ich lasse mich nicht irritieren" oder „Der Lärm um mich herum ist mir gleichgültig". So benutzen Sportler das autogene Training zur Vorbereitung auf den Wettkampf oder Manager zur mentalen Stärkung vor Krisensitzungen. Viele Menschen wenden sich dieser Methode der Selbsthypnose zu, weil sie sich nicht konzentrieren können oder Angst haben.

FITNESSWERT: Autogenes Training

* Fördert die Konzentration auf den eigenen Körper.
* Stärkt das Vertrauen in die eigenen Kräfte.
* Führt zu einer umfassenden Muskelentspannung.
* Kann zur Behandlung vielfältiger Beschwerden eingesetzt werden (z. B. Schlafstörungen, psychische Erkrankungen).
* Hilft über Streß- und Problemsituationen hinweg.

Die 10 Grundregeln des autogenen Trainings

1. Innere Bereitschaft: Wer skeptisch ist und glaubt, autogenes Training sei Humbug und Einbildung, der wird von vornherein jeden Erfolg vereiteln. Die Kraft dieser negativen Einstellung wird keine Wirkung erlauben. Lassen Sie sich auf diese Entspannungsmethode ein. Sie zählt zu den verbreitetsten und erfolgreichsten auf der ganzen Welt.

2. Keine falschen Erwartungen: Setzen Sie Ihre Erwartungen nicht zu hoch an. Wie alles, so muß auch das autogene Training erst erlernt werden. Sie können sich nicht sofort hinsetzen und sich einreden „Ich schaffe alles mit links". Sie müssen behutsam und langsam lernen, Ihre Vorstellungskraft zu schulen.

3. Regelmäßigkeit: Der Erfolg stellt sich natürlich nicht sofort ein. Sie müssen regelmäßig üben. Bei manchen Menschen stellt sich der Erfolg der jeweiligen Übungen bereits nach einigen Tagen des Übens ein. Bei manchen dauert es bis zu vier Wochen, bis sich beispielsweise aus der Vorstellung „Mein Arm ist ganz schwer" auch das entsprechende Gefühl ergibt.

4. Stimmung und Umgebung: Wichtig für den Erfolg ist die Konzentrationsfähigkeit. Diese kann natürlich nicht jeden Tag gleich gut sein. Wenn Sie feststellen, daß Sie nicht bei der Sache sind, dann brechen Sie die Übung besser ab und vertagen sie auf einen anderen Zeitpunkt. Erleichtern Sie sich die Konzentration, indem Sie äußere Störfaktoren (Lärm, Telefon, grelles Licht usw.) möglichst ausschalten.

5. Haltung: Das autogene Training können Sie in nahezu jeder Haltung ausführen. Wichtig ist nur: Sie müssen sich völlig entspannt fühlen. Ob Sie in einem bequemen Sessel sitzen, auf dem Boden oder dem Sofa liegen, ist zweitrangig. Eine bewährte Körperhaltung ist die *Droschkenkutscherhaltung*, die in der Abbildung 6 auf Seite 45 dargestellt ist.

6. Augen: Die Augen sind während des Trainings immer geschlossen. Der Blick und die gesamte Aufmerksamkeit ist nach innen gerichtet.

7. Vorsagen der Formeln: Sagen Sie sich die Formeln der jeweiligen Übungen im Geiste vor. Es hat sich meist nicht bewährt, sie laut auszusprechen. Halten Sie sich in der Abfolge der Formeln an die Reihenfolge, wie Sie im nachstehenden Übungsteil angegeben ist. Bei der Schwereübung sagen Sie zum Beispiel zuerst einmal: „Ich bin ganz ruhig“, dann wiederholen Sie sechsmal den Satz: „Der rechte Arm ist ganz schwer“, dann sagen Sie sich erneut einmal im Geiste vor: „Ich bin ganz ruhig“ usw. Das Tempo des Aufsagens können Sie frei wählen, so wie es Ihnen am angenehmsten ist.

8. Abschluß: Jede Übung wird durch die sogenannte *Zurücknahme-Formel* abgeschlossen, die lautet: „Arme fest, tief atmen, Augen auf“. Dabei ballen Sie die Hände zu Fäusten, beugen mehrmals die Arme und öffnen ganz zum Schluß die Augen. Führen Sie dieses Zurücknahme-Ritual immer aus, auch wenn sich anfangs bei Ihnen der gewünschte Erfolg noch nicht eingestellt hat und Sie das Gefühl haben: „Es hat sich ja nichts getan, also brauche ich auch nichts zurücknehmen“.

9. Dauer: Das autogene Training nimmt wenig Zeit in Anspruch. Üben Sie täglich zehn Minuten, das reicht aus.

10. Übungsaufbau: Beginnen Sie den Einstieg ins autogene Training mit der Schwereübung. Üben Sie diese zwei Wochen täglich. In den meisten Fällen wird sich am Ende dieser Zeit bereits ein erstes Gefühl der Schwere eingestellt haben. Auch wenn Sie diesen Erfolg noch nicht erzielt haben, steigen Sie anschließend in die Wärmeübung ein. Führen Sie die Wärmeübung mindestens weitere zwei Wochen durch, bevor Sie zur Sonnengeflechtsübung übergehen.

Grundübungen des autogenen Trainings

A) Die Schwereübung

	Formel:	Wiederholungen
1	Ich bin vollkommen ruhig.	**1 ×**
2	Der rechte Arm ist ganz schwer.[1])	**6 ×**
3	Ich bin vollkommen ruhig.	**1 ×**
4	Der linke Arm ist ganz schwer.	**6 ×**
5	Ich bin vollkommen ruhig.	**1 ×**
6	Beide Arme sind ganz schwer.	**6 ×**
7	Ich bin vollkommen ruhig.	**1 ×**
8	Das rechte Bein ist ganz schwer.[1])	**6 ×**
9	Ich bin vollkommen ruhig.	**1 ×**
10	Das linke Bein ist ganz schwer.	**6 ×**
11	Ich bin vollkommen ruhig.	**1 ×**
12	Beide Beine sind ganz schwer.	**6 ×**

Formel:		Wiederholungen
13	Ich bin vollkommen ruhig.	1 ×
14	Der ganze Körper ist ganz schwer.	6 ×
15	Arme fest, tief atmen, Augen auf.	1 ×

B) Die Wärmeübung

Formel:		
1	Ich bin vollkommen ruhig.	1 ×
2	Der rechte Arm ist ganz schwer.[1]	6 ×
3	Ich bin vollkommen ruhig.	1 ×
4	Der rechte Arm ist ganz warm.	6 ×
5	Ich bin vollkommen ruhig.	1 ×
6	Der linke Arm ist ganz schwer.	6 ×
7	Ich bin vollkommen ruhig.	1 ×
8	Der linke Arm ist ganz warm.	6 ×
9	Ich bin vollkommen ruhig.	1 ×
10	Beide Arme sind ganz warm.	6 ×
11	Ich bin vollkommen ruhig.	1 ×
12	Das rechte Bein ist ganz schwer.[1]	6 ×
13	Ich bin vollkommen ruhig.	1 ×
14	Das rechte Bein ist ganz warm.	6 ×
15	Ich bin vollkommen ruhig.	1 ×
16	Das linke Bein ist ganz schwer.	6 ×
17	Ich bin vollkommen ruhig.	1 ×
18	Das linke Bein ist ganz warm.	6 ×
19	Ich bin vollkommen ruhig.	1 ×
20	Beide Beine sind ganz schwer.	6 ×
21	Ich bin vollkommen ruhig.	1 ×
22	Beide Beine sind ganz warm.	6 ×
23	Ich bin vollkommen ruhig.	1 ×
24	Der ganze Körper ist ganz schwer.	6 ×
25	Ich bin vollkommen ruhig.	1 ×
26	Der ganze Körper ist ganz warm.	6 ×
27	Arme fest, tief atmen, Augen auf.	1 ×

[1] Diese Anweisung gilt für Rechtshänder. Linkshänder beginnen mit dem linken Arm bzw. mit dem linken Bein.

C) Die Sonnengeflechtsübung

(das Sonnengeflecht ist ein Fasergeflecht des sympathischen Nervensystems zwischen Brustbein und Nabel)

Formel:		
1–25	(wie bei der Wärmeübung)	
26	Der ganze Körper ist ganz warm.	6 ×
27	Ich bin vollkommen ruhig.	1 ×
28	Sonnengeflecht warm durchströmt.	6 ×
29	Ich bin vollkommen ruhig.	1 ×
30	Sonnengeflecht warm durchströmt.	6 ×
31	Ich bin vollkommen ruhig.	1 ×
32	Sonnengeflecht warm durchströmt.	6 ×
33	Ich bin vollkommen ruhig.	1 ×
34	Sonnengeflecht warm durchströmt.	6 ×
35	Arme fest, tief atmen, Augen auf.	1 ×

Formeln für spezielle Lebenssituationen

Viele Vorstellungen haben, wenn man sie sich intensiv genug vergegenwärtigt, die Eigenschaft, sich zu verwirklichen. Aus dieser Erkenntnis hat sich in esoterischen Kreisen sogar eine ganze Philosophie entwickelt, das *Positive Denken* oder, wie es in seinem Ursprungsland Amerika heißt, *Positiv Thinking*. Autogenes Training hat, auf wissenschaftlich-medizinischer Seite, eine gewisse Ähnlichkeit mit dieser Geistesströmung, da sich durch die positiven Selbsthypnoseformeln die unterschiedlichsten Anforderungen besser bewältigen lassen.

Die folgenden Beispiele sollen Ihnen einen ersten Eindruck von den vielfältigen Anwendungsbereichen des autogenen Trainings geben. Die Formeln für spezielle Lebenssituationen werden dabei immer in die Schwereübung eingebaut. Sie finden jeweils mehrere Formeln für eine Problemstellung: Suchen Sie sich diejenige aus, auf die Sie am besten ansprechen.

Beispiel: Die Anti-Angst-Formel „Ich bin frei von Angst" wird folgendermaßen angewandt:

D) Die Anti-Angst-Übung

Formel:		Wiederholungen
1–13	(Die gesamte Schwereübung)	
14	Der ganze Körper ist ganz schwer.	6 ×
15	Ich bin vollkommen ruhig.	1 ×
16	Ich bin frei von Angst.	6 ×
17	Ich bin vollkommen ruhig.	1 ×
18	Ich bin frei von Angst.	6 ×
19	Ich bin vollkommen ruhig.	1 ×
20	Ich bin frei von Angst.	6 ×
21	Arme fest, tief atmen, Augen auf.	1 ×

Anti-Angst-Formeln

Ich bin frei von Angst.
Ich bin mutig und frei.
Aus der Ruhe heraus finde ich Mut.

Anti-Streß-Formeln

Vollkommen ruhig, gelöst und entspannt.
Jeder Zwang ist völlig gleichgültig.
Hektik und Streß völlig gleichgültig.

Einschlaf-Formeln

Die Augen sind müde und schwer.
Ich schlafe tief und fest die ganze Nacht.
Der ganze Körper ist ruhig und still.

Ausnahme: Die Einschlafübung wird ausnahmsweise nicht von der Zurücknahme-Formel beendet. Sie klingt aus mit der Einschlafformel.

Lern-Formeln

Ich lerne gut.
Ich schaffe mein Studium.
Ich bin konzentriert und arbeite gern.

Motivations-Formeln

Ich arbeite gern und gut.
Ich erreiche mein Ziel.
Ich bin fröhlich, gesund und ausgeglichen.

Mut-Übung

Ich werde meinen Weg gehen.
Ich bin stark, mutig und frei.
Ich bin kräftig, sicher, gesund und froh.

Fit durch Bewegung

Bewegung und Wohlbefinden

Kann körperliche Anstrengung gesund sein?

Folgen von Bewegungsmangel: Bewegungsmangel ist das Hauptmanko unserer modernen Gesellschaft. Der Weg in die Hi-Tech- und Dienstleistungsgesellschaft bringt uns zwar immer bequemere Arbeitsplätze und nötigt uns immer weniger körperliche Anstrengungen ab, aber wir bezahlen dafür auch einen hohen Preis. So gehen die meisten Zivilisationserkrankungen direkt oder indirekt einher mit mangelnder Bewegung. Herz-Kreislauf-Erkrankungen, hoher Blutdruck, hohe Werte an Blutzucker und Blutfett sowie Beschwerden des Bewegungsapparates gehören zu den Volkskrankheiten, unter denen auch schon junge Menschen leiden. So zeigen die neuesten Zahlen des Statistischen Bundesamtes, daß jeder zweite der annähernd 700 000 Toten im Jahr 1988 an einer Herz- oder Kreislauferkrankung starb – Erkrankungen, denen durch ausreichende Bewegung vorgebeugt werden könnte.

Wer rastet, der rostet: Aber ist es nicht eigentlich verwunderlich, daß der Körper gefordert und beansprucht werden muß, um richtig zu funktionieren? Könnte man nicht eher meinen, er sei um so leistungsfähiger und langlebiger, je weniger er strapaziert und je weniger Herz, Kreislauf, Muskeln und Gelenke arbeiten müssen? Warum liegt das Geheimnis der Gesundheit nicht in dem gern zitierten Wahlspruch Winston Churchills „No sports“?

Unser Körper braucht einen regelmäßigen Wechsel von körperlicher Anstrengung und Erholung. Mit Schonung und Ruhe allein tun wir unserem Körper nichts Gutes. Er braucht die Anforderung. Die Mediziner haben für diese einfache Tatsache einen komplizierten Begriff gefunden, den der *Inaktivitätsatrophie*. In die Umgangssprache übersetzt, ist mit diesem Wortungeheuer gemeint: Unser Körper arbeitet nach äußerst ökonomischen Prinzipien. Das, was er braucht, hält er auch am Leben, das versorgt er mit Nährstoffen und das schützt er gegen Krankheitserreger. Das, was er nicht braucht, läßt er verkümmern, das wird zurückgebildet, dafür werden keine wertvollen Nähr- und Abwehrstoffe verschwendet. Um das Ganze noch eine Stufe populärer auszudrükken, ist damit nichts anderes gemeint als die sprichwörtliche Erkenntnis: Wer rastet, der rostet.

Was bewirkt Bewegungstraining?

Die motorischen Grundeigenschaften: Jede Bewegung des Menschen baut auf den Grundpfeilern Kondition und Koordination auf. In der Fitneßlehre nennt man sie deshalb auch *motorische Grundeigenschaften*. Zur Kondition gehören Ausdauer, Gelenkigkeit, Kraft und Schnelligkeit, zur Koordination Gleichgewichtsgefühl, Geschicklichkeit und Reaktionsvermögen. Die motorischen Grundeigenschaften sind nicht angeboren, sondern sie müssen durch Lernen und Üben erworben werden. Von der Veranlagung her sind lediglich bestimmte Begabungen geprägt.

Alltag und Sport: Natürlich ist nicht jeder dazu geboren, ein brillanter Tennisspieler oder Geräteturner zu werden, aber die grundlegenden Fähigkeiten dazu kann sich jeder zumindest so weit aneignen, um es zu einem passablen Spieler oder Turner zu bringen. Und auch wer keine sportlichen Ambitionen hat: Kondition und Koordination samt ihren Einzelkomponenten sind von grundlegender Bedeutung für alle unsere Bewegungsabläufe. Ob es die zwei Treppen sind, die täglich auf dem Weg ins Büro erklommen werden müssen, oder die Einkaufstaschen, die nach Hause geschleppt werden wollen, ohne Kondition oder Koordination kann unser Körper diese Anforderungen nicht erfüllen. Je besser trainiert diese Fähigkeiten sind, desto fitter fühlen wir uns und desto problemloser können wir den Ansprüchen des Alltags gerecht werden.

Bewegung und Gesundheit: Durch gezieltes Bewegungstraining läßt sich nicht nur Muskelmasse aufbauen, sondern auch die Herz-Kreislauf-Funktion sowie die Widerstandsfähigkeit des Organismus stärken. Sauerstoff- und Nährstoffversorgung sind beim trainierten Organismus wesentlich besser als beim untrainierten. Bewegung baut aber darüber hinaus Streß ab und beeinflußt dadurch die Entspannungs- und Regenerationsfähigkeit des Körpers positiv. Und nicht zuletzt verändert sich das Körpergefühl: Wer sich viel bewegt, fängt an, seinen Körper anders zu empfinden, der bemerkt erst, welch enormes Kraftpotential er mobilisieren kann.

Bewegung und Übergewicht: Zu einem erfolgreichen Abbau von Übergewicht gehört neben der Umstellung der Ernährungsgewohnheiten ein unterstützendes Bewegungsprogramm (siehe Seite 121), das schlaffes Fettgewebe strafft. Aber an dieser Stelle muß auch vor einer weitverbreiteten Illusion gewarnt werden: Mit Bewegung alleine wird man schwerlich Pfunde verlieren. Zum einen ist der Energieverbrauch bei sportlicher Betätigung geringer, als man gemeinhin denkt (siehe Tabelle). Zum anderen bewirkt die Anregung des anabolen Stoffwechsels durch die Bewegung zwar eine Entfettung und Entwässerung des Körpers, aber das entstehende Muskelgewebe hat ein höheres spezifisches Gewicht als das verlorene Fettgewebe. Wer Gewicht verlieren will, muß sich

Tabelle Bewegung und Energieverbrauch

Bewegungsart	Energieverbrauch pro halbe Stunde	
Federball	**80 kcal**	**336 kJ**
Gymnastik (leichte)	**70 kcal**	**294 kJ**
Gymnastik (intensiv)	**100 kcal**	**420 kJ**
Joggen (ca. 4,5 km)	**330 kcal**	**1386 kJ**
Radfahren (ca. 5 km)	**85 kcal**	**357 kJ**
Schwimmen (Ausdauerschwimmen)	**200 kcal**	**840 kJ**
Skilanglauf	**300 kcal**	**1260 kJ**
Spazierengehen (2,5 km)	**95 kcal**	**399 kJ**
Tanzen (Fox, Rumba)	**170 kcal**	**714 kJ**
Tennis	**200 kcal**	**840 kJ**

darüber im klaren sein, daß sein Bewegungsprogramm eine Ernährungsumstellung zwar unterstützen, aber nie ersetzen kann (vergleiche dazu die Seiten 295ff.).

Bewegung und Körperpflege: Wenngleich die positiven Ergebnisse regelmäßiger Bewegung nicht sofort auf der Waage ersichtlich sind, der prüfende Blick in den Spiegel macht sie auf jeden Fall augenfällig. Selbst wenn das Gewicht gleich bleibt: Das Gewebe wird gestrafft, und der ganze Körper sieht kompakter und wohlgeformter aus. Bewegung ist in diesem Sinne auch ein kosmetisches Mittel.

Bewegung und Alter

Kinder: Solange genügend Anregungen bereitgehalten werden, sorgen Kinder in der Regel selbst für ihr Bewegungsprogramm. Kinder trainieren nicht, sie trimmen sich nicht und sie erfüllen kein Pensum, sondern sie spielen, sie toben aus Spaß an der Freude herum – daß sie dabei lernen, immer geschickter und beweglicher zu werden, immer schneller zu rennen und weiter zu springen, ist nur ein erfreulicher Nebeneffekt, der natürlich ungemein motiviert.

Jugendliche: Diese Freude an der Bewegung verliert sich leider bei den meisten Menschen im Laufe des Alterungsprozesses. Bereits im Schulalter sind bei vielen Kindern und Jugendlichen Haltungsschäden und Bewegungsarmut zu beklagen, die ersten Grundpfeiler für spätere gesundheitliche Probleme. Hier kommt den Eltern die wichtige Aufgabe zu, ihre Kinder zu sportlicher Betätigung zu motivieren.

Erwachsene: Spätestens mit dem Erwachsenenalter kommt die eigene Verantwortung für die Gesundheitsvorsorge. Gerade die Jahre der größten körperlichen Leistungsfähigkeit (zwischen 18 und 40 Jahren) sollte man nicht untätig verstreichen lassen, sondern ein regelmäßiges Bewegungstraining absolvieren. Wer erst mit 40 anfängt, Sport zu treiben, der sollte sich in jedem Falle ärztlich untersuchen und beraten lassen. Ein besonders schonender Übungsaufbau muß eingehalten werden, denn bei Ungeübten ist in dieser Altersklasse bereits ein Absinken der sportlichen Leistungsfähigkeit zu verzeichnen.

Senioren: Mit zunehmendem Alter wird immer deutlicher, wie gut oder wie schlecht man im Laufe seines Lebens mit seinem Körper umgegangen ist. Wer auf ein gesundheitsbewußtes und aktives Leben zurückblicken kann, der wird mit großer Wahrscheinlichkeit auch im Alter noch agil und vital sein. Aber diejenigen, die ihr Leben lang keinen Sport betrieben haben, sollten nicht denken: „Jetzt ist es auch schon zu spät". Für Bewegungstraining ist es nie zu spät. Gerade im Seniorenalter ist es wichtig, mit einem schonenden Bewegungsprogramm den Alterungsprozeß zu verlangsamen. Ungelenkigkeit, Koordinations- und Gleichgewichtsschwierigkeiten, aber auch die Herz-Kreislauf- und Lungenfunktion können durch regelmäßige Bewegung positiv beeinflußt werden. Senioren sollten (in jedem Falle nach Rücksprache mit dem Arzt) bevorzugt Ausdauersportarten wie Radfahren, Schwimmen, Wandern oder Skilanglaufen betreiben, die Gelenke und Kreislauf schonend trainieren.

Bewegung und Wohlbefinden

Bewegung

* trainiert Herz und Kreislauf,
* verbessert die Lungenfunktion und Sauerstoffversorgung,
* aktiviert den Stoffwechsel,
* vermindert das Risiko vieler Erkrankungen,
* stärkt das Körperbewußtsein,
* baut Streß ab und fördert die Entspannung,
* hält die Gelenke beweglich,
* kräftigt die Muskeln und strafft das Gewebe,
* stellt einen wesentlichen Bestandteil der Körperpflege dar,
* beugt Haltungsschäden vor,
* verlangsamt den Alterungsprozeß.

Richtiges Bewegungstraining

Bewegung ja – aber welche?

Damit sind wir an der Schwelle von der Theorie zur Praxis angelangt. Bewegung ist wichtig – zur Gesundheitsvorsorge und zum Erhalt der körperlichen Leistungsfähigkeit –, daran kann es keinen Zweifel geben. Aber welche Bewegungsart ist genau für mich richtig? Diese Frage ist, das haben wir bereits gesehen, nicht generell zu beantworten. Ein Rollstuhlfahrer kann für seine individuelle Lebenssituation genauso fit sein wie ein Profifußballer in der Bundesliga. Nur haben beide völlig verschiedene Voraussetzungen und Möglichkeiten. Körperliche Fitneß ist eben eine sehr individuelle Angelegenheit. Was für den einen gut ist, das kann für den anderen äußerst schädlich sein. So tut sich jemand, der unter Arthrose leidet, beileibe nichts Gutes, wenn er täglich seine 20 Kilometer joggt, im Gegenteil, er wird seinen Gelenken vermutlich Schaden zufügen.

Fragebogen: Die Antwort auf die Frage, welche Bewegungsart und welches Trainingspensum für Sie richtig ist, können nur Sie alleine, eventuell in Rücksprache mit Ihrem Arzt, finden. Nachfolgend finden Sie deshalb zuerst einen Katalog von Leitfragen, der ihnen dabei helfen wird, diese Entscheidung zu treffen. Die Fragen sollen Ihnen bewußt machen, welche Bedürfnisse, Vorstellungen und Möglichkeiten Sie in bezug auf Ihr Bewegungsprogramm haben. Einige Antworten sind in der Liste bereits als Beispiele vorgegeben. Lesen Sie sich die Erläuterung auf Seite 90 durch, und beantworten Sie dann die Fragen. Studieren Sie anschließend die Beschreibungen der verschiedenen Bewegungs- und Sportarten auf den Seiten 107 bis 190. Treffen Sie dann erst Ihre Wahl, welche für Sie richtig ist.

Erläuterungen zum Fragebogen

1. Was macht mir überhaupt Spaß? Diese Frage sollte an erster Stelle stehen. Jeder Mensch hat gewisse Bewegungsvorlieben und auch Begabungen. Sich zu einer Sportart zu zwingen, nur weil sie gesund ist, hat meist wenig Sinn und auch wenig Erfolg. Ein solches zwanghaftes Verhältnis zur Bewegung ist zudem nicht nötig.

Fragebogen Bewegung

1. Was macht mir überhaupt Spaß?

Ausdauersportarten (Laufen, Schwimmen,
Radfahren etc. ______ ○
Kraftsportarten ______ ○
Spielerische und tänzerische Bewegung ______ ○
______ ○
______ ○

2. Muß ich auf gesundheitliche Risiken Rücksicht nehmen?

Gelenk- oder Haltungsschäden ______ ○
Herz-Kreislauf-Beschwerden ______ ○
Atemwegserkrankungen ______ ○
______ ○
______ ○

3. Wozu muß ich einen Ausgleich herstellen?

Vorwiegend sitzende Tätigkeit ______ ○
Vorwiegend stehende Tätigkeit ______ ○
Körperlich anstrengende Tätigkeit ______ ○
______ ○
______ ○

4. Was will ich erreichen?

Beweglicher werden ______ ○
Muskelkraft aufbauen ______ ○
Fettpolster abbauen und Gewebe straffen ______ ○
______ ○
______ ○

5. Was kann ich erreichen?

Ich bin völlig ungeübt, muß ganz von vorne anfangen. ○
Ich kann auf guten Trainingsstand aufbauen ______ ○
______ ○
______ ○

Bei der Vielfalt an möglichen Sportarten dürfte eigentlich für jeden etwas zu finden sein, was ihm Spaß macht.

2. Muß ich auf gesundheitliche Risiken Rücksicht nehmen? Sofern Sie sich nicht völlig gesund fühlen, sollten Sie diese Frage unbedingt mit Ihrem Arzt besprechen. Gegebenenfalls muß eine ärztliche Untersuchung und Beratung darüber entscheiden, welche Art der Bewegung in welcher Intensität anzuraten ist.

3. Wozu muß ich einen Ausgleich herstellen? Jeder einseitigen Belastung sollte gezielt eine Ausgleichsbewegung entgegengesetzt werden. Ein Gerüstbauer, der täglich in schwindelnder Höhe harte körperliche Arbeit verrichten muß, stellt an seinen Körper vollkommen andere Anforderungen als ein Verwaltungsangestellter, der täglich Stunde für Stunde an seinem Schreibtisch sitzen muß und sich kaum bewegt. Beide, Gerüstbauer und Verwaltungsangestellter, brauchen einen völlig anderen Bewegungsausgleich. Der Gerüstbauer wird in seiner Freizeit eher spielerischen und entspannenden Tätigkeiten nachgehen, während der Verwaltungsangestellte einen aktiven Ausgleich suchen wird, der ihn körperlich fordert.

4. Was will ich erreichen? Führen Sie sich auch ihre Ziele vor Augen. Was wollen Sie eigentlich bewirken? Wollen Sie beweglicher oder kräftiger werden? Oder wollen Sie in erster Linie etwas für die Lungenfunktion oder den Kreislauf tun? Machen Sie sich bewußt, daß ein Bewegungstraining umso gesünder und effektiver ist, je abwechslungsreicher es ist. Das letztendliche Ziel sollte eine harmonische, umfassende Förderung aller Körperfunktionen sein, die das Körperbewußtsein und -empfinden steigert.

5. Was kann ich erreichen? Bevor Sie endgültig zur Tat schreiten, sollten Sie auch realistisch ihre Leistungsfähigkeit unter die Lupe nehmen – und sich gegebenenfalls entsprechend langsam an die Sportart ihrer Wahl herantasten. Krafttraining mit schweren Gewichten zum Beispiel kann man nicht einfach von heute auf morgen beginnen. Wer jahrelang untätig war, der muß sein Trainingsprogramm sehr behutsam aufbauen. Fernen Sportleridealen nachzueifern ist für jeden Ungeübten eher frustrierend. Je ungeübter und je größer das Handicap, je weiter unten man auf der Bewegungstreppe (Abbildung 30) steht, desto behutsamer muß man sein Training auch beginnen, und desto niedriger sollte man auch seine Ziele stecken.

Bewegungstreppe

Durchtrainierte, die ihr Leben lang regelmäßig Sport betrieben haben.

„Einsteiger“, die zwar lange keinen Sport betrieben haben, aber nun regelmäßig trainieren.

Gelegenheitssportler, die hie und da sporadisch Sport betreiben, mit wechselnden Pausen immer wieder neue Sportarten ausprobieren.

Ungeübte, die sich so gut wie nie sportlich betätigen und im Zweifelsfall auch lieber den Aufzug benutzen als die Treppe hochzusteigen.

„Risikogruppen“, die auf ein körperliches Leiden oder ein sonstiges Handicap Rücksicht nehmen müssen.

Abbildung 30

10 Fehler, die man nicht machen sollte

1. Sich nicht an anderen messen: Wer sich länger nicht bewegt hat, der kann gar nicht mit durchtrainierten Lebensgefährten, Freunden oder Kollegen mithalten. So motivierend es sein kann, mit einer Gruppe von Menschen zusammen Sport zu betreiben, so frustrierend kann es auch sein, wenn man sich nicht eines bewußt macht: Es gibt keine generelle Norm für sportliche Leistungsfähigkeit. Jeder muß sein Programm nach seinen eigenen Bedürfnissen und Voraussetzungen zusammenstellen. Wenn Sie gemeinsam mit anderen Sport betreiben, dann suchen Sie sich in etwa gleich starke Partner aus. Hecheln Sie nicht mit hochrotem Kopf und keuchendem Atem hinter Ihrem Lebensgefährten her – das frustriert Sie und auch ihn, weil er sein Trainingsprogramm nicht durchziehen kann.

2. Nicht mit einem Mammutprogramm beginnen: Nehmen Sie sich nicht zuviel vor. Sie können die Versäumnisse von Jahren nicht in zwei Wochen aufholen. Natürlich ist es für einen anhaltenden Erfolg wichtig, mehrere Male in der Woche intensiv zu trainieren. Doch dies gilt in erster Linie für Sporterfahrene. Der Anfänger muß sein Pensum langsam und behutsam aufbauen.

3. Nicht mit den ältesten Kleidern trainieren: Wenn Sie schon länger keinen Sport mehr betrieben haben, dann belohnen Sie sich für den guten Vorsatz zum Beispiel mit der Anschaffung eines modischen Trainingsanzuges. Sehen Sie in einem schönen Outfit nicht nur den modischen Schnickschnack, sondern begreifen Sie es als Motivationshilfe: Wer sich in einer alten, längst kneifenden und unvorteilhaften Trainingshose unter die Leute mischt, der fühlt sich mit Sicherheit nicht wohl in seiner Haut und wird mit weniger Spaß und Eifer an sein Bewegungsprogramm herangehen.

4. Nicht heroisch auf alles verzichten: Schlagen Sie nicht von einem Extrem ins andere. Es gelingt den wenigsten, von heute auf morgen das ganze Leben umzukrempeln. Wer plötzlich aus einem spontanen Entschluß heraus alle Laster abschaffen und nur noch gesund leben will, der kann diesen Vorsatz meist nicht lange durchhalten.

5. Training nicht mit Selbstquälerei verwechseln: Glauben Sie nicht, daß Sie nur dann etwas für Ihren Körper getan haben, wenn Sie das am Tag danach an einem ordentlichen Muskelkater spüren. Ein Muskelkater zeigt an, daß Sie Ihre Muskulatur überanstrengt haben und das Bewegungsprogramm nicht langsam und harmonisch aufgebaut haben. Die allmähliche Leistungssteigerung beim Sport soll Spaß machen und nicht mit Schmerzen und verbissener Selbstüberwindung verbunden sein.

6. Keine Eintönigkeit und Langeweile aufkommen lassen: Sorgen Sie für Abwechslung in Ihrem Bewegungsprogramm. Wechseln Sie zum Beispiel zwischen verschiedenen Übungen oder beim Laufen zwischen verschiedenen Routen ab.

7. Nicht beim ersten Zwischentief aufgeben: Wie bei vielen anderen Dingen auch, kann sich auch bei der sportlichen Betätigung nach der ersten Begeisterung eine kleine Flaute einstellen. Werfen Sie nicht gleich das Handtuch, sondern geben Sie sich einen Ruck und machen Sie weiter.

8. Keine Terminänderungen vornehmen: Planen Sie Ihr Bewegungsprogramm fest in Ihren Wochenablauf ein. Dieser Termin muß genauso unverrückbar sein wie andere (berufliche oder private) Verabredungen. Sobald man einmal anfängt, ausgerechnet die Sporttermine zu verschieben, hat man schon den ersten Schritt getan, sie über kurz oder lang gar nicht mehr einzuhalten.

9. Keine falschen Entschuldigungen gelten lassen: Sollte die Tennisstunde oder die Joggingrunde buchstäblich ins Wasser fallen, so nehmen Sie dies nicht zum Anlaß, gänzlich auf jeden Sport zu verzichten. Gehen sie statt dessen ins Hallenbad oder machen Sie zu Hause einige Gymnastikübungen.

10. Keine Müdigkeit vorschützen: Gerade wer sich müde und abgeschlafft fühlt, sollte sich dazu aufraffen, an die frische Luft zu gehen und sich zu bewegen, denn Bewegung baut neue Energien auf. Raffen Sie sich auf und denken Sie daran, daß Sie sich nachher bestimmt viel besser fühlen.

10 Grundregeln, die man stets beachten sollte

1. Essen, Trinken, Rauchen: Geben Sie Ihrem Körper die Chance, seine Kräfte beim Bewegungstraining auch voll zum Einsatz zu bringen. Wer seinen Organismus durch vorherige Mahlzeiten zu Verdauungsarbeiten zwingt oder die Lunge durch Zigarettenkonsum strapaziert, dem gehen wertvolle Kräfte verloren – oft genug stellen sich auch Übelkeit und Unwohlsein ein.

2. Aufwärmen: Beginnen Sie jede Art der sportlichen Betätigung mit einem kurzen Aufwärmprogramm (siehe Seite 107) oder durch Stretching-Übungen (siehe Seite 177): Das ist die wirkungsvollste Möglichkeit, Verletzungen vorzubeugen. Massage-, Sport- oder Startöle eignen sich gut, um die Muskeln zusätzlich zu erwärmen, sie ersetzen jedoch nicht das aktive Aufwärmen.

3. Langsam beginnen: Überfordern Sie sich nicht – zum einen sinkt dadurch die Lust und die Motivation, zum anderen schadet jede Überanstrengung mehr, als sie nutzt. Nehmen Sie den Stufenplan *Bewegung* (Abbildung 32, Seite 100) als Anregung für einen sanften Einstieg in das Bewegungstraining. Mit Leistungsstreß legt man einen schlechten Grundstein für die Steigerung des Wohlbefindens.

4. Sich langsam steigern: Bleiben Sie aber auch nicht längere Zeit auf demselben Trainingsniveau, sondern gewöhnen Sie den Körper Schritt für Schritt an stärkere Belastungen. Der Körper wird durch solche Trainingsanreize kräftiger und leistungsfähiger.

5. Entspannungspausen einplanen: Überdrehen Sie die Belastungsschraube nicht. Jede körperliche Anstrengung braucht auch ihren Ausgleich in einer Ruhepause, in der neue Energien aufgebaut werden können. Zuviele Übungsstunden können zum sogenannten *Übertraining* führen, bei dem die körperliche Leistungsfähigkeit umschlägt in Abgeschlagenheit, Nervosität, Appetitlosigkeit und Trainingsunlust.

6. Regelmäßig trainieren: Sich nur sporadisch zu bewegen ist zwar besser, als sich gar nicht zu bewegen, aber um eine positive Wirkung auf den gesamten Organismus zu erzielen, muß man schon regelmäßig Sport betreiben – am besten zwei- bis dreimal die Woche.

7. Auf die richtige Ausrüstung achten: Sportgerechte Bekleidung, vor allem atmungsaktive Oberbekleidung und gute Schuhe, gehören zu jeder Sportausrüstung. Darüber hinaus muß die Bekleidung für einen guten Wärmeaustausch sorgen sowie den Körper vor Kälte und Verletzungen schützen. Erfordert die Sportart auch den Einsatz von Fitneß- oder Sportgeräten, so ist auf deren technische Sicherheit und die Auswahl der richtigen Belastungsstärke (z. B. bei Gewichten) zu achten.

8. Auf die richtige Technik achten: Manche Bewegungsart erfordert neben einer gewissen motorischen Begabung auch bestimmte motorische Fertigkeiten. Neben Ausdauer, Kraft und Beweglichkeit verlangt beispielsweise das Skilanglaufen oder Joggen auch eine besondere Lauftechnik, die erst erlernt werden muß. Ohne diese Techniken ist zum einen der gewünschte Erfolg geschmälert, zum anderen ergeben sich Fehlbelastungen und Verletzungen.

9. Abkühlen: Ebenso wichtig wie das Aufwärmen vor der sportlichen Anstrengung ist das langsame Abklingen der Bewegung. Der Körper kühlt sich in dieser Phase ab, und der gesamte Bewegungsapparat wird dadurch auf ein normales Tempo eingestimmt. Die verbreitete Unsitte, beim Gemeinschaftssport frühzeitig aus der Übungsstunde zu verschwinden, um dem Gedränge in den Duschen zu entgehen, stellt eine Belastung für den Organismus dar und machte einiges von dem positiven Trainingseffekt wieder zunichte.

10. Körperpflege: Die warme Dusche nach der körperlichen Anstrengung sollte nicht nur aus hygienischen Gründen zu einer Selbstverständlichkeit werden. Die warme Dusche entspannt die angestrengten Muskeln und beugt so einem Muskelkater vor. Wer einen gesunden Kreislauf hat, kann mit regelmäßigen Wechselduschen nach dem Sport auch noch sein Abwehrsystem trainieren (siehe dazu Seite 209).

Die individuelle Leistungskontrolle

Jede Art des Bewegungstrainings muß individuell zusammengestellt und auch immer wieder kontrolliert werden, denn jeder Mensch bringt ganz spezifische Begabungen, Vorkenntnisse, aber auch Handicaps mit. Der Maßstab der sportlichen Leistung sind Sie selbst. Und Sie selbst können durch eine Reihe von Methoden auch Ihren Leistungszustand beobachten – je nach Art der Kontrolle während oder kurz nach dem Training.

Die Atemkontrolle: Eine gute und einfache Kontrolle der Belastung läßt sich durchführen, indem man seine Atmung beobachtet. Keinesfalls soll die Bewegung so intensiv werden, daß man völlig außer Atem gerät und nur noch nach Luft ringt. Es sollte stets das Niveau einer konstanten, regelmäßigen Atmung gehalten werden, ohne daß man stark zu schnaufen beginnt.

Die Kontrolle der Hautfarbe: Bei geringfügigen bis mittleren Anstrengungen ist die gesteigerte Durchblutung des Körpers an einer leichten Rötung der Haut erkennbar. Wird die Belastung jedoch zu stark, so läuft die Haut extrem rot an oder zeigt eine auffällige Blässe. Reduzieren Sie solche Anstrengungen sofort auf ein geringeres Maß – führen Sie zum Beispiel leichte Gymnastikbewegungen aus, oder traben Sie locker und entspannt vor sich hin.

Die Pulskontrolle: Bei normaler Belastung schlägt das Herz eines Erwachsenen zwischen 60- und 80mal pro Minute. Bei körperlicher Anstrengung kann sich der Pulsschlag mehr als verdoppeln. Jedoch läßt sich die Belastung nicht bis ins Unendliche steigern, und besonders Ungeübte müssen dabei langsam vorgehen. Die maximale Leistungssteigerung bezeichnet man als *Maximalpuls.* Um einen optimalen Trainingseffekt zu erzielen, sollte der Pulsschlag während einer körperlichen Anstrengung eine Frequenz von ungefähr 70 Prozent dieses Maximalpulsschlags erreichen.

Um Ihnen mühsame Rechnereien zu ersparen, finden Sie nachfolgend einen Überblick über die optimalen Pulswerte. Messen Sie Ihren Puls regelmäßig entweder an der Halsschlagader (Abbildung 31) oder am Handgelenk, und zwar unmittelbar nach der Anstrengung. Lassen Sie nicht mehr als 15 Sekunden verstreichen. Am einfachsten zählen Sie 10 Sekunden lang den Pulsschlag und multiplizieren dann diese Zahl mit 6. Erreichen sie bei dieser Messung einen Wert, der nach der folgenden Tabelle Ihrem Alter und Trainingszustand entspricht, so haben Sie bei Ihrem Bewegungstraining den richtigen Belastungsgrad gewählt.

Abbildung 31

Tabelle Optimale Pulsfrequenz

Alter	Trainierte Menschen	Untrainierte Menschen
10–20	150 Schläge pro Minute	140 Schläge pro Minute
21–30	145 Schläge pro Minute	135 Schläge pro Minute
31–40	140 Schläge pro Minute	130 Schläge pro Minute
41–50	135 Schläge pro Minute	125 Schläge pro Minute
51–60	130 Schläge pro Minute	120 Schläge pro Minute
61–70	125 Schläge pro Minute	115 Schläge pro Minute
über 71	120 Schläge pro Minute	110 Schläge pro Minute

Warnsignal Schmerzen: Ein Alarmzeichen, das Sie nie übersehen dürfen, sind Schmerzen. Sie zeigen an, daß Sie Ihren Körper überfordern und daß Sie Ihr Bewegungsprogramm nicht richtig aufgebaut haben. Forschen Sie nach den Gründen dieser Überforderung: Haben Sie sich richtig aufgewärmt? Haben Sie sich wirklich langsam, Schritt für Schritt gesteigert? Bewegen Sie sich regelmäßig oder lassen Sie zu lange Pausen zwischen Ihren Trainingsstunden verstreichen? Treiben Sie vielleicht eine Sportart, die Ihrem Gesundheitszustand nicht gerecht wird?

Fitneßtagebuch: Ein hervorragendes Mittel, um sich seine Leistungssteigerung vor Augen zu führen, ist ein Fitneßtagebuch. Tragen Sie in dieses Tagebuch aber nicht nur ein, welche Sportart Sie mit welcher Intensität betrieben haben, sondern vor allem wie Sie dabei fühlen. Schreiben Sie auch die Tage auf, an denen Sie sich nur wenig bewegt haben – und vergleichen Sie: Wann fühlen Sie sich besser? Sind Sie mit dem Verhältnis von „bewegten und unbewegten“ Tagen zufrieden? Oder ließe sich daran noch einiges verbessern?

Beispiel Fitneß-Tagebuch

Datum: ____________ Wochentag: ____________
Art der Bewegung: ____________
Dauer der Bewegung: ____________
Ort der Bewegung: ____________

Individuelle Leistungskontrolle

* Hautfarbe: ____________
* Pulsschlag: ____________
* Atem: ____________
* Schmerzen: ____________

Wohlbefinden

* vor der Bewegung: ____________
* während der Bewegung: ____________
* nach dem Duschen: ____________

Die individuelle Zielsetzung

Stürzen Sie sich nicht sofort in ein Bewegungsprogramm, das Ihrem Trainingszustand nicht entspricht, sondern bauen Sie sich langsam, Stufe für Stufe ein machbares Bewegungspensum auf, vielleicht so, wie es der Stufenplan *Bewegung* (Abbildung 32) vorschlägt.

Stufenplan Bewegung

Weitere Sportarten ausprobieren. Sich vielseitig bewegen.

Regelmäßig einmal die Woche Sport treiben, zu Hause oder im Verein.

Bewegung als Wochenend- und Freizeitspaß: Radfahren, Wandern, Schwimmen.

Bauen Sie das Kurzprogramm zu einer täglichen Ausgleichsgymnastik (Seite 119) aus.

Gewöhnen Sie sich an eine tägliche Gymnastik mit dem 5-Minuten-Programm (Seite 107).

Beweglicher werden durch Dehnen: Stretching-Übungen (siehe Seite 176) sind leicht erlernbar.

Sanfte Bewegungsformen erleichtern den Einstieg: Für die Isometrik ist überall Zeit und Platz (siehe Seite 143).

Auf dem Weg zur Arbeit eine Station früher aus dem Bus oder der U-Bahn aussteigen, in der Mittagspause einen Spaziergang machen.

Auf den Aufzug verzichten, wieder Treppen steigen.

Abbildung 32

Wer braucht Bewegung? Ein Fitneß-Test

Die meisten Tests, die in Zeitschriften und Büchern zur Erprobung der Fitneß angeboten werden, basieren auf dem Prinzip: *Je größer die Leistung, desto größer die körperliche Fitneß.* Das heißt: Je mehr Klimmzüge gemacht werden, je schneller gelaufen oder je weiter und höher gesprungen wird, desto höher die erreichte Punktezahl und desto besser das erreichte Fitneß-Ergebnis. Aber Leistung und Fißneß sind zwei verschiedene Dinge, wie wir schon gesehen haben. Und so finden Sie in dem nachfolgenden Test auch keine Punkteskalen und keine genormten Auswertungen. Nehmen Sie als Grundlage der Bewertung die Methoden zur individuellen Belastungskontrolle, die Sie auf Seite 97 finden, und urteilen Sie selbst, ob Sie mit dem Ergebnis des Tests zufrieden sind. Nehmen Sie Ihr subjektives Körpergefühl als Maßstab für Ihre Fitneß.

Der Fettgewebe-Test

Ein wichtiger Faktor für die körperliche Fitneß ist der Anteil von Fettgewebe. Zuviel Fett und Übergewicht sind ein gesundheitlicher Risikofaktor und beeinträchtigen die Fitneß.

Spiegeltest: Stellen Sie sich nackt vor einen großen Spiegel und betrachten Sie sich rundum. Ist alles wohl proportioniert? Oder gibt es an manchen Stellen überflüssige Rundungen?

Hautfaltentest: Fassen Sie ein Stück Haut an der Unterseite des Unterarmes, und nehmen Sie es zwischen Daumen und Zeigefinger. Nehmen Sie nun genauso ein Stück Haut von den Stellen, an denen Sie Rundungen bemerkt haben, zwischen die Finger. Ist die Hautfalte, die Sie ergreifen, dicker als die Falte unter dem Arm, so ist dies ein Zeichen dafür, daß Sie tatsächlich Fett angesetzt haben.

Der Atemtest

Kerzentest: Stellen Sie ein Teelicht in einem Meter Abstand von der Tischkante auf den Tisch. Gehen Sie in die Hocke und versuchen Sie, von der Tischkante aus die Kerze auszublasen. Schaffen Sie es nicht beim ersten oder zweiten Mal, die Kerze auszulöschen, so sollten Sie etwas für Ihre Lungenfunktion tun.

Treppentest: Laufen Sie in zügigem Tempo ein Stockwerk die Treppe hoch. Wenn Sie dabei völlig aus der Puste kommen, dann ist es höchste Zeit, etwas für die Ausdauer und Kraft zu tun.

Der Beweglichkeitstest

Zehenspitzen berühren (Abbildung 33): Stellen Sie sich aufrecht hin und versuchen Sie dann, mit den Fingerspitzen die Zehenspitzen zu berühren. Die Knie bleiben dabei völlig durchgestreckt. Nicht federn und nicht wippen.

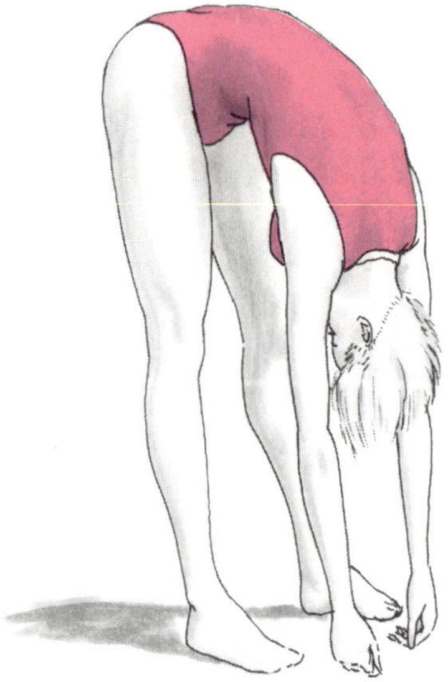

Abbildung 33

Die Nase auf die Knie (Abbildung 34): Setzen Sie sich mit gestreckten Beinen auf den Boden. Umfassen Sie mit den Händen die Waden, und ziehen Sie den Oberkörper so weit nach unten, wie es Ihnen möglich ist. Schaffen Sie es, mit der Nase die Knie zu berühren?

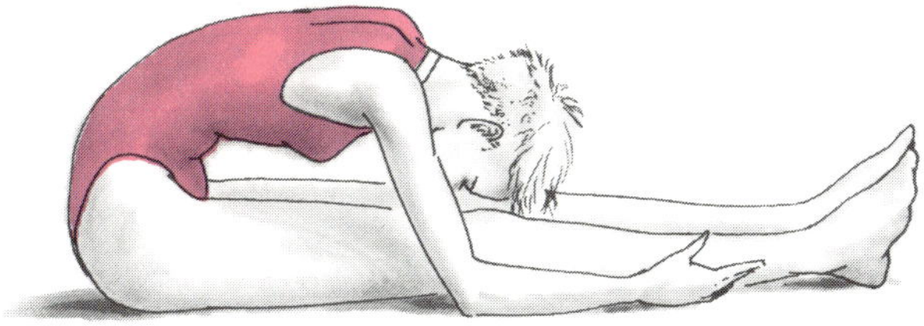

Abbildung 34

Die Zehe an die Nase (Abbildung 35): Auf dem Boden sitzen bleiben, die Beine leicht öffnen. Beide Hände umfassen ein Bein. Versuchen Sie, das Bein so weit nach oben zu ziehen, bis die Zehen die Nasenspitze berühren.

Abbildung 35

Der Muskeltest

Rumpfmuskulatur (Abbildung 36): Legen Sie sich auf den Rücken, und halten Sie sich an einem Möbelstück fest. Heben Sie beide gestreckten Beine bis in die Senkrechte hoch. Können Sie diese Übung problemlos 10- bis 15mal wiederholen, ohne aus der Puste zu kommen?

Bauchmuskulatur (Abbildung 37): Auf dem Rücken liegen und die Beine leicht anwinkeln. Die Arme sind hinter dem Nacken verschränkt. Den Oberkörper vom Boden abrollen und zirka 20 Zentimeter hochziehen. Die Füße bleiben auf dem Boden, nicht ruckartig hochschnellen. Bereitet es Ihnen Schwierigkeiten, diese Übung mehrere Male zu wiederholen?

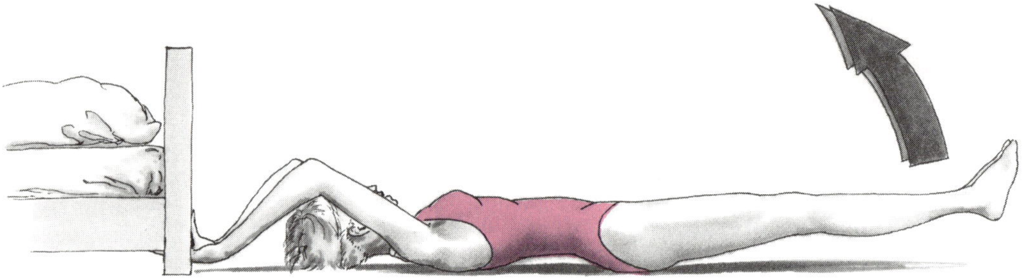

Abbildung 36

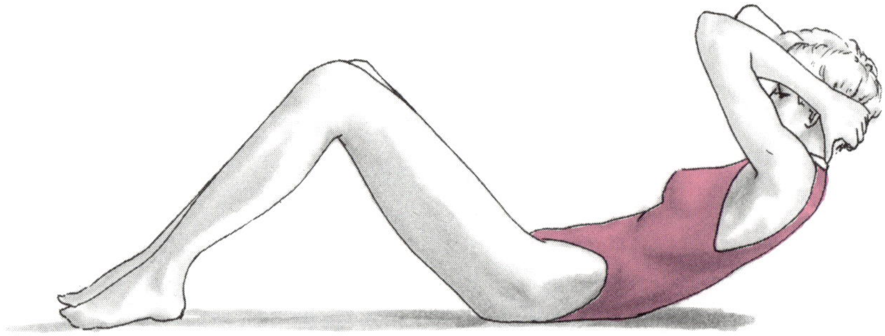

Abbildung 37

Der Schnelligkeitstest

Reaktionsschnelligkeit (Abbildung 38): Setzen Sie sich auf einen Stuhl und legen Sie den Unterarm auf die Lehne. Halten Sie einen Gegenstand (zum Beispiel eine Zündholzschachtel oder ein Lineal) zirka zehn Zentimeter über dem Arm, und lassen Sie ihn nach unten fallen. Gelingt es Ihnen, ihn mit der Hand des aufgestützten Arms zu fassen?

Laufschnelligkeit: Diesen Test können Sie in jeder alltäglichen Situation durchführen. Können Sie noch schnell einen Spurt von einigen hundert Metern einlegen, um den Bus oder die U-Bahn zu erwischen, ohne dabei völlig erschöpft anzukommen?

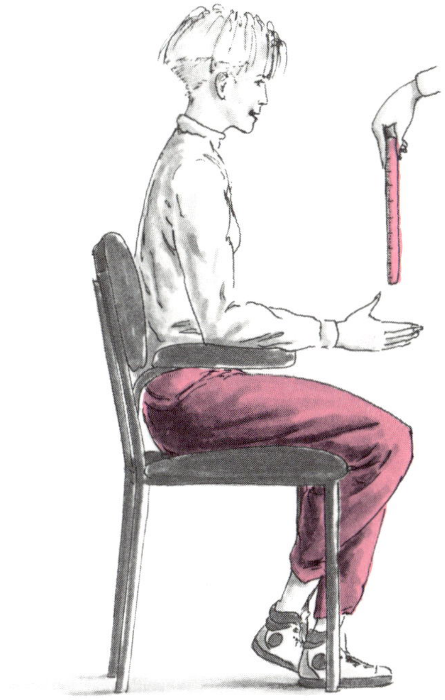

Abbildung 38

Auswertung des Tests

Wenn Sie mit den gestellten Aufgaben die eine oder andere Schwierigkeit hatten, dann wird es höchste Zeit, mit einem gezielten Bewegungsprogramm zu beginnen. Vergegenwärtigen Sie sich die Ergebnisse des Tests, und beherzigen Sie die folgenden Ratschläge:

Mangelnde Fitneß	Was tun?
Zuviel Fettgewebe	Bodyshaping (Seite 121), Krafttraining (Seite 154), Ernährungsumstellung (Seite 271).
Zuwenig Puste	Ausdauer-Sportarten wie Gehen (Seite 140), Joggen (Seite 150), Radfahren (Seite 166), Schwimmen (Seite 170) oder Skilanglauf (Seite 171) verbessern die Lungenfunktion.
Zu unbeweglich	Die Beweglichkeit fördern durch Ausgleichsgymnastik (Seite 113), Stretching (Seite 176), Tanzen (Seite 183), Taichi Chuan (Seite 58) oder Yoga (Seite 47).
Zuwenig Muskelkraft	Krafttraining (Seite 154), Isometrik (Seite 143), Ausdauersportarten (siehe „zuwenig Puste“).
Zu geringe Laufschnelligkeit	Joggen (Seite 150), Radfahren (Seite 166), Schwimmen (Seite 170), Tanzen (Seite 183).

Anfänger- und Aufwärmprogramm: Täglich fünf Minuten

Wozu ein Anfänger- und Aufwärmprogramm?

Rundum fit in nur täglich fünf Minuten – ganz so einfach kann man sich ganzheitliche Fitneß leider nicht erwerben, auch wenn dies in vielen Schlagzeilen verheißungsvoll angepriesen wird. Aber dennoch haben solche Kurz- oder Anfängerprogramme ihren sinnvollen Einsatz:

Verletzungen vorbeugen: Jeder, der länger keine körperliche Anstrengung ausgeführt hat, muß sich erst langsam wieder an sportliche Betätigungen gewöhnen. Ein solcher sanfter Einstieg ist eine wichtige Voraussetzung, um ein gesundes Bewegungsprogramm aufzubauen und möglichen Überanstrengungen und Verletzungen vorzubeugen. Aber auch Trainierte müssen sich vor intensiven körperlichen Anstrengungen aufwärmen.

Beweglichkeit erhalten: Ein weiterer, nicht zu vernachlässigender Einsatzbereich liegt in der Gesundheitsvorsorge. Besonders ältere Menschen und Menschen mit gesundheitlichen Problemen können durch ein Kurzprogramm eine wichtige Voraussetzung schaffen, um ihren Bewegungsapparat intakt zu halten. Ein Trainingserfolg im Sinne einer Konditionssteigerung wird durch solche Übungen zwar nicht erreicht, aber die Gelenke, Muskeln, Bänder und Sehnen werden beweglich gehalten, die Sauerstoffversorgung des gesamten Körpers wird verbessert. Ebenso werden einseitige Belastungen des Bewegungsapparates aufgefangen.

FITNESSWERT: Anfänger- und Aufwärmprogramm

* Sanfter Einstieg für Anfänger und Ungeübte.
* Beugt Verletzungen vor.
* Gut geeignet für ältere Menschen.
* Kleines Ausgleichsprogramm.

Übungen

1 Minute als Einstimmung: (Abbildung 39): Locker und beschwingt von einem Bein auf das andere hüpfen, dabei die Arme mitschwingen. Beine, Füße, Arme und Hände kräftig ausschütteln. Zwischendurch den Oberkörper nach vorne beugen und auch den Kopf und die Schultern lockern. Mit Musik macht das Ganze natürlich noch viel mehr Spaß.

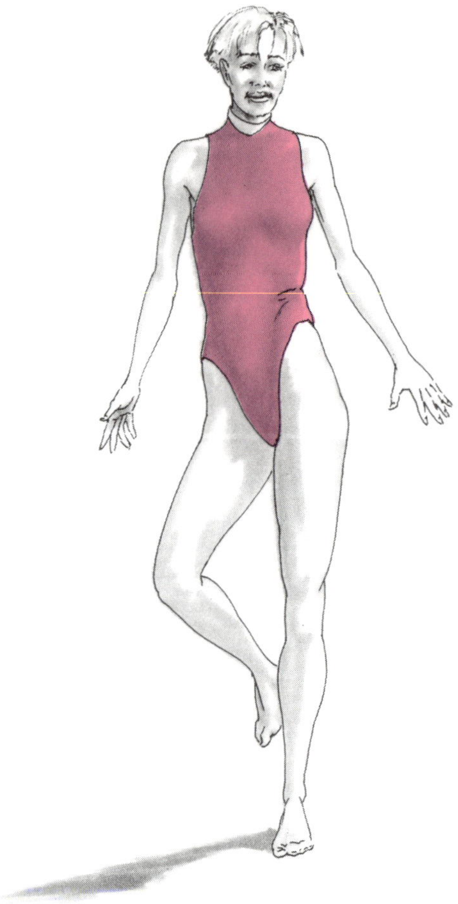

Abbildung 39

Abbildung 40

1 Minute für den Bauch: Legen Sie sich zunächst lang ausgestreckt auf den Rücken, die Arme sind hinter dem Körper abgestützt. Beide Beine vom Boden abheben und 15mal grätschen, ohne die Beine abzusetzen (Abbildung 40).

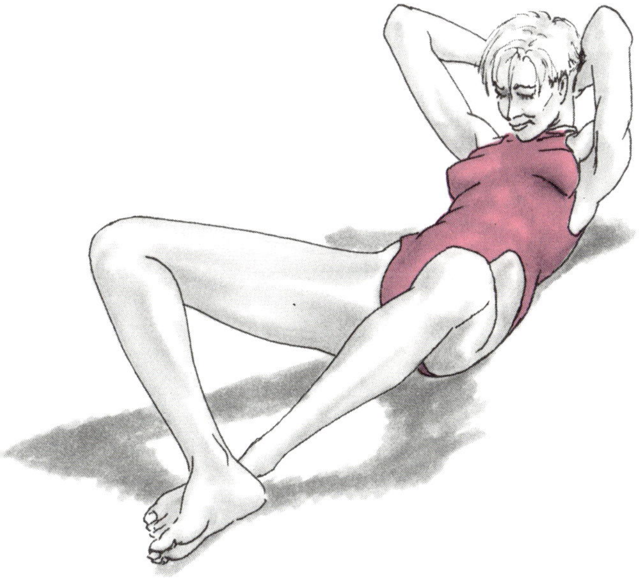

Abbildung 41

Auf dem Rücken liegen bleiben und die Knie überkreuzen. Die Hände sind hinter dem Kopf verschränkt. Langsam den Oberkörper Wirbel für Wirbel vom Boden abheben. Zirka 20 Zentimeter hochrollen und dann langsam wieder zu Boden sinken. Zehnmal auf- und abrollen (Abbildung 41).

1 Minute für den Rücken: Am Boden liegen bleiben, aber auf den Bauch drehen. Die Arme ruhen neben dem Körper. Den Oberkörper behutsam vom Boden abheben und so weit wie möglich nach oben recken. Die Dehnung einige Sekunden halten, dann wieder zu Boden sinken. Fünfmal wiederholen (Abbildung 42).

Abbildung 42

Auf dem Bauch liegen bleiben und den Kopf vom Boden abheben. Die gestreckten Arme zuerst vor dem Kopf, dann dem Rücken zusammenklatschen. Zehnmal vor, zehnmal hinter dem Körper klatschen (Abbildung 43).

Abbildung 43

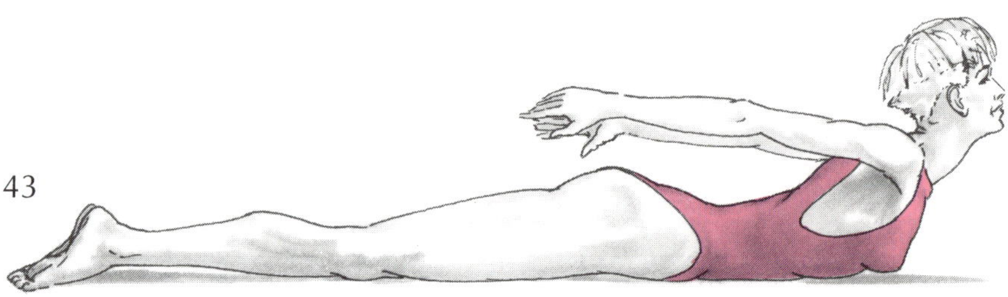

1 Minute für Arme und Schultergürtel: Vom Boden erheben und aufrecht stehen. Die Arme vor der Brust ausstrecken und die Hände mit nach außen gerichteten Handflächen falten. Die gestreckten Arme nach oben bis über den Kopf führen, dort die Hände lösen und die Arme in seitlichem Bogen nach unten fallen lassen. Fünfmal wiederholen (Abbildung 44).

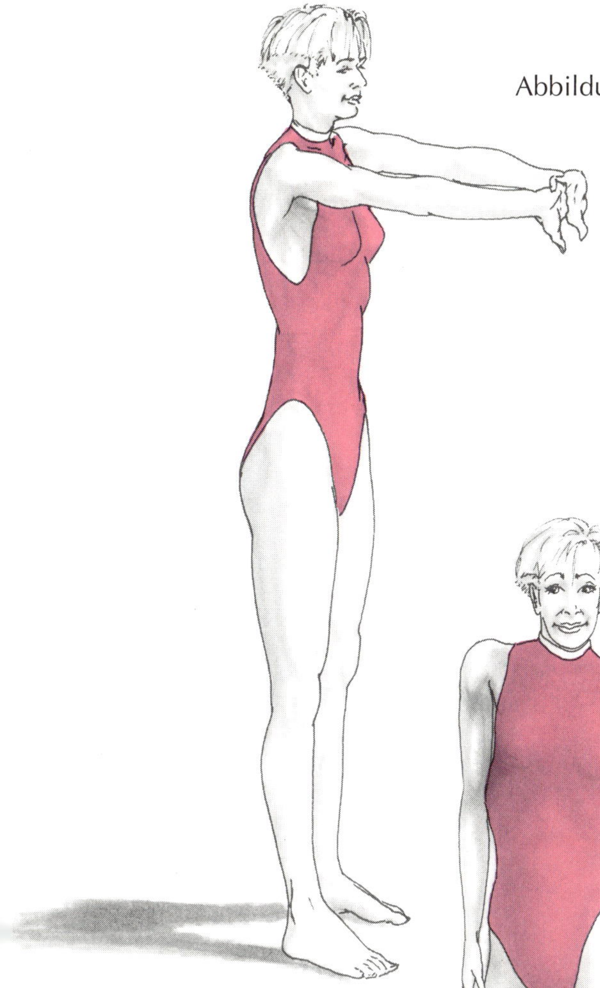

Abbildung 44 a

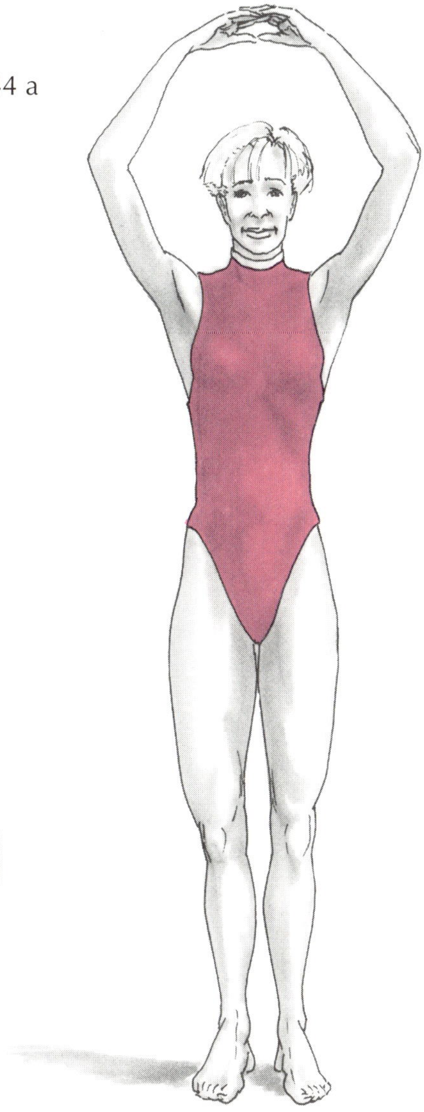

Abbildung 44 b

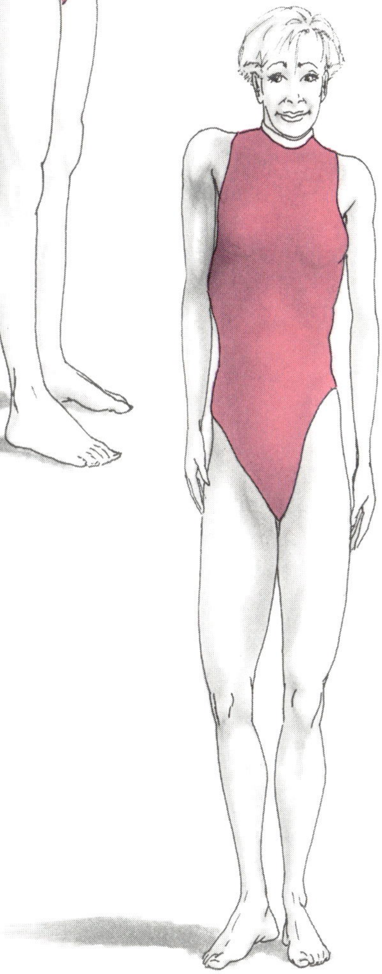

Abbildung 45

Aufrecht stehen bleiben. Fünfmal den rechten Arm nach hinten im Schultergelenk kreisen, fünfmal nach vorne. Nun den linken Arm fünfmal nach hinten und nach vorne kreisen lassen (Abbildung 45).

1 Minute für Beine und Gesäß: Mit breit gegrätschten Beinen aufrecht stehen, die Hände liegen auf den Hüften. Leicht in die Knie gehen und wie ein Skilangläufer abwechselnd das Gewicht auf das linke und das rechte Bein verlagern (Abbildung 46). Achtmal das linke und achtmal das rechte Bein belasten.

Zum lockeren Abschluß auf einen Tisch setzen und die Beine baumeln lassen – eine hervorragende Übung für die Kniegelenke (Abbildung 47).

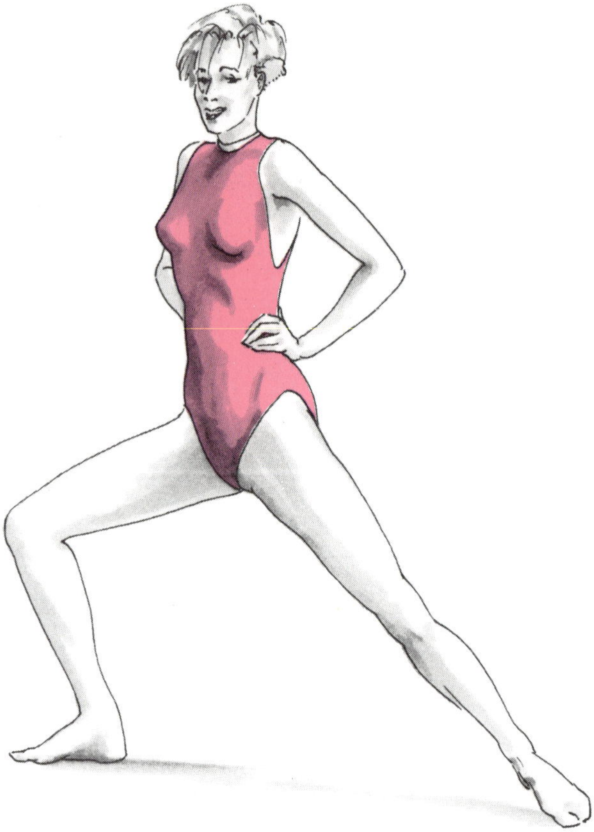

Abbildung 46

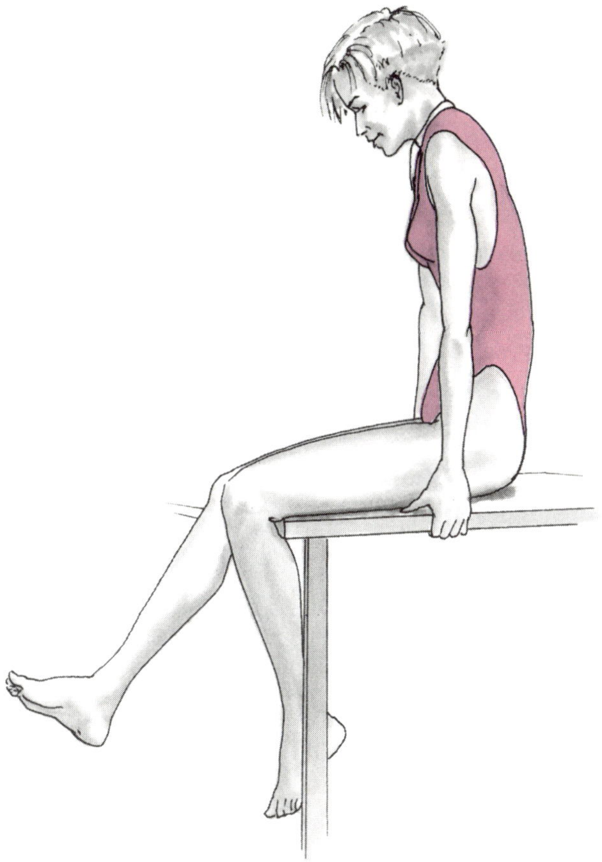

Abbildung 47

Ausgleichsgymnastik

Wozu Ausgleichsgymnastik?

Beschwerden vorbeugen: Die meisten Menschen gehen heutzutage Beschäftigungen nach, die ihren Körper nur einseitig in Anspruch nehmen. Langes Sitzen am Schreibtisch oder Stehen an Schaltern oder Verkaufstheken führen zu unnatürlichen, weil unausgewogenen Belastungen. Es kommt zu Verspannungen und zum Erschlaffen von Muskelpartien, die nicht gebraucht werden, zu Haltungsschäden und Kopfschmerzen. Die nachfolgenden Ausgleichsübungen entlasten Wirbelsäule, Schultern, Hüfte, Beine und Füße. Sie wirken wohltuend und belebend nach einem langen Arbeitstag, aber auch in der Arbeitspause zwischendurch. Da es sich durchwegs um gelenkschonende, leichte Gymnastikübungen handelt, sind sie auch für ältere Menschen oder Menschen mit rheumatischen Beschwerden geeignet.

FITNESSWERT: Ausgleichsgymnastik

* Verbessert die Beweglichkeit.
* Entlastet überanstrengte Körperteile.
* Schont die Gelenke und verbessert die Haltung.
* Beugt Verspannungen und Kopfschmerzen vor.
* Auch für Rheumatiker und Senioren geeignet.

Übungen

Führen Sie alle Übungen langsam und bewußt aus. Wiederholen Sie sie jeweils mindestens zehnmal. Die Übungen sind nach den Körperteilen geordnet, die entlastet werden.

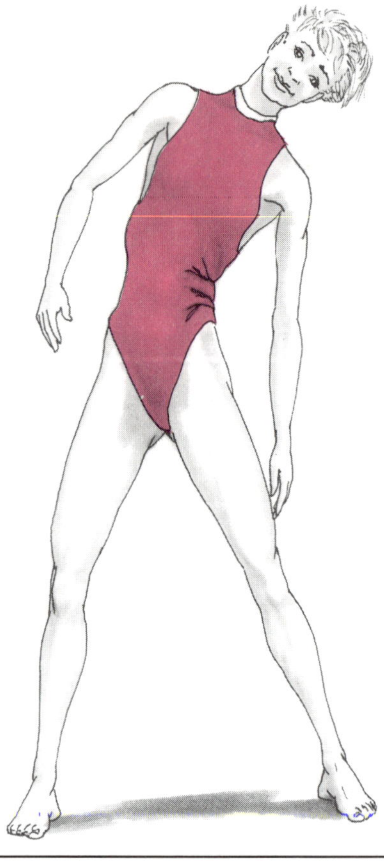

Abbildung 48

Abbildung 49

Wirbelsäule: Sie stehen aufrecht und lassen den Kopf auf die rechte Schulter fallen. Beugen Sie sich langsam nach rechts, indem Sie mit der Hand das rechte Bein entlanggleiten. Gehen Sie ebenso langsam wieder in die Ausgangsstellung zurück. Lassen Sie dann den Kopf auf die linke Schulter fallen, und beugen Sie sich nach links, indem Sie mit der linken Hand das linke Bein entlangfahren (Abbildung 48).

Sie stehen aufrecht, die Beine sind gespreizt. Führen Sie nun die linke Hand zum rechten Fuß und wieder zurück. Langsam aufrichten. Daraufhin berührt die rechte Hand den linken Fuß (Abbildung 49).

Nacken: Stellen Sie sich aufrecht hin und falten Sie die Hände hinter dem Hals. Die Ellbogen befinden sich hinter dem Kopf. Ziehen Sie nun die Ellbogen kräftig nach vorne, so als ob Sie die beiden Arme zusammenführen wollten. Dann wieder kräftig nach hinten ziehen. Der Hals und der Rücken bleiben immer gerade (Abbildung 50).

Abbildung 50

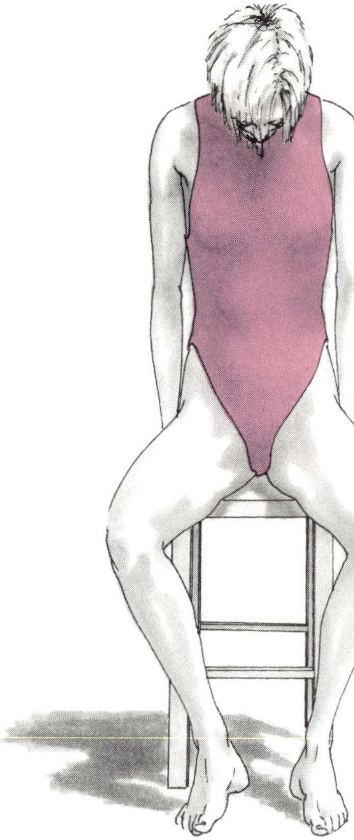

Abbildung 51

Aufrecht stehen oder auf einem Stuhl sitzen. Die Arme hängen locker zur Seite. Den Kopf vollkommen locker nach vorne fallen lassen und langsam nach links herum kreisen lassen. Anschließend in die andere Richtung kreisen (Abbildung 51).

Schultern und Arme (Abbildung 52): Sie stehen aufrecht, die Arme sind in Schulterhöhe zur Seite gestreckt, die Handflächen zeigen nach oben. Führen Sie nun die Arme in einem Bogen zum Körper, bis die Fingerspitzen die Schultern berühren. Anschließend die Arme wieder zur Seite strecken.

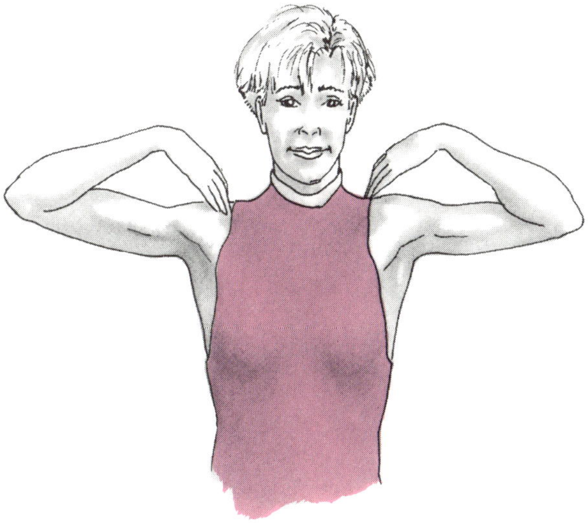

Abbildung 52

Hüfte (Abbildung 53): Sie knien auf dem Boden, der Oberkörper ist gerade, die Arme hängen locker neben dem Körper. Setzen Sie sich neben der rechten Ferse auf den Boden, und kehren Sie gleich wieder in den Kniestand zurück. Anschließend neben der linken Ferse absitzen.

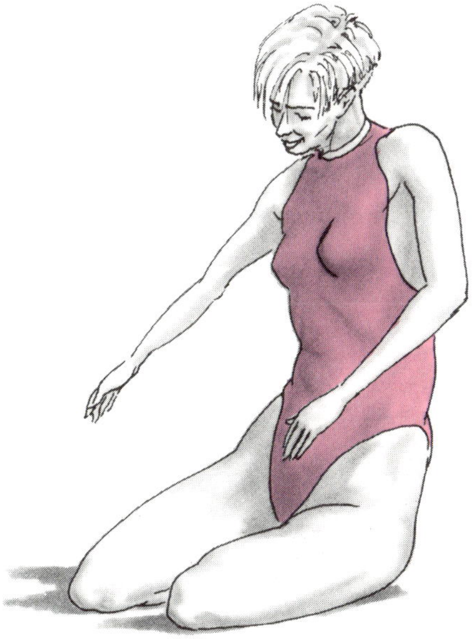

Abbildung 53

Beine und Knie (Abbildung 54): Sie liegen auf dem Rükken, die Arme ruhen neben dem Körper. Heben Sie die Beine vom Boden und tun sie so, als ob Sie radfahren würden. Der Oberkörper und der Kopf bleiben dabei am Boden liegen.

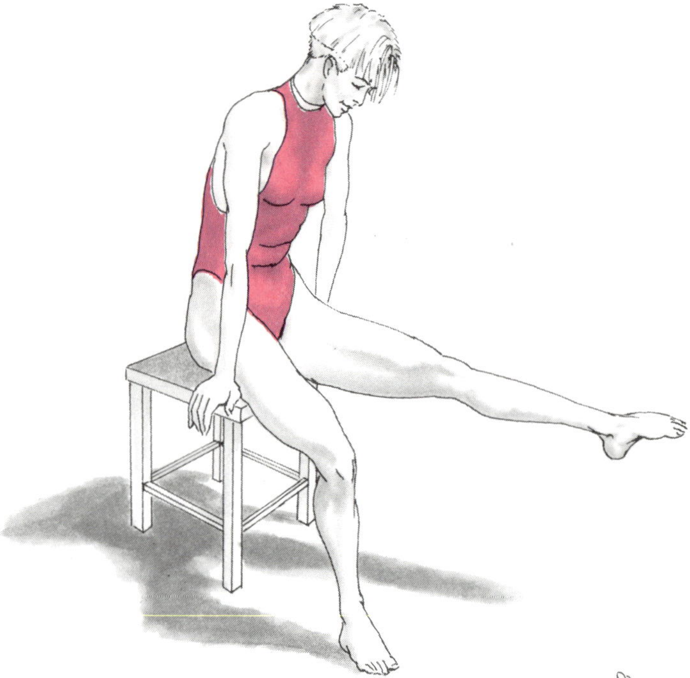
Abbildung 55

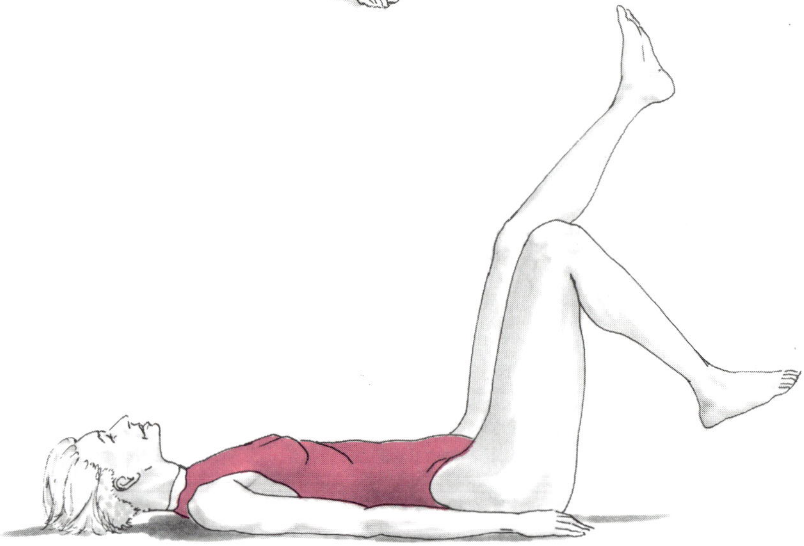
Abbildung 54

Füße und Zehen (Abbildung 55): Setzen Sie sich aufrecht auf einen Stuhl, die Arme hängen neben dem Körper. Heben Sie das rechte Bein bis in die Waagrechte. Strecken Sie den rechten Fuß, und krallen Sie die Zehen fest ein. Sodann die Zehen wieder strecken und in Richtung zum Oberkörper hin ziehen. Abwechselnd die Zehen einkrallen und strecken. Das Knie bleibt durchgedrückt.

Zum guten Abschluß: Ein Büro-Kurzprogramm

Rücken (Abbildung 56): Als Ausgleich zu dem langen, vorneübergebeugten Sitzen am Schreibtisch: Zwischendurch immer wieder die Wirbelsäule und die Arme strekken, ein richtiges Hohlkreuz machen und die Schultern weit zurückziehen.

Nacken und Schultern (Abbildung 57): Das entspannt den Schultergürtel: Die Unterarme übereinander legen und mit den Händen kräftig umfassen. Nun die Arme einige Sekunden lang so kräftig wie möglich gegeneinanderdrücken. Kurz entspannen.

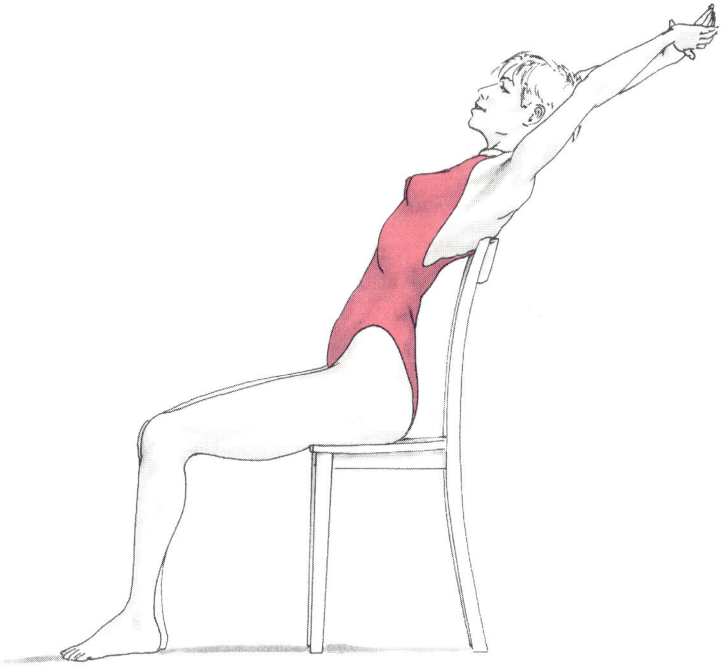

Abbildung 56

Abbildung 57

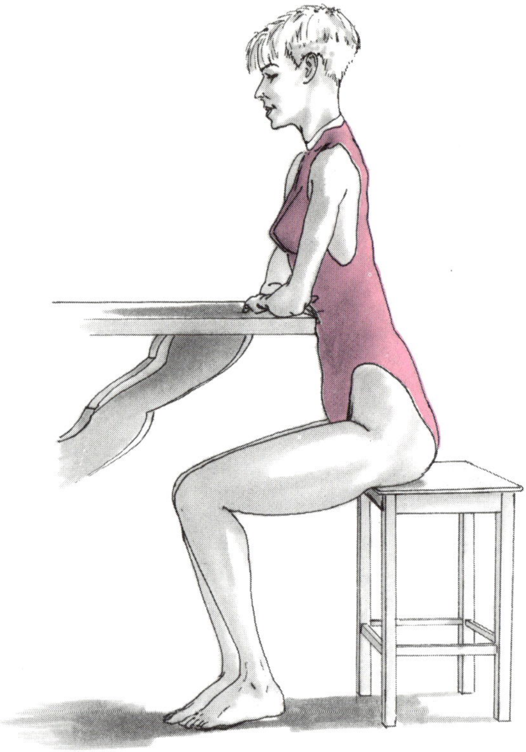

Abbildung 58

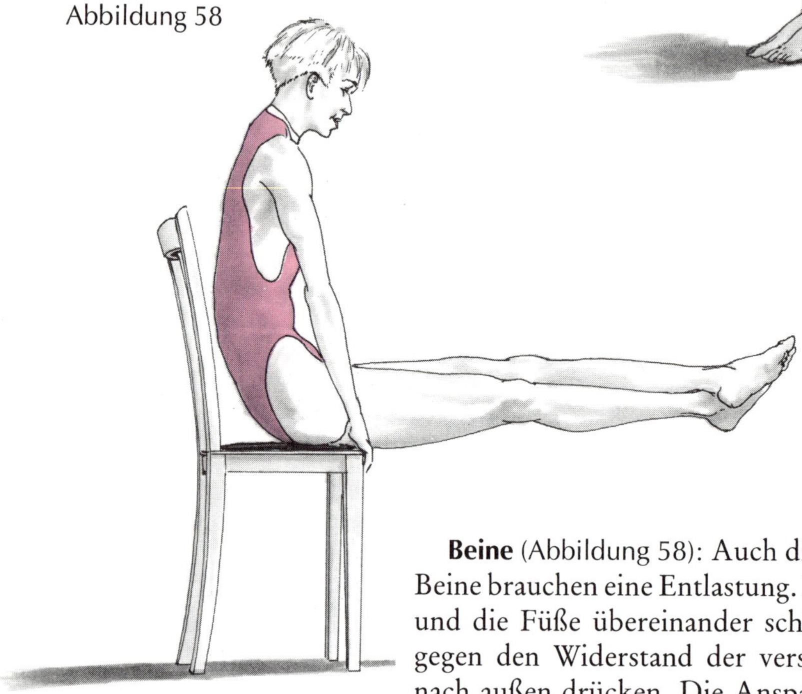

Beine (Abbildung 58): Auch die ständig angewinkelten Beine brauchen eine Entlastung. Die Beine durchstrecken und die Füße übereinander schlagen. Nun beide Beine gegen den Widerstand der verschränkten Füße kräftig nach außen drücken. Die Anspannung einige Sekunden lang halten, dann die Beine kurz absetzen und von vorne beginnen.

Bodyshaping

Wozu Bodyshaping?

Wortbedeutung: Bodyshaping heißt wörtlich übersetzt *Körperformung*. Man versteht darunter den gezielten Einsatz von Gymnastik- oder Kraftübungen, um einzelne Körperteile zu modellieren.

Begleitung von Ernährungsumstellungen: Falsche Erwartungen dürfen an diese Art der Gymnastik jedoch nicht gestellt werden. Wer glaubt, allein mit ihr Gewicht zu verlieren, der unterliegt einem Irrtum. Eine Gewichtsreduktion durch Bodyshaping ist nur möglich, wenn gleichzeitig eine konsequente Diät eingehalten wird. Zum einen ist – wie bei jeder anderen sportlichen Betätigung auch – beim Bodyshaping der Energieverbrauch und der damit verbundene Gewichtsverlust relativ gering (siehe dazu die Tabelle auf der Seite 87). Zum anderen ist es nicht möglich, den Fettabbau an einer ganz bestimmten Stelle des Körpers zu forcieren. Werden durch Sport und geänderte Eßgewohnheiten die Energiereserven des Körpers angegriffen, so baut der Körper an der Stelle Fett ab, an der er dieses Fett auch abgelagert hat. Das heißt mit anderen Worten: Wer einen Fettansatz an den Hüften hat, der verliert diesen auch, wenn er seine Diät mit regelmäßigem Joggen oder Schwimmen begleitet. Das Fettgewebe wird durch das Bodyshaping nicht mehr und nicht weniger angegriffen als durch andere Bewegungsformen.

Gewebestraffung: Wo liegt nun der Vorteil des Bodyshapings? Durch gezielte Beanspruchung bestimmter Körperpartien werden die Muskeln und das Bindegewebe gestrafft und gestärkt. Selbst bei gleichbleibendem Gewicht sieht ein trainierter Körper dadurch fester und kompakter aus. Gezielte Gymnastik bewirkt – vor allem an Bauch, Brust, Oberschenkeln und Gesäß –, daß erschlaffte Muskeln wieder erstarken und dort sitzen, wo sie eigentlich sein sollten.

Die gewebe- und muskelstraffende Wirkung des Bodyshapings zeigt besonders bei Frauen frappierende Erfolge, da das Bindegewebe der Frauen von Natur aus lockerer vernetzt ist als das der Männer. So hat Bodyshaping bei Frauen auch oft kosmetische Auswirkungen: Unschöne Folgen eines strapazierten Bindegewebes wie die Orangenhaut bilden sich bei regelmäßigem Üben wieder zurück.

FITNESSWERT: Bodyshaping

* Strafft das Gewebe.
* Stärkt die Muskulatur.
* Unterstützt die Gewichtsreduktion.
* Als kosmetisches Mittel besonders für Frauen geeignet.

Übungen

Ungeübte beginnen die Übungen mit niedrigen Wiederholungszahlen (vier- bis fünfmal) und steigern sich langsam auf zehn bis 15 Wiederholungen. Gehen Sie dabei immer knapp über Ihre Belastungsgrenze. Die Übungen sind nach den Körperteilen geordnet, die hauptsächlich trainiert werden.

Bauch: Auf den Rücken legen, die Arme liegen neben dem Körper, die Beine sind geschlossen. Langsam den Oberkörper Wirbel für Wirbel aufrichten und so weit hochkommen, bis die Fingerspitzen die Fußspitzen berühren. Langsam wieder zurückrollen (Abbildung 59).

Abbildung 59

Auf dem Boden sitzen und mit den Händen hinter dem Rücken abstützen. Die Beine etwa zehn Zentimeter vom Boden abheben. Ein Bein bis zur Brust anziehen. Während dieses Bein gestreckt wird, das andere anwinkeln. Diese Tretbewegungen werden ausgeführt, ohne daß die Füße den Boden berühren (Abbildung 60).

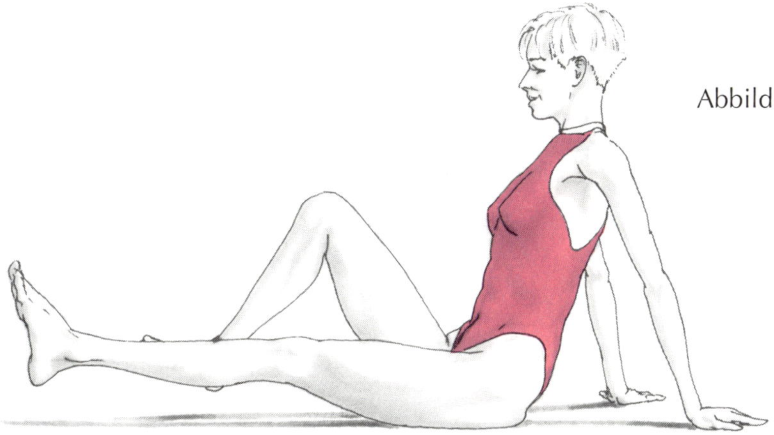

Abbildung 60

Auf dem Boden sitzen bleiben. Die Beine vom Boden abheben. Gleichzeitig die geschlossenen Beine nach rechts und die ausgestreckten Arme nach links bewegen. Diese Drehbewegung abwechselnd zur rechten und zur linken Seite ausführen (Abbildung 61). Beachten Sie bitte auch die Seite 128 (Bauchtrainer).

Abbildung 61

Oberschenkel: In die Hocke gehen und mit den Händen vor dem Körper abstützen. Das linke Bein ganz durchdrücken und zur Seite strecken. Wieder zurück in die Hocke gehen und dann das rechte Bein zur Seite strecken. In schnellem Wechsel ausführen (Abbildung 62).

Abbildung 62

Abbildung 63

Mit geradem Rücken so auf den Boden setzen, daß sich die Fußsohlen berühren. Mit den Händen die Knie so weit wie möglich nach unten drücken, aber nicht wippen. In den Schenkelinnenseiten darf es dabei leicht ziehen (Abbildung 63).

Zur Seite legen und sich mit den Unterarmen vor dem Oberkörper abstützen. Die Beine sind gestreckt und etwa zehn Zentimeter vom Boden abgehoben. Nun die Knie anwinkeln und die beiden Füße so zusammenführen, daß sich die Zehenspitzen berühren. Beine wieder strecken, aber nicht auf den Boden absetzen. In raschem Wechsel strecken und beugen (Abbildung 64).

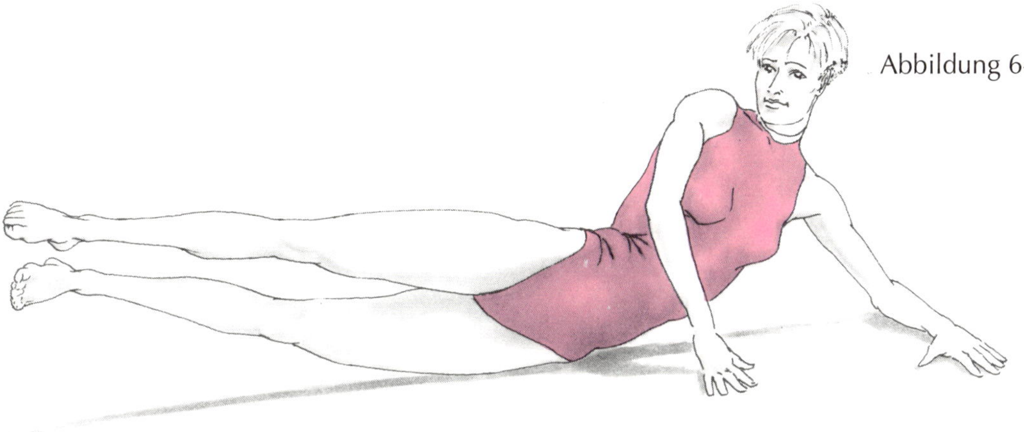

Abbildung 64 a

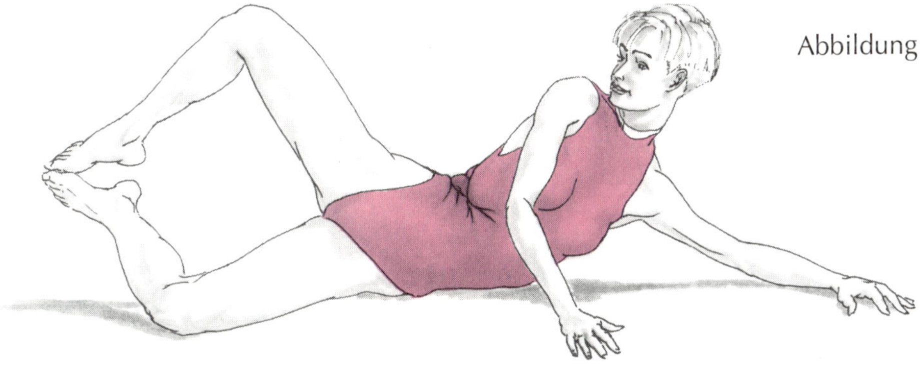

Abbildung 64 b

Gesäß: Setzen Sie sich auf den Boden, und legen Sie Ihre Fersen auf einen standfesten Couchtisch oder Schemel. Stützen Sie sich mit den Händen hinter dem Körper ab. Heben Sie nun das Gesäß so weit vom Boden ab, bis sich Ihr Körper in einer waagrechten Lage befindet. Kneifen Sie dabei die Pobacken zusammen. Wieder absetzen, aber nur kurz den Boden berühren, sofort wieder hochkommen (Abbildung 65).

Abbildung 65

Sie liegen auf dem Bauch und winkeln die Beine an. Umfassen Sie die Fesseln mit den Händen. Halten Sie diese Spannung einige Sekunden, bevor Sie sich wieder ausstrecken und entspannen. Diese Übung kräftigt nicht nur die Pomuskeln, sondern ist darüber hinaus eine hervorragende Wirbelsäulenübung (Abbildung 66).

Abbildung 66

Taille: Sie stehen aufrecht mit geradem Rücken und geraden Schultern. Die Hände sind über dem Kopf gefaltet. Schieben Sie nun das Becken links nach oben – die linke Ferse hebt sich dabei leicht vom Boden. Wieder gerade stehen und anschließend das Becken rechts hochziehen. Rasch wechseln (Abbildung 67).

Eine besonders wirkungsvolle Taillenübung ist das Drehen der Hüfte. Stehen Sie dazu mit leicht geöffneten Beinen locker im Raum. Schwungvoll die Hüfte nach links und rechts bewegen, der Oberkörper bewegt sich jeweils in die entgegengesetzte Richtung (Abbildung 68).

Beachten Sie bitte auch die Seite 137 (Hula-Hoop).

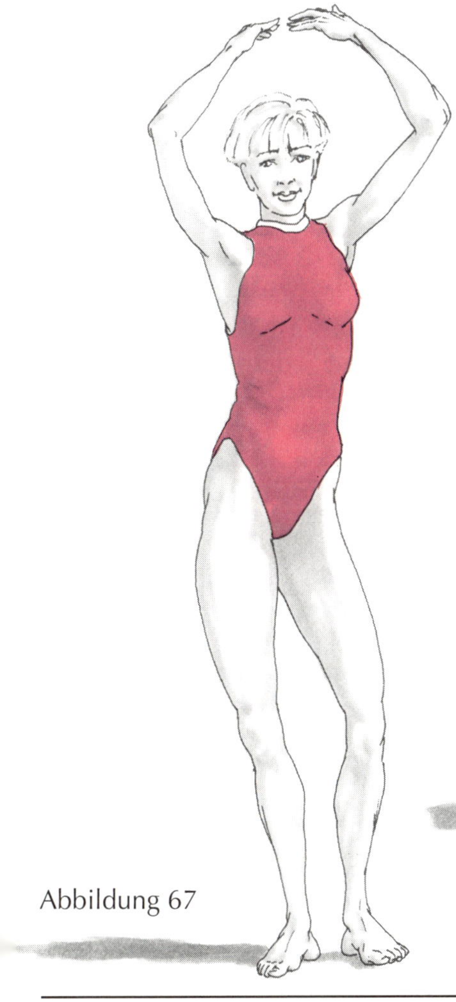

Abbildung 67

Abbildung 68

Fitneßgeräte

Anschaffung und Zweckmäßigkeit

Von der Freizeit- und Sportindustrie wird eine Vielzahl von Geräten angeboten, mit deren Hilfe sich Sportbegeisterte fit halten können. Das Angebot reicht von preisgünstigen Kleingeräten wie Frisbeescheiben bis hin zu Kraftmaschinen, die den heimischen Keller in ein professionelles Fitneßstudio verwandeln. Fitneßgeräte stellen eine Bereicherung des Trainingsprogrammes dar. Sie intensivieren die Wirkung vieler Gymnastik- und Kraftübungen und steigern die Abwechslung und Vielseitigkeit.

Ebenso wie für den Profisportler bestimmen auch für den Freizeitsportler die Qualität und die richtige Auswahl der Ausrüstung den Trainingserfolg – selbst simple Geräte wie ein Expander können, wenn sie falsch eingesetzt werden oder nicht dem Sicherheitsstandard entsprechen, mehr schaden als nutzen. Eine fachkundige Beratung ist deshalb bei der Anschaffung von Sportgeräten unerläßlich. Achten Sie bei der Anschaffung auch auf die TÜV- und GS (= Geprüfte Sicherheit)-Zeichen.

Für die nachfolgende Zusammenstellung wurden solche Fitneßgeräte ausgewählt, die jeder problemlos auch in der Wohnung benutzen kann und deren Anschaffungspreis sich in Grenzen hält.

FITNESSWERT: Fitneßgeräte

* Intensivieren Gymnastik- und Kraftübungen.
* Trainieren spezielle Muskelgruppen und Problemzonen.
* Schaffen Abwechslung und Vielseitigkeit.

Der Bauchtrainer

Einsatz: Durch Übungen an diesem Fitneßgerät werden – wie schon der Name sagt – vorwiegend die Bauch- und Lendenmuskeln trainiert. Der Bauchtrainer eignet sich hervorragend zur gezielten Problemzonengymnastik. Besonders für Frauen ist dieses Gerät zu empfehlen, da es das typisch weibliche Bäuchlein, das sich ab Mitte zwanzig bei den meisten Frauen abzeichnet, durch regelmäßige Übungen wirkungsvoll bekämpft.

Anschaffung: Bei der Anschaffung eines Bauchtrainers sollte man darauf achten, daß Sitzfläche und Fußrasten gut gepolstert sind. Eine verstellbare Sitzfläche ist von Vorteil, da sich so die Intensität der Übungen variieren läßt: je schräger die Sitzfläche, desto größer der Trainingseffekt.

Übungen: (Abbildung 69): Die Hände werden hinter dem Kopf verschränkt und die Füße an den Fußrasten eingehakt. Beim langsamen Zurücklehnen einatmen, beim Aufsitzen kräftig durch den Mund ausatmen. Achten Sie auf einen geschmeidigen Bewegungsablauf: zuerst den Kopf anziehen, dann den runden Rücken Wirbel für Wirbel hochrollen. Vermeiden Sie es, ruckartig hochzuschnellen – das würde die Bandscheiben zu sehr belasten.

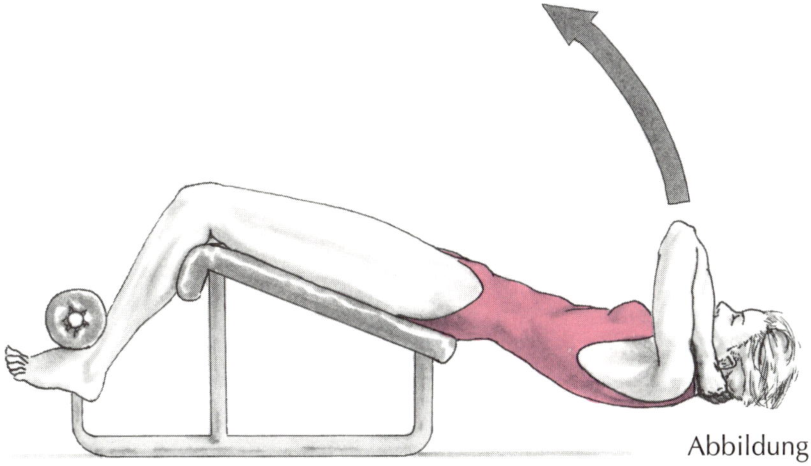

Abbildung 69

Expander

Einsatz: Der Expander ist in erster Linie ein Gerät für das Krafttraining. Mit seiner Hilfe lassen sich unterschiedliche Muskelpartien trainieren, vorwiegend die Muskulatur der Arme und des Schultergürtels. Der Name dieses weitverbreiteten Trimmgerätes kommt übrigens aus dem Englischen: *to expand* heißt *auseinanderziehen* und bezieht sich darauf, daß die Gummikabel oder Drahtfedern des Gerätes auseinandergezogen werden müssen.

Anschaffung: Expander bestehen aus zwei Griffen, an denen unterschiedlich viele und unterschiedlich starke Gummikabel oder Drahtfedern eingehängt werden können. Für den Anfänger und Untrainierten ist es besonders wichtig, mit wenigen und leichten Kabeln anzufangen und sich behutsam zu steigern. Durch das ruckartige Zurückschnellen zu starker Gummikabel werden untrainierte Muskeln leicht verletzt.

Übungen: Seinen klassischen Einsatz findet der Expander für die Stärkung der Armmuskulatur. Dazu wird das Gerät mit beiden Armen gleichzeitig auseinandergezogen und auch langsam wieder zusammengeführt. Die Arme können dabei vor der Brust, über dem Kopf oder hinter dem Oberkörper agieren (Abbildungen 70, 71 und 72).

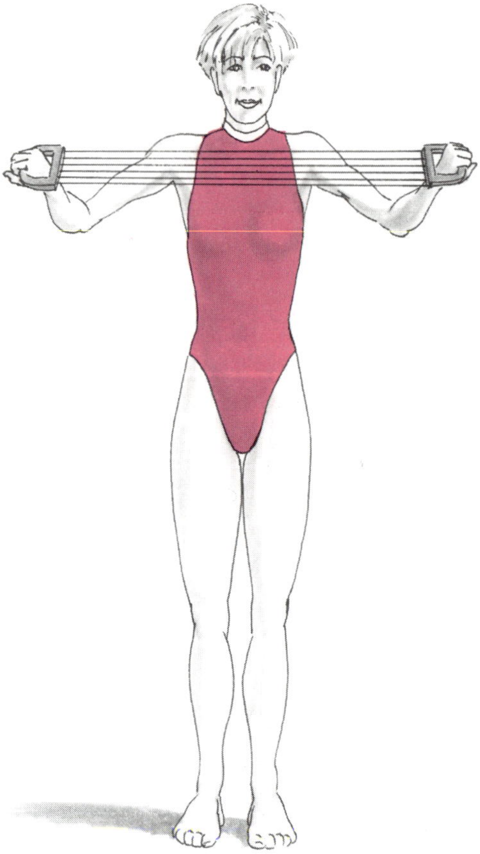

Abbildung 70

Abbildung 71

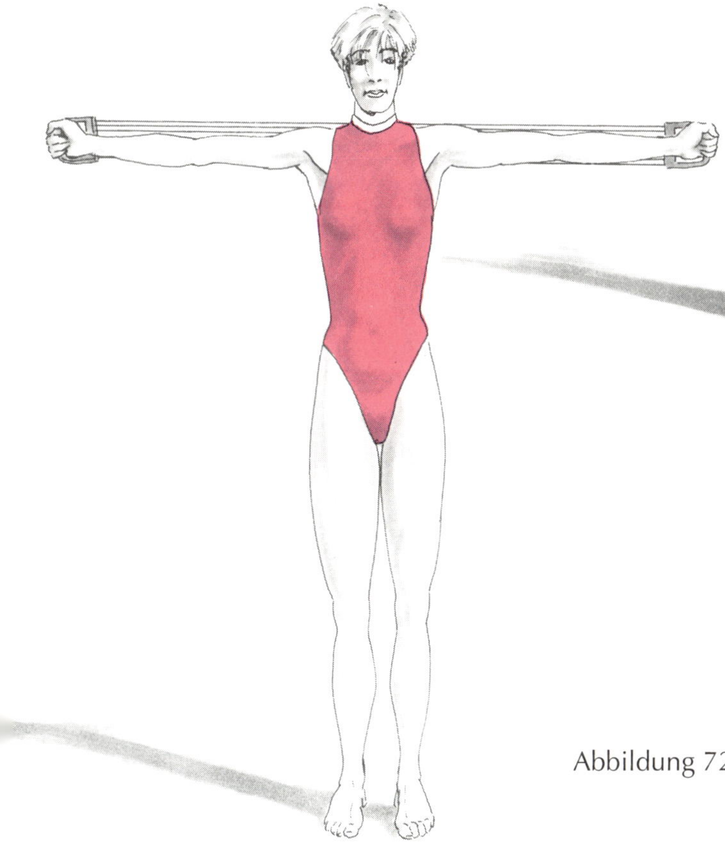

Abbildung 72

Sie können aber auch die gesamte Muskulatur miteinbeziehen. Ein Beispiel: einen Griff mit beiden Händen festhalten, mit einem Fuß in den anderen Griff steigen und gegen den Widerstand des Expanders das Bein nach unten bewegen (Abbildung 73).

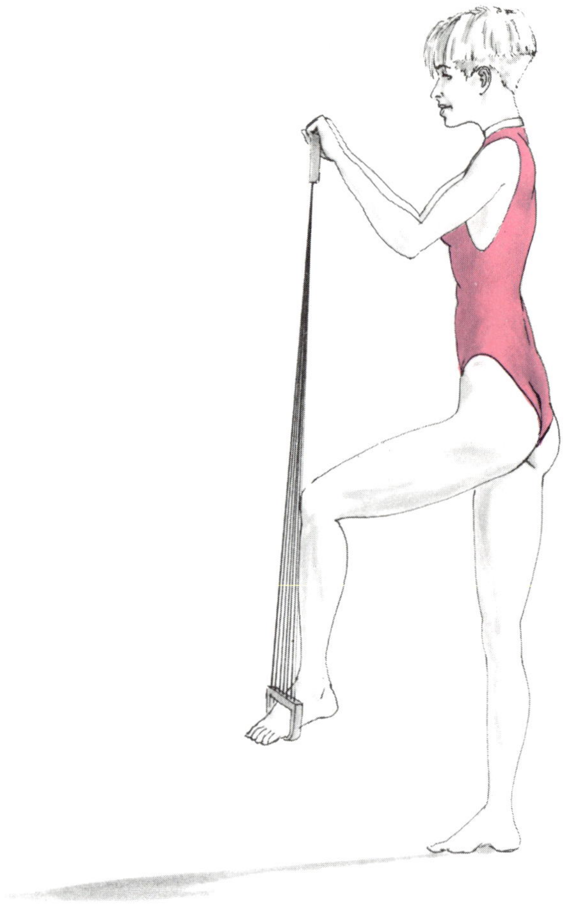

Abbildung 73

Gewichtsmanschetten

Einsatz: Mit Gewichtsmanschetten lassen sich nahezu alle gymnastischen Übungen intensivieren, denn jede Übung erfordert wesentlich mehr Energieaufwand und verbraucht damit auch mehr Kalorien, wenn die bewegten Körperpartien mit Gewichten beschwert sind. Wer seinen Problemzonen möglichst schnell zu Leibe rücken will, der sollte sein Bodyshaping durch diese kleinen Fitneßgeräte optimieren.

Anschaffung: Gewichtsmanschetten gibt es in unterschiedlichen Gewichtsklassen. Wie für alle Sportgeräte gilt auch hier: Als Anfänger sollte man sich nicht übernehmen, den untrainierten Muskeln schadet eine zu große Anstrengung mehr, als sie nutzt.

Übungen: Die Manschetten können sowohl um die Fesseln als auch um die Handgelenke gelegt werden. Alle gymnastischen Übungen (Seite 122 ff., 156 ff.) lassen sich auch mit solchen Gewichten ausführen. Wer möchte, kann sogar mit solchen Gewichten spazierengehen. Zwei Übungen mit Abbildungen finden Sie im Kapitel *Krafttraining* auf Seite 158.

Gymnastikbänder

Einsatz: Die preiswerten und platzsparenden Gymnastikbänder sind so vielseitig einsetzbar, wie es die Phantasie des Benutzers erlaubt. Je nach Art der Übungen können spezielle Muskelpartien trainiert oder die allgemeine Beweglichkeit und Koordinationsfähigkeit gesteigert werden. Ein großer Vorteil der elastischen Trimmbänder: Sie passen in jedes Reisegepäck und sind somit ein ideales Fitneßgerät für Urlaub und Geschäftsreise.

Anschaffung: Gymnastikbänder gibt es in unterschiedlichen Größen und Stärken für Kinder und Erwachsene, Frauen und Männer.

Abbildung 74

Übungen: Legen Sie sich auf den Bauch, die Arme sind vor dem Kopf gestreckt. Heben Sie nun langsam den Oberkörper vom Boden ab, und ziehen Sie gleichzeitig das Band so weit auseinander, bis Sie mit den gestreckten Armen hinter dem Kopf angelangt sind. Langsam wieder abrollen (Abbildung 74). Diese Übung stärkt die Brust-, Schulter- und Rückenmuskulatur.

Zur Stärkung der Oberschenkelmuskulatur: Das Band wird an einem Tischbein oder an einer Tür befestigt. Mit einem Bein in die Schlaufe steigen. Nun das gestreckte Bein gegen den Widerstand des Bandes zur Seite ziehen (Abbildung 75).

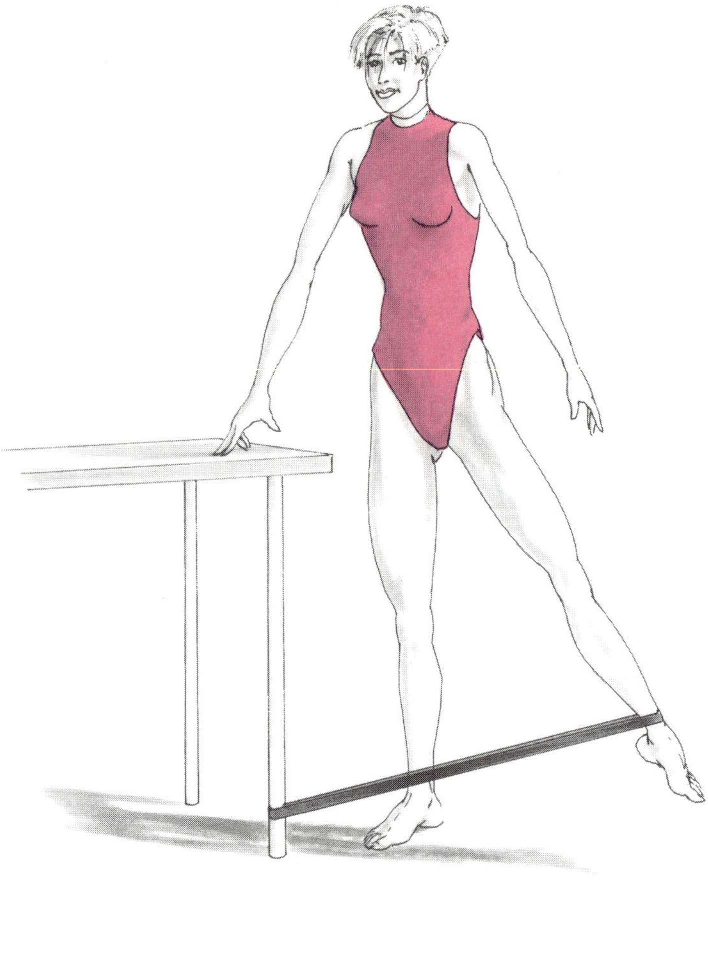

Abbildung 75

Hanteln

Einsatz: Ähnlich wie durch Gewichtsmanschetten läßt sich auch durch Hanteln der Trainingserfolg beim Kraft- und Muskeltraining steigern. Im Gegensatz zu den Gewichtsmanschetten werden die Hanteln aber vorwiegend zur Stärkung der Arm-, Schulter- und Rückenmuskulatur eingesetzt.

Anschaffung: Man unterscheidet zwischen Hanteln für den einarmigen und zweiarmigen Gebrauch. Für den Freizeitgebrauch kommen in erster Linie die Kurzhanteln in Frage, die maximal 40 Zentimeter lang sind und die man in eine Hand nehmen kann. Der Anfänger beginnt mit möglichst kleinen Gewichten und steigert sich mit Gewichtssprüngen von einem halben Kilogramm.

Übungen: Siehe dazu die Übungen im Kapitel *Krafttraining* auf Seite 156.

Heimfahrräder

Einsatz: Das Heimfahrrad (Abbildung 76) gehört schon zu den Klassikern bei den Fitneßgeräten. Wie das Fahrradfahren in der freien Natur (siehe Seite 167) sind auch die Übungen an einem Heimfahrrad ein hervorragendes Ausdauertraining, das Herz und Kreislauf stärkt. Für Menschen, die wenig Zeit haben, bietet sich das Heimfahrrad noch aus einem weiteren Grund an: Das tägliche Training kann ausgeführt werden, während man zum Beispiel nebenbei die Tagesschau verfolgt.

Anschaffung: Das Angebot reicht von einfachen Rollengestellen, die es erlauben, ein normales Fahrrad zu einem Heimtrainer umzufunktionieren, bis hin zu komplizierten und teuren Fahrrad-Ergonometern, die exakte Leistungsmessungen und unterschiedliche Belastungsmöglichkeiten bieten. Aufwendige Geräte bieten gleichzeitig die Möglichkeit, mit dem Lenker Pumpbewegungen auszuführen, wodurch auch die Muskulatur von Oberkörper und Armen in das Training miteinbezogen werden kann. Die Auswahl des richtigen Trainingsgerätes hängt natürlich davon ab, welche Ansprüche das Gerät erfüllen soll. Wichtig ist, daß

* keine ruckartigen Bewegungen auftreten, sondern durch eine Schwungscheibe ein möglichst gleichmäßiger Bewegungsablauf garantiert ist.
* das Fahrrad einen sicheren, stabilen Stand hat.

* ein veränderbares Bremsmoment (über die Trainingsdauer hinaus) eine zusätzliche Leistungssteigerung erlaubt.
* Lenker und Sattel verstellbar sind.

Übungen: Um einen Trainingseffekt zu erzielen, sollte man täglich mindestens zehn Minuten radfahren. Die Geschwindigkeit so regeln, daß die optimale Pulsfrequenz erreicht wird (siehe Seite 98). Eine Leistungssteigerung läßt sich durch zeitliche Ausdehnung erzielen, bei teureren Geräten auch durch eine Verstärkung des Bremsmomentes.

Abbildung 76

Hula-Hoop

Einsatz: Der Hula-Hoop, ein beliebtes Sportgerät der 50er und 60er Jahre, erfreut sich nach einigen „Ruhejahren“ wieder steigender Beliebtheit. Der Reifen (englisch *hoop*), der seinen Namen von den hawaiianischen Hula-Tänzen hat, eignet sich hervorragend zur Steigerung der Beweglichkeit und der Koordinationsfähigkeit. Im Bodyshaping wird er für das Training schlanker Taillen eingesetzt.

Anschaffung: Bei der Anschaffung der schmalen und leichten Plastikreifen kann man im Grunde genommen nichts falsch machen, auch die Preisunterschiede sind gering.

Übung: Durch rhythmische und gleichmäßige Hüftschwünge wird der Reifen so in Bewegung gehalten, daß er um die Taille kreist (Abbildung 77).

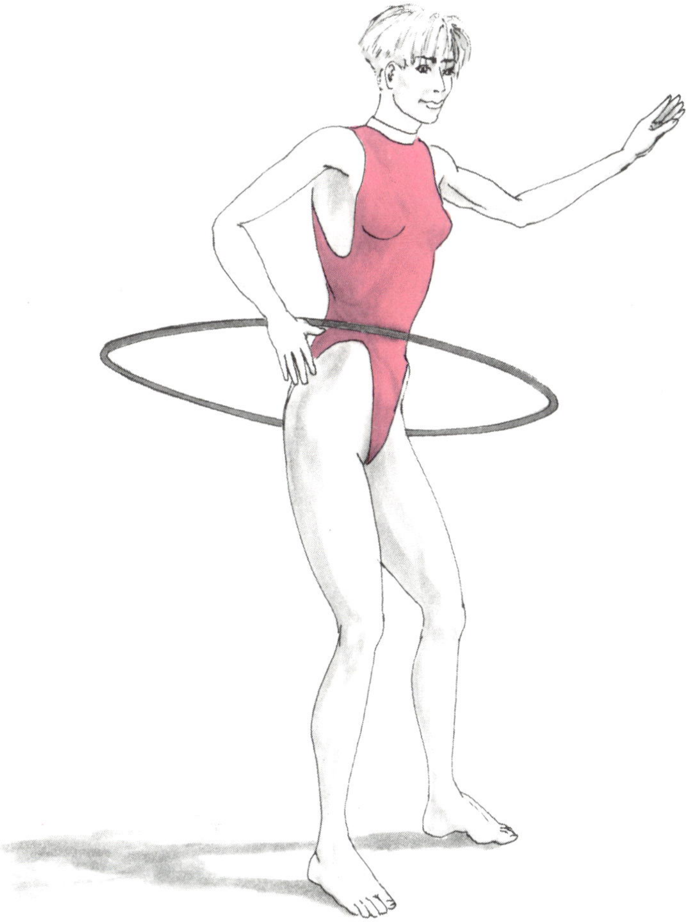

Abbildung 77

Fitneßstudios

Wozu ins Fitneßstudio?

In den letzten Jahren hat die Fitneßwelle ihren Ausdruck in einem Boom an Bodybuilding-, Bodyshaping-, Bodyperfection-, Figur- oder Fitneß-Studios gefunden. Hinter den Türen, an denen solch unterschiedliche Namen prangen, verbergen sich große Säle mit einer Vielzahl an Fitneßgeräten wie Hanteln, Fahrräder, Adduktoren- und Bizepsmaschinen und wie immer die oft martialisch anmutenden Geräte heißen mögen. Angeschlossen sind meist Solarien und eine Sauna, damit die körperliche Ertüchtigung auch einen entspannenden Abschluß finden kann. Nicht nur die vieseitigen Übungsmöglichkeiten, auch der zwischenmenschliche Kontakt in den Studios bewirken, daß der Zulauf zu Fitneßcentern unvermindert anhält.

FITNESSWERT: Fitneßstudios

* Große Auswahl an unterschiedlichsten Fitneßgeräten.
* Meist auch Möglichkeit zu Sauna- oder Solariumbesuch.
* Steigerung der Vielseitigkeit.
* Geselligkeit und zwischenmenschliche Kontakte.

Worauf achten?

Für den Laien scheinen sich viele dieser Studios auf den ersten Blick wie ein Ei dem anderen zu gleichen. Trainingsverträge sind dann auch meist schnell geschlossen – und erst nach einiger Zeit stellt sich heraus, ob man einen guten Griff getan hat oder nicht. Wer auf der Suche nach einem geeigneten Fitneßstudio ist, der sollte neben der verkehrsgünstigen Lage und dem Preis auf folgende Punkte achten:

Probestunde: Nahezu jedes Fitneßstudio bietet Interessenten eine kostenlose Probestunde. Nehmen Sie diese in jedem Fall wahr, und zwar zu dem Zeitpunkt, zu dem Sie später auch trainieren wollen. Sie sehen dann gleich, wie besucht das Studio ist. So herrscht an Vormittagen meist angenehme Leere, während zu den Stoßzeiten nach

Feierabend oft Wartezeiten an den einzelnen Geräten und in den Duschen auftreten. Gehen Sie zum Vergleich zur gleichen Uhrzeit auch in ein anderes Studio, das für Sie in Frage kommt.

Geräteauswahl: Achten Sie nicht nur darauf, wieviele unterschiedliche Geräte vorhanden sind, sondern auch wieviele von einer Art zur Verfügung stehen. Es gibt etliche Geräte wie Fahrräder, Bizepsmaschinen oder Beinpressen, die sich besonderer Beliebtheit erfreuen. Ist von diesen Geräten nur ein Exemplar vorhanden, so kommt es leicht zu Warteschlangen.

Zustand der Geräte: Sehr wichtig ist der Zustand der Geräte. Dem Laien ist es zwar nicht möglich, die technische Funktionstüchtigkeit zu prüfen, aber deren äußere Gepflegtheit läßt zumindest einen gewissen Rückschluß auf die technische Wartung zu.

Beratung und Service: So beeindruckend der Anblick blitzender Geräte und wuchtiger Kraftmaschinen auch sein mag, die hypermoderne Ausstattung eines Centers ist nicht unbedingt ein Garant für optimales Fitneßtraining. Was Sie dafür brauchen, ist in erster Linie eine individuelle Beratung, die auf Ihre ganz persönlichen Bedürfnisse eingeht, und ein speziell auf Sie zugeschnittenes Bewegungs- und am besten auch ein Ernährungsprogramm.

Trainer: Fragen Sie den Trainer/die Trainerin danach, welche Ausbildung er/sie hat und zu welchen Zeiten er/sie im Studio ist. Gute Trainer erkennen Sie unter anderem daran, ob sie vor der Probestunde nach Ihrem Trainings- und gesundheitlichen Zustand fragen. Die Aufgabe der Trainer ist es nicht nur, Ihnen die Geräte zu erklären, sie müssen auch auf mögliche Risiken, falsche Belastungen und Überanstrengungen aufmerksam machen. Die Aufmerksamkeit, die Ihnen in der Probestunde geschenkt wird, muß nichts darüber aussagen, wie Sie nach Unterzeichnung des Vertrages betreut werden. Achten Sie deshalb darauf, wie sich die Trainer den anderen Übenden gegenüber verhalten, ob sie sie korrigieren oder bestärken.

Erfahrungsaustausch: Unterhalten Sie sich nicht nur mit dem angestellten Personal, sondern auch mit verschiedenen Leuten, die schon länger in dem Fitneßstudio trainieren. Was gefällt ihnen, was nicht, würden sie ihren Fitneßvertrag wieder verlängern oder lieber in ein anderes Studio wechseln?

Atmosphäre: Sehr wichtig ist auch die gepflegte und entspannte Atmosphäre im Studio. Die laute Disco-Musik aus dem Lautsprecher kann unter Umständen die Freude an der Fitneß genauso verderben wie ein lautes, allzu zahlreiches Publikum.

Sanitäre Einrichtungen: Besondere Aufmerksamkeit sollte man auch den sanitären Einrichtungen widmen. Fitneßtraining hört nicht mit der letzten Übung am Trainingsgerät auf. Die anschließende Entspannung und Körperpflege gehören mit dazu. Ungepflegte Duschen, aus denen womöglich nur ein kaltes Rinnsal plätschert, sind mehr als ein Ärgernis, sie beeinträchtigen auch den Fitneßeffekt.

Versicherung und Haftung: Lassen Sie sich genau über den Versicherungsschutz und die Haftung bei Unfällen im Fitneß-Center aufklären.

Vertragsabschluß: Haben Sie ein Fitneßstudio gefunden, daß Ihnen zusagt, dann verpflichten Sie sich nur für einen möglichst kurzen Zeitraum. Allzu oft läßt der Eifer schon nach einigen Wochen oder Monaten nach. Achten Sie in diesem Zusammenhang auch auf das Kleingedruckte des Trainingsvertrages. Fast alle Center haben hier eine Klausel über eine automatische Vertragsverlängerung bei nicht rechtzeitig erfolgter Kündigung. Sofern Sie diese Klausel nicht aus dem Vertrag streichen, sollten Sie sich den genauen Kündigungstermin im Kalender vormerken.

Gehen, Walking und Wandern

Gehen – wozu?

Ausdauer: Weniger anstrengend als Joggen (siehe Seite 150) oder Schwimmen (siehe Seite 170), aber dennoch von hohem Fitneßwert ist das Gehen. Wohlgemerkt das Gehen, nicht das gemütliche Bummeln und Schlendern mit kleinen Päuschen vor Schaufensterscheiben. Zügiges Gehen, bei dem man in etwa eine Geschwindigkeit von fünf Kilometern in der Stunde erreicht, gehört zu den wichtigen Ausdauersportarten. Es kräftigt die Blutgefäße, verbessert die Lungenfunktion und stärkt die Beinmuskulatur.

Gehen in ebenem Gelände zeitigt zwar bei gleichem Zeitaufwand nicht den Trainingserfolg wie Joggen, dafür ist es aber gelenkschonender. Die Anstrengung beim Gehen steigt zum einen mit der Gehgeschwindigkeit, zum anderen mit den unterschiedlichen Anforderungen, die das Gelände an den Gehenden stellt. Höhenunterschiede, die überwunden werden müssen, und auch der Bodenbelag (Sand, Waldboden, Feldweg oder Schotterebenen) beanspruchen die Kräfte in unterschiedlicher Stärke.

Walking, Power- und Race-Walking: Der immer mehr in Mode kommende Begriff *Walking* ist nichts anderes als die englische Übersetzung des deutschen *Gehen*. Unter *Power-Walking* versteht man das besonders kraftvolle und zügige Gehen. *Race-Walking* (zu deutsch auch *Gehen*) hingegen ist eine Disziplin der Leichtathletik, bei der stets Bodenkontakt bestehen muß – daher auch der an einen Entengang anmutende Bewegungsablauf der Wettkampf-Geher.

Wandern: Ein Wanderer legt im Unterschied zum Geher/zügigen Spaziergänger meist weitere Strecken in der freien Natur zurück. Darüber hinaus kann der Wanderer seine Wegstrecke auf unterschiedliche Art zurücklegen: zu Fuß, mit dem Rad (siehe Seite 167) oder mit den Skiern (siehe Seite 171). Eine der anstrengendsten Gehformen ist das Bergwandern, bei dem oft große Steigungen in unwegsamem Gelände überwunden werden müssen.

FITNESSWERT: Gehen

* Ausdauersportart.
* Trainiert Herz, Kreislauf und Lungen.
* Fördert die Beweglichkeit.
* Stärkt die Beinmuskulatur.
* Vermittelt Naturerlebnisse.

Ausrüstung

Schuhe: Neben der wetterfesten, atmungsaktiven Oberbekleidung muß besonders auf das richtige Schuhwerk geachtet werden. Für das Gehen in unwegsamem Gelände und in den Bergen sind feste Wanderschuhe oder Bergstiefel nötig, die man nur im Fachgeschäft unter fachkundiger Beratung kaufen sollte. Auch für das Gehen im Flachland reichen normale Straßenschuhe nicht aus. Zwar werden beim Gehen die Gelenke nicht so stark belastet wie beim Laufen, dafür müssen aber die Füße – vornehmlich die Fußsohlen – den Aufprall des Körpergewichts viel öfter abfangen. Beim Gehen werden die Füße durchschnittlich ein Drittel öfter aufgesetzt als beim Laufen. Damit die Füße dieser Belastung standhalten, sollten Wanderschuhe die Eigenschaften mitbringen, die Sie in der Abbildung 78 veranschaulicht sehen.

Abbildung 78

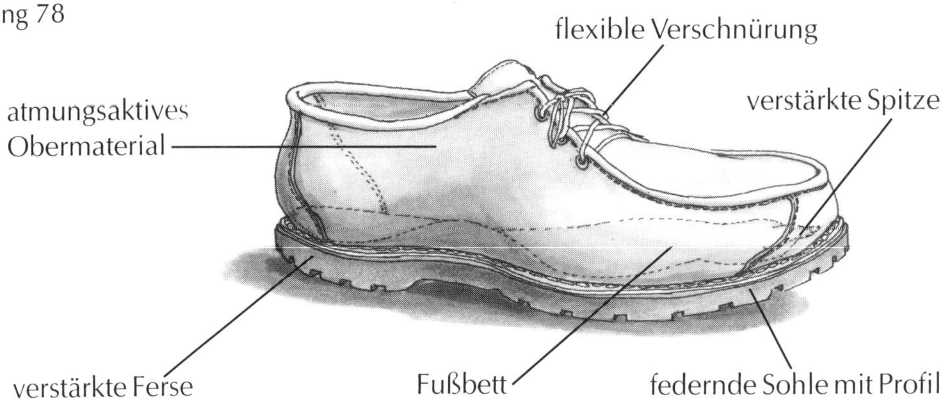

Die Technik

Arme und Haltung: Wichtig beim Gehen sind die aufrechte Körperhaltung und der aktive Armeinsatz, bei dem jeder Schritt mit einer kräftigen Bewegung der angewinkelten Arme begleitet wird.

Tempo: Beim normalen Ausdauer-Gehen bewegt man sich in regelmäßigem Tempo und legt etwa fünf Kilometer in der Stunde zurück. Beim Intervall-Gehen werden zwischendurch Tempiwechsel eingestreut, zum Beispiel geht man einen Kilometer schnell, anschließend einen Kilometer langsam.

Isometrik

Isometrik – wozu?

Wortbedeutung: Der Begriff *Isometrik* stammt aus dem Griechischen. Die Worte *isos = gleich* und *metron = Maß* drücken aus, daß beim isometrischen Training die Länge der Muskelfasern gleich bleibt und nur die Spannung des Muskels verändert wird. Die Isometrik unterscheidet sich dadurch von *isotonischen* Trainingsformen, bei denen die Länge der Muskelfasern verändert wird, die Spannung des Muskels jedoch gleich bleibt (griechisch *tonos = Spannung*).

Müheloses Muskeltraining: Eines der ersten Bücher, das auf dem deutschen Markt über Isometrik erschien, trug den Titel *Müheloses Muskeltraining*. Wörtlich übersetzt war damit der Begriff *Isometrik* zwar nicht, gleichwohl ist der Titel treffend. Denn das sensationell Neue am isometrischen Training war, daß keine spektakulären Muskelanstrengungen und keine offensichtlichen Kraftakte vollführt werden müssen. Was die Isometrik versprach, war Fitneß ohne Schweißperlen.

Ergänzung, nicht Ersatz: In der Tat fördert die Isometrik die Sauerstoffversorgung der Muskeln und führt zu einer Straffung und Kräftigung der Muskulatur. Wichtige Teile der körperlichen Fitneß bleiben jedoch von der Isometrik unberührt. Ausdauer, Beweglichkeit und Koordinationsfähigkeit werden nicht trainiert, weshalb isometrisches Training niemals die Gymnastik für den ganzen Körper oder ausgesprochene Ausdauersportarten wie Joggen, Radfahren oder Schwimmen ersetzen kann.

Einsatz: Ein vollwertiger Ersatz für andere Fitneßmethoden ist die Isometrik also nicht, aber eine hervorragende Ergänzung! Besonders geeignet sind isometrische Übungen für das Fitneßtraining zwischendurch – wenn nicht viel Platz und auch nicht genügend Zeit für aufwendige Aktionen vorhanden ist, zum Beispiel in der Arbeitspause oder auf Reisen. Für manche Kranke und Genesende, ältere und behinderte Menschen kann die Isometrik sogar das einzig machbare Muskeltraining darstellen.

FITNESSWERT: Isometrik

* Baut Muskelkraft auf.
* Verbessert die Sauerstoffversorgung der Muskeln.
* Hervorragende Ergänzung zu anderen Trainingsformen.
* Besonders geeignet für Rehabilitationsmaßnahmen und für Senioren.
* Braucht wenig Zeit und ist überall durchführbar.

Übungen

Bei der Ausführung der nachfolgenden Übungen sollten Sie stets auf eine regelmäßige Atmung achten. Während Sie die Muskeln anspannen, dürfen Sie die Luft nicht anhalten, auch wenn Sie instinktiv versucht sind, dies zu tun. Wiederholen Sie jede Übung ungefähr zehnmal. Wer an Herz-Kreislauf-Erkrankungen leidet, der sollte mit isometrischen Übungen vorsichtig sein, da das intensive Anspannen der Muskeln zu einer kurzfristigen Erhöhung des Blutdrucks führen kann.

Im Auto (Abbildung 79): Fassen Sie das Lenkrad fest mit beiden Händen. Drücken Sie mit aller Kraft die Hände nach innen, so als ob Sie das Lenkrad zusammendrücken wollten. Fünf Sekunden pressen und dabei weiteratmen. Arme ausschütteln. Nun die Arme nach außen ziehen, so als wollten Sie das Lenkrad in der Mitte auseinanderreißen. Fünf Sekunden lang ziehen. Arme ausschütteln.

Abbildung 79

Auf Reisen und im Büro (Abbildung 80): Setzen Sie sich entspannt und aufrecht hin. Ziehen Sie fünf Sekunden lang die Bauchdecke ein, und atmen Sie dabei ruhig weiter. Lockern und einige Sekunden entspannen. Erneut einziehen. Diese unsichtbare Übung trainiert die Bauchmuskulatur und wirkt auch einer Verstopfung durch langes Sitzen entgegen.

Abbildung 80

Zuhause und im Büro: Lehnen Sie sich in einem Stuhl oder Sessel weit zurück, und falten Sie die Hände über dem Kopf. Die Arme so weit wie möglich nach hinten strecken und gleichzeitig die Hände gegen den Widerstand der gefalteten Finger auseinanderziehen. Fünf Sekunden ziehen und dabei ruhig atmen. Entspannen (Abbildung 81).

Legen Sie die Unterarme parallel auf den Tisch. Drükken Sie sie fünf Sekunden lang mit aller Kraft gegen die Tischplatte. Die Arme ausschütteln (Abbildung 82).

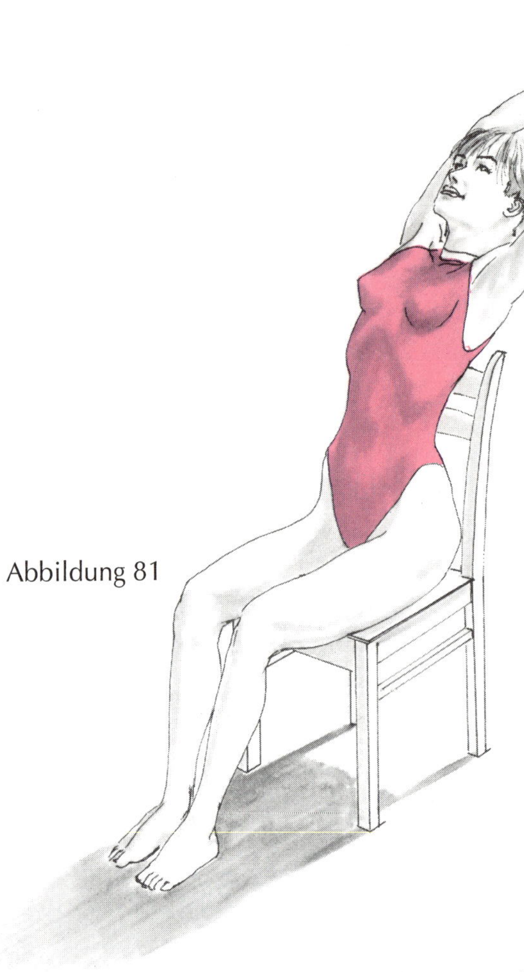

Abbildung 81

Abbildung 82

Auf dem Bett: Legen Sie sich ausgestreckt auf den Bauch. Die Arme ruhen neben dem Körper. Die ganzen Arme (von den Schultern bis zu den Händen) drücken mit aller Kraft fünf Sekunden lang gegen die Bettdecke. Anschließend kurz entspannen (Abbildung 83).

Richten Sie den Oberkörper etwas auf, und stützen Sie sich mit den Ellbogen genau unter den Schultern ab. Drücken Sie nun mit den Schultern das Körpergewicht fünf Sekunden lang gegen die Bettdecke. Anschließend entspannen (Abbildung 84).

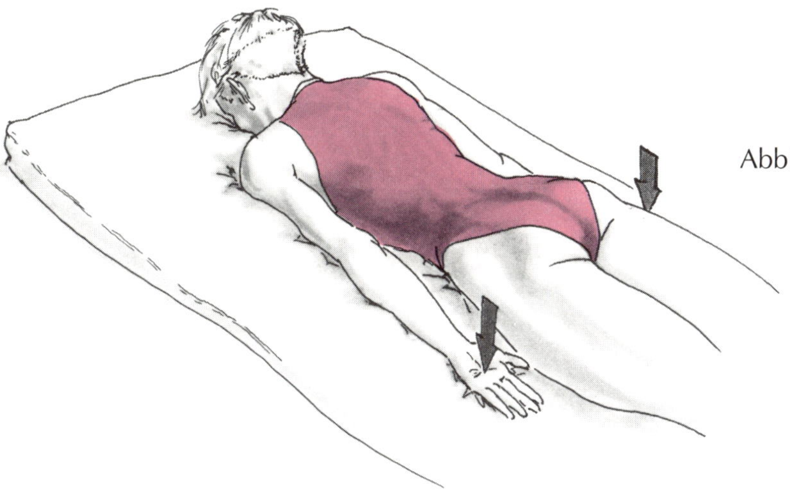

Abbildung 83

Abbildung 84

Im Türrahmen: Stellen Sie sich mit geradem Rücken in einen Türrahmen, und stützen Sie sich seitlich in Schulterhöhe mit den Händen ab. Fünf Sekunden lang mit aller Kraft gegen den Rahmen drücken. Anschließend entspannen (Abbildung 85).

Mit der rechten Schulter an den Türrahmen lehnen und mit dem linken Arm über dem Kopf abstützen. Die linke Hand drückt fünf Sekunden lang gegen den Rahmen. Entspannen und mit dem rechten Arm wiederholen (Abbildung 86).

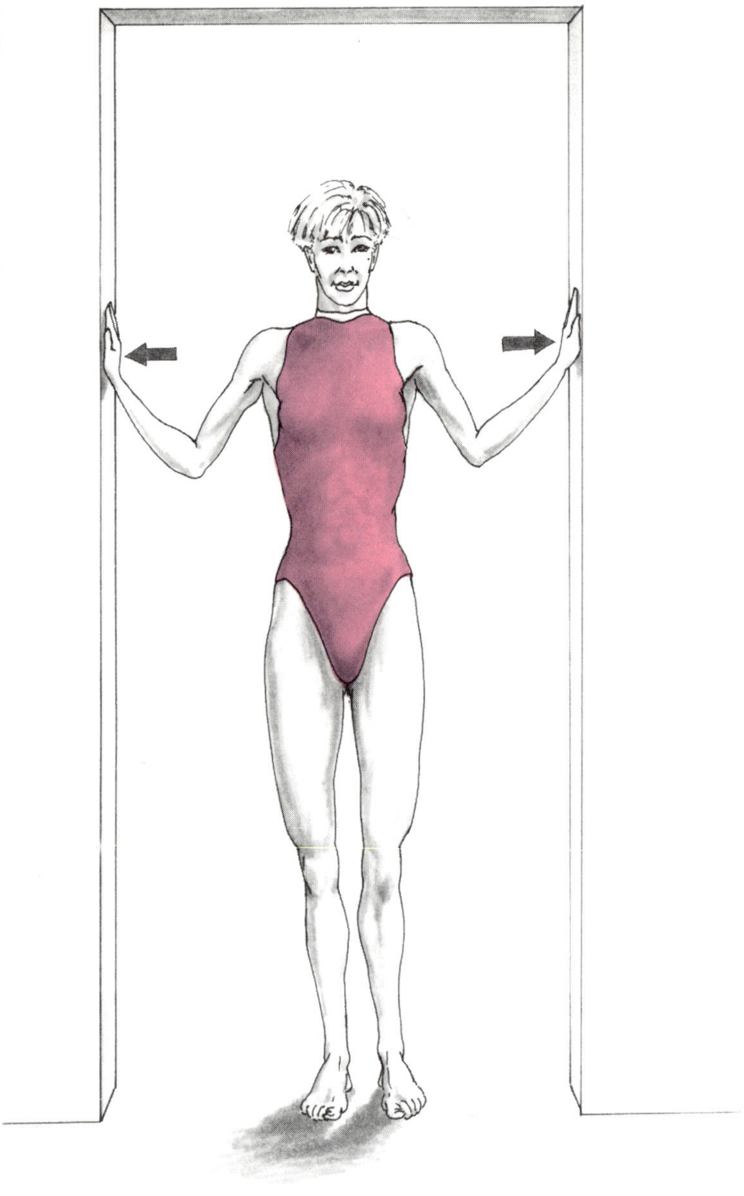

Abbildung 85

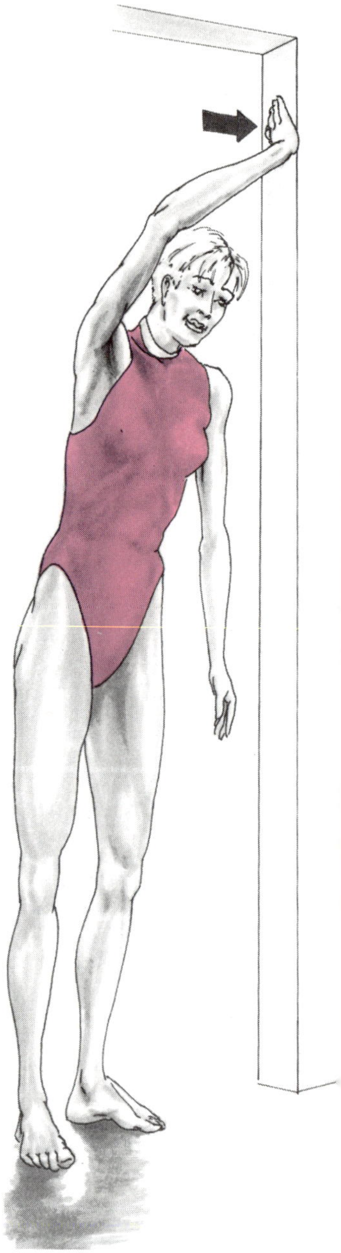

Abbildung 86

Im Badezimmer: Legen Sie ein Handtuch auf den Boden, und steigen Sie in der Mitte mit beiden Füßen darauf. Beugen Sie sich mit gestreckten Knien nach unten, und umfassen Sie die überstehenden Enden mit beiden Händen. Ziehen Sie fünf Sekunden lang das Handtuch nach oben (Abbildung 87).

Richten Sie sich wieder auf und strecken Sie die Hände vor dem Körper aus. Eine Hand hält das obere Ende, die andere umfaßt das untere Ende des Handtuchs. Fünf Sekunden lang so tun, als wollten Sie das Tuch in die Länge ziehen. Die Arme ausschütteln (Abbildung 88).

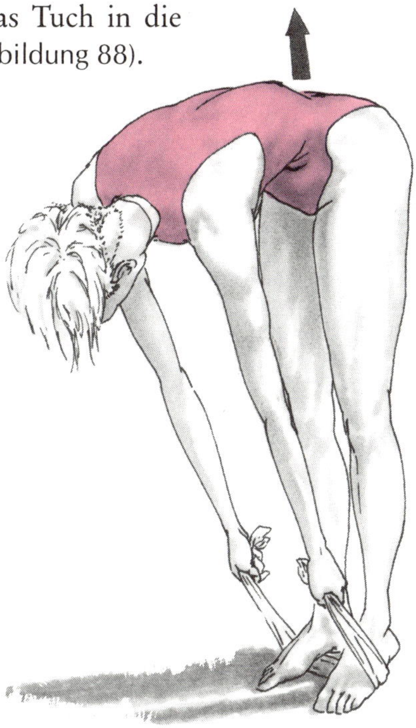

Abbildung 87

Abbildung 88

Jogging

Jogging – wozu?

Joggingboom: Wie viele Ausprägungen des Fitneßbewußtseins der letzten Jahre kam auch das Jogging aus Amerika zu uns. Seit Mitte der 70er Jahre entwickelte sich das Jogging, wörtlich übersetzt: *das Trotten,* zu einer Art Lebensphilosophie der jungen, dynamischen und leistungsorientierten Großstädter. Mittlerweile ist der Joggingboom wieder etwas gebremst worden, aber nicht etwa, weil neue medizinische oder sportwissenschaftliche Erkenntnisse seinen Fitneß- und Gesundheitswert grundlegend in Frage gestellt hätten. Vielmehr führten falsche Lauftechniken, unsachgemäße Ausrüstung und übertriebene, nicht sinnvoll aufgebaute Trainingseinheiten zu (von den Sportlern selbstverschuldeten) Gelenkverletzungen und Gesundheitsschäden.

Gesundheit: Jogging ist, vernünftig betrieben, ein optimaler Fitneßsport. Als Ausdauersportart ist es ausgezeichnet dafür geeignet, Zivilisationskrankheiten wie Herz-Kreislauf-Beschwerden und Stoffwechselstörungen vorzubeugen, weshalb sich Jogging mit Recht seinen Ruf als der Gesundheitssport schlechthin verdient hat. Wer allerdings Probleme mit seinen Knochen und Gelenken hat, der sollte sich ausführlich von einem Arzt beraten lassen.

FITNESSWERT: Jogging

* Hervorragendes Ausdauertraining.
* Kräftigt Herz und Kreislauf.
* Stärkt die Lungenfunktion und den Stoffwechsel.

Ausrüstung

Neben einer witterungsgerechten, atmungsaktiven Sportbekleidung spielen vor allem gute Joggingschuhe eine große Rolle. Sie müssen dem Fuß einen festen Halt geben und durch eine gute Sohle den Aufprall während des Laufens dämpfen, denn am meisten werden während des Laufens die Gelenke strapaziert: Bei jedem Laufschritt prallt das Dreifache des Körpergewichts auf die Fußgelenke und -sohlen. Nur durch gutes Schuhwerk läßt sich diese Belastung einschränken.

Technik

Haltung (Abbildung 89): Achten Sie auf eine aufrechte Körper- und Kopfhaltung. Vermeiden Sie in jedem Fall ein Hohlkreuz, das die Belastung der Wirbelsäule, vor allem der Bandscheiben erhöht.

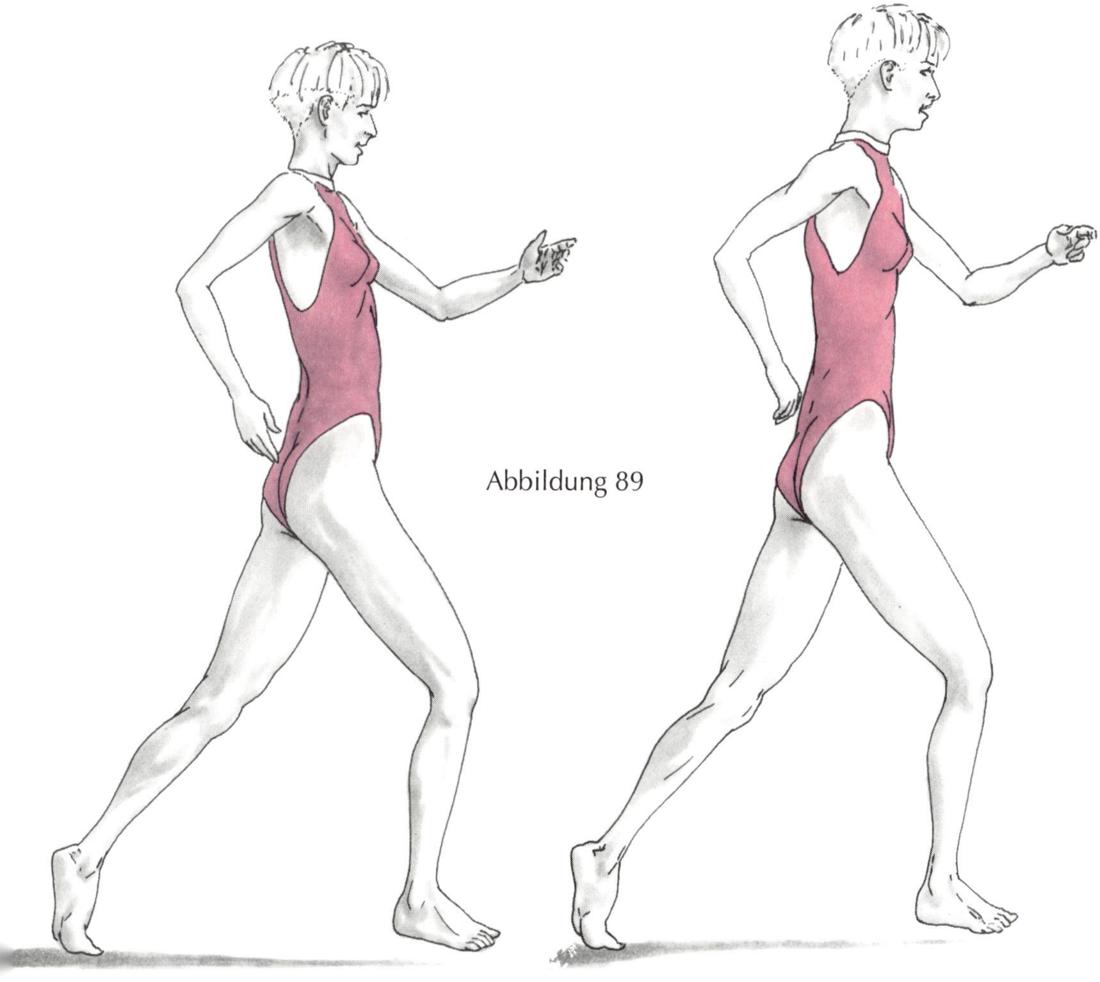

Abbildung 89

Falsch **Richtig**

Lauftechnik (Abbildungen 90 und 91): Setzen Sie zuerst die Außenkante der Ferse auf, dann den ganzen Fuß abrollen und mit der Fußspitze abstoßen. Unterstützen Sie die Laufbewegung durch einen aktiven Einsatz der Arme, wobei die Unterarme in einem Winkel von 90 Grad angezogen sind.

Abbildung 90

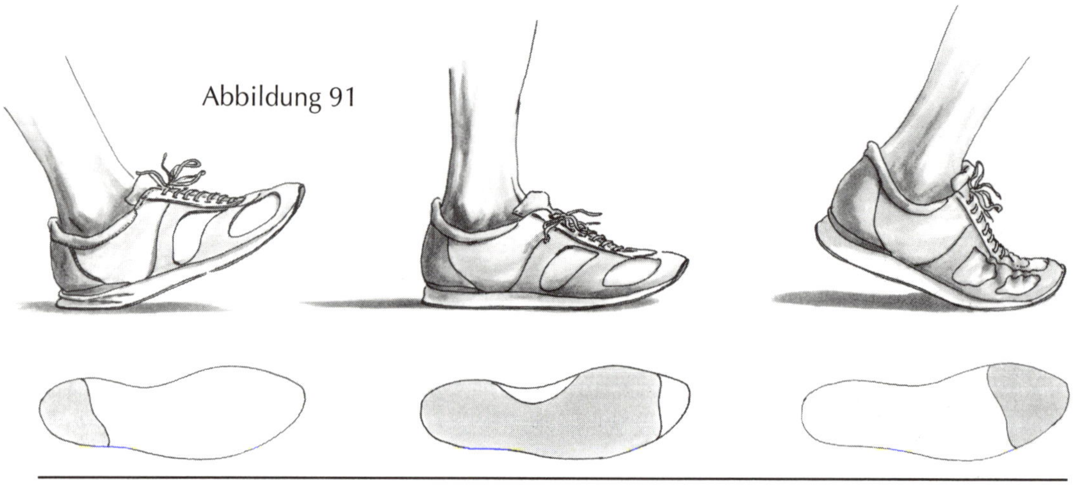

Abbildung 91

Atmung: Der Rhythmus des Atmens muß individuell gefunden werden. In jedem Fall aber sollten Sie durch die Nase einatmen und kräftig durch den Mund wieder ausatmen.

Trainingsaufbau

Anfänger: Anfänger sollten ihr Joggingprogramm langsam aufbauen. (Nie vergessen: Nicht sofort mit dem Laufen beginnen, sondern vor dem Joggen die Muskeln erwärmen. Nur so kann Verletzungen vorgebeugt werden.) Zuerst ein bis zwei Wochen nur zügig gehen und zwischendurch kurze Trabphasen einlegen. Im Laufe der nächsten Tage und Wochen immer mehr traben, bis sich ein Rhythmus von drei Minuten Joggen, drei Minuten Gehen eingependelt hat. Dann steigern Sie allmählich die Joggingphasen, bis Sie Ihr individuelles Maß gefunden haben.

Lauftempo: Das Lauftempo beim Jogging ist mäßig. Wichtig ist nicht die Schnelligkeit, sondern das lockere und entspannte Laufen. Dr. Kenneth H. Cooper (siehe Seite 309) definiert den Unterschied zwischen Jogging und Laufen so: „Wer 1,5 km schneller als 9 Minuten läuft, den definiere ich als Läufer, und wer dafür mehr als 9 Minuten braucht, ist für mich ein Jogger."

Belastung: Das Ziel des Joggings ist es, den Pulsschlag auf einen Wert von 70 Prozent des Maximalpulses zu bringen (siehe Seite 97).

Laufstrecke: Empfehlenswert ist es, sich eine „Hausstrecke" zu suchen, die mindestens 1,5 Kilometer lang ist und natürlich möglichst durch Wald und Flur führen sollte. Zum einen ist so eine optimale Frischluftversorgung gewährleistet, zum anderen schonen weiche Wiesen- oder Waldwege die Gelenke. Wer nur eine asphaltierte Joggingstrecke neben einer vielbefahrenen Straße ausfindig machen kann, der tut besser daran, zuhause zu bleiben.

Krafttraining

Krafttraining – wozu?

Aufbau von Muskelkraft: Krafttraining wird gemeinhin gleichgesetzt mit Leistungssport und starken Männern mit großen Muskeln, die im Schweiße ihres Angesichts schwere Gewichte hieven. Aber das Ziel des Krafttrainings ist es keineswegs, nur Nacheiferer von Miss und Mister Universum auszubilden. Die Kraft ist eine der fünf Grundpfeiler der körperlichen Fitneß, sie gehört ebenso zu einem umfassenden, ganzheitlichen Fitneßbegriff wie die Ausdauer, Beweglichkeit, Koordinationsfähigkeit und Entspannung. Ohne Muskelkraft kann keine Bewegung ausgeführt werden – nicht einmal das Augenlid kann gehoben werden, um ein extremes Beispiel zu wählen. Für welche Bewegungsart man sich auch immer entscheidet, man muß dafür Sorge tragen, daß der Körper die nötige Kraft dafür zur Verfügung hat und daß diese Kraft auch möglichst effektiv zum Einsatz kommt.

Gesundheitsvorsorge: Eine kräftige Muskulatur hat viele gesundheitliche Vorteile: Sie hat nicht nur einen positiven Einfluß auf das Körperbewußtsein, sondern schützt den gesamten Bewegungsapparat vor schädlichen Einflüssen. Vor allem degenerativen Erkrankungen (Verschleißerscheinungen der Wirbelsäule, Haltungsschäden, Bänder- und Sehnenzerrungen) kann durch eine kräftige Muskulatur vorgebeugt werden. Nichts schützt die Gelenke besser als eine intakte, leistungsfähige Muskulatur.

FITNESSWERT: Krafttraining

* Baut Muskeln auf.
* Kräftigt den Bewegungsapparat.
* Fördert das Körperbewußtsein.
* Baut Verschleißerscheinungen und Haltungsschäden vor.

Frauen und Krafttraining: Die Angst vieler Frauen, durch Krafttraining Muskelpakete zu bekommen, ist fehl am Platze. Der Grund liegt in der unterschiedlichen Wirkungsweise der Geschlechtshormone Testosteron und

Östrogen. Während das männliche Testosteron den Muskelaufbau fördert, wirkt das weibliche Östrogen eher als bremsendes Element. Selbst bei großen und kontinuierlichen Trainingsanstrengungen wird es Frauen (ohne zusätzliche „Kraftnahrung") schwerlich gelingen, extreme Muskelpakete anzusetzen. Dafür strafft sich aber das Gewebe, die Muskulatur wird gestärkt, und der ganze Körper wirkt kompakter und fester.

Richtiges Krafttraining

Übungen mit eigenem und fremdem Gewicht: Krafttraining ist immer damit verbunden, eine Masse gegen einen Widerstand zu bewegen. Dieser Widerstand kann nun darin bestehen, das eigene Körpergewicht zu bewegen (zum Beispiel durch Klimmzüge oder Liegestützen) oder den Widerstand von Geräten zu überwinden (zum Beispiel Gewichte zu heben oder den elastischen Widerstand von Expandern oder anderen Zuggeräten zu überwinden). Eigengewichtsübungen haben zwar den Vorteil, daß sie keine Anschaffung von Trainingsgeräten erfordern, dafür ist ihre Ausführung für Untrainierte und Anfänger meist mit großen Schwierigkeiten verbunden.

Die Gewichte: Die ideale Belastung ist erreicht, wenn die Gewichte bei den Übungen eine Wiederholungszahl von ungefähr acht bis 15 erlauben. Kann man die Gewichte öfter als 20mal bewegen, so ist die Belastung zu gering, kann man sie aber weniger als fünfmal bewegen, so ist die Belastung zu groß.

Technik: Ob mit Gewichten oder ohne: Vermeiden Sie in jedem Fall zu große Belastungen und ruckartige, schnellende Bewegungen, denn Muskelfaserrisse, Zerrungen und Gelenkerkrankungen könnten die Folge sein. Ebenso wichtig ist es, sich vor dem Krafttraining durch gymnastische Übungen aufzuwärmen und die Übungen langsam aufzubauen.

Übungswiederholungen: Die Anzahl der Übungen sollten Sie nur in kleinen Schritten erhöhen. Beginnen Sie die Übungen mit fünf Wiederholungen, und steigern Sie sich langsam, bis Sie bei zirka 15 Wiederholungen angelangt sind.

Trainingsintervalle: Wie oft trainieren? Zu große Trainingsintervalle beeinträchtigen den Trainingserfolg genauso wie zu kurze Erholungspausen. Als sinnvolles Pensum hat es sich erwiesen, im Abstand von zwei bis drei Tagen zu trainieren.

Übungen

Brustübung: (Abbildung 92): Legen Sie sich mit dem Rükken auf eine lange Bank, und nehmen Sie in jede Hand eine Kurzhantel. Beide Arme gleichzeitig zur Seite senken und wieder heben (bis die Arme etwa einen Winkel von 90 Grad mit dem Boden bilden).

Abbildung 92

Kniebeuge (Abbildung 93): Die Kniebeuge ist eine grundlegende Kraftübung, die sehr viele verschiedene Muskeln gleichzeitig beansprucht. Eine Langhantel wird quer über die Schultern gelegt. Im Stehen einatmen und die Luft anhalten. Langsam in die Hocke gehen, dabei den Rücken vollkommen gerade halten. Ohne abzufedern die Beine wieder langsam durchstrecken. In der Aufwärtsbewegung kräftig durch den Mund ausatmen.

Abbildung 93

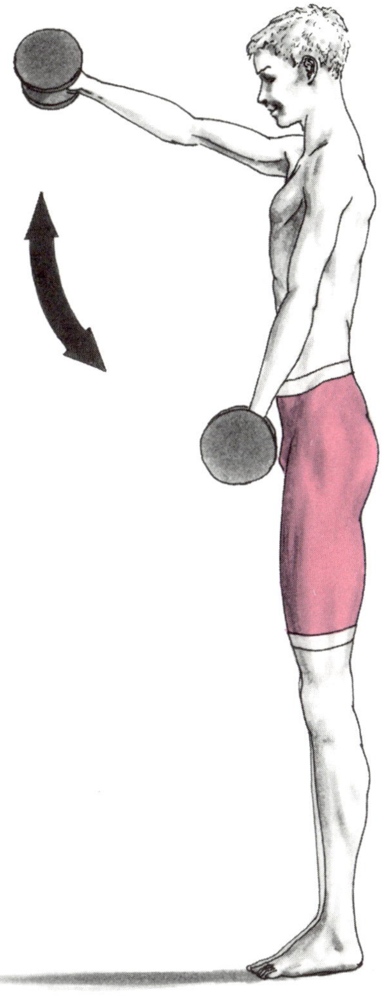

Abbildung 94

Schulterübung (Abbildung 94): Aufrecht stehen und in jede Hand eine Kurzhantel nehmen. Zuerst den linken Arm nach oben bewegen und wieder senken, dann den rechten Arm auf- und abbewegen.

Gesäßübung (Abbildung 95): Den Körper mit den Armen leicht nach vorne beugen und an einem Stuhl oder einer Tischkante abstützen. An beiden Beinen eine Gewichtsmanschette (oder Gewichtsschuhe) anlegen. Abwechselnd ein Bein langsam – ohne Schwung! – bis in die Waagrechte anheben und ebenso langsam wieder senken.

Abbildung 95

Oberschenkelübung (Abbildung 96): An beiden Füßen Gewichtsmanschetten oder -schuhe befestigen. Auf den Rücken legen, die Arme seitlich ausbreiten. Die Beine vom Boden abheben und im rechten Winkel vom Boden halten. Beide Beine gleichzeitig langsam zur Seite bewegen und wieder zusammenführen.

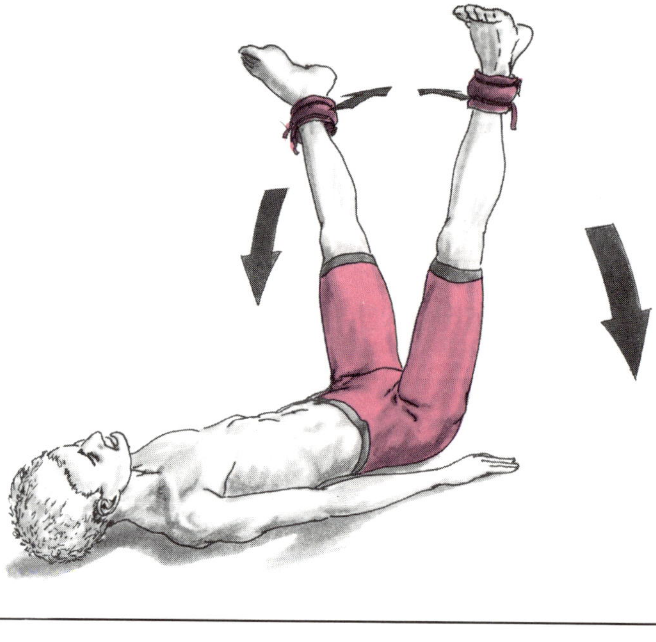

Abbildung 96

Liegestütze: Die Liegestütze ist, wie alle Eigengewichtsübungen, für den Untrainierten ein harter Prüfstein. Wer auf Anhieb keine richtige Liegestütze schafft, der kann sich für den Anfang mit den Knien abstützen und erst einmal versuchen, nur das Gewicht des Oberkörpers mit seiner Armkraft hochzustemmen (Abbildung 97 a). Für die richtige Liegestütze bleibt der ganze Körper völlig gerade, er ruht lediglich auf den Zehenspitzen und den Handflächen. Die Handflächen liegen direkt unter den Schultern (Abbildung 97 b).

Abbildung 97 a

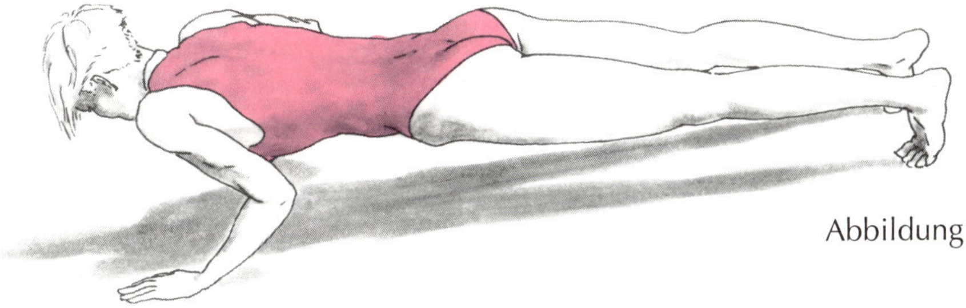

Abbildung 97 b

Klimmzug (Abbildung 98): Auch Klimmzüge sind für Untrainierte mit großen Anstrengungen verbunden. Beginnen Sie also langsam und ohne sich zu überfordern. Beim Hochziehen wird ausgeatmet, beim Herunterlassen eingeatmet. Bei einem korrekt ausgeführten Klimmzug muß der Körper so weit gesenkt werden, daß die Arme völlig gestreckt sind, und so weit angehoben werden, daß das Kinn gerade über die Stange schaut. Die Beine dürfen den Boden nicht berühren.

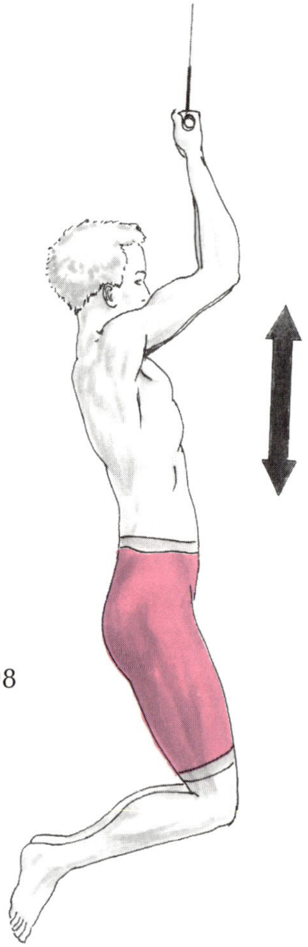

Abbildung 98

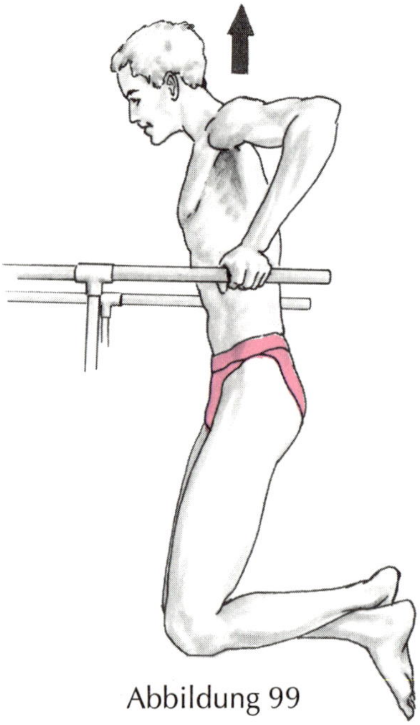

Abbildung 99

Barrenstütze (Abbildung 99): Zwischen zwei standfesten Möbelstücken (eigentlich zwischen den Holmen eines Barrens) mit den Armen aufstützen, die Beine leicht anwinkeln. Den Körper langsam herunterlassen und wieder hochstemmen. Die Füße berühren dabei nicht den Boden. Beim Herunterlassen einatmen, beim Hochstemmen ausatmen.

Abfahrtshocke (Abbildung 100): Gehen Sie anfangs nur leicht in die Hocke und versuchen Sie in dieser Stellung so lange wie möglich unbeweglich zu verharren. Im weiteren Trainingsverlauf immer etwas tiefer in die Hocke gehen.

Abbildung 100

Klappmesser (Abbildung 101): Legen Sie sich ausgestreckt auf den Rücken. Mit aller Kraft gleichzeitig den Oberkörper und die Beine vom Boden abheben und mit den Fingerspitzen die Zehen berühren. Langsam wieder Beine und Oberkörper zu Boden sinken lassen.

Abbildung 101

Partner- und Familiengymnastik

Gemeinsame Gymnastik – wozu?

Gemeinsam geht so manches besser – auch die Fitneßgymnastik. Ob zusammen mit dem Partner oder mit Kindern, das gemeinsame Üben bringt Abwechslung in das Fitneßprogramm. Kinder lernen durch das Turnen mit den Eltern von klein auf, daß Fitneß nicht nur gesund ist, sondern auch Spaß macht. Wie alle Gymnastikübungen halten auch die folgenden Übungen die Gelenke beweglich und beugen Haltungsschäden vor (für Schulkinder besonders wichtig!).

FITNESSWERT: Partner- und Familiengymnastik

* Hält beweglich und beugt Haltungsschäden vor.
* Macht Spaß und bringt Abwechslung.
* Wichtig für die Fitneßerziehung von Kindern.

Übungen

Hochsprung (Abbildung 102): Der Vater oder die Mutter strecken abwechselnd einen Arm gerade aus. Das Kind sitzt auf dem Boden und versucht, so hoch zu springen, daß es die Hand der Eltern berühren kann. Die Übung langsam steigern, indem man die Hand immer höher hält.

Sich fallen lassen (Abbildung 103): Beide Eltern setzen sich in geringem Abstand zueinander auf den Boden. Das Kind steht in der Mitte und macht sich ganz steif wie ein Brett. Nun läßt es sich abwechselnd in die Arme des Vaters und der Mutter fallen, die es jeweils wieder sanft in die Mitte zurückschubsen. Am Anfang soll der Abstand zwischen den Eltern möglichst gering sein, damit das Kind das Vertrauen entwickelt, sich fallen lassen zu können.

Schubkarrenfahren vorwärts (Abbildung 104): Ein Klassiker unter den Gymnastikspielen. Ein Partner liegt auf dem Boden und stützt sich mit den Händen ab, der andere umfaßt seine Fesseln und schiebt ihn vorwärts.

Abbildung 102

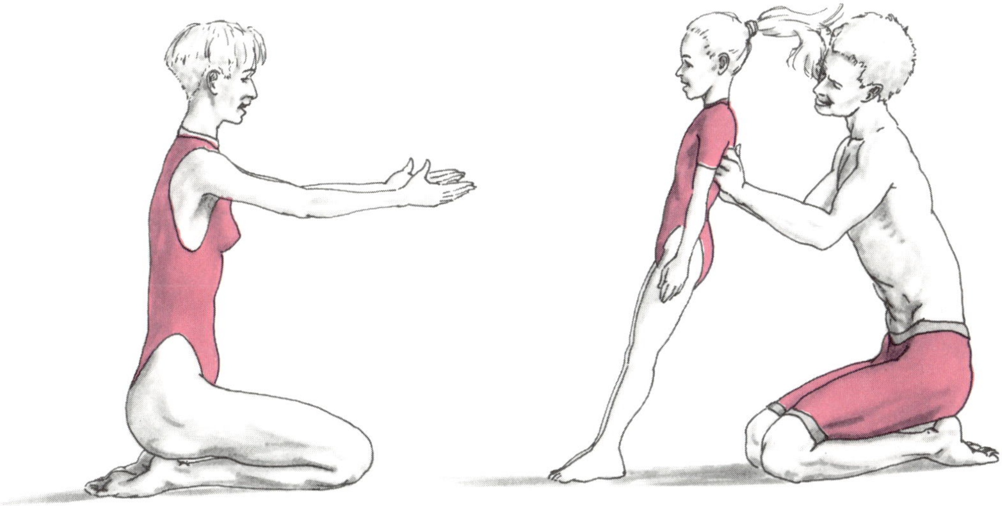

Abbildung 103

Abbildung 106

Schubkarrenfahren rückwärts (Abbildung 105): Man kann nicht nur vorwärts, sondern auch rückwärts fahren – das erfordert aber für den „Schubkarren" größere Kraft und Koordination, weshalb nur behutsam angeschoben werden darf.

Rückenstärkung (Abbildung 106): Rücken an Rücken auf den Boden setzen und mit den Ellbogen einhaken. Ein Partner krümmt den Rücken und zieht dadurch den anderen Partner so weit wie möglich auf seinen Rücken. Langsam wieder in die Ausgangslage zurückkehren. Nun zieht der andere seinen Partner auf seine Seite.

Abbildung 104

Abbildung 107

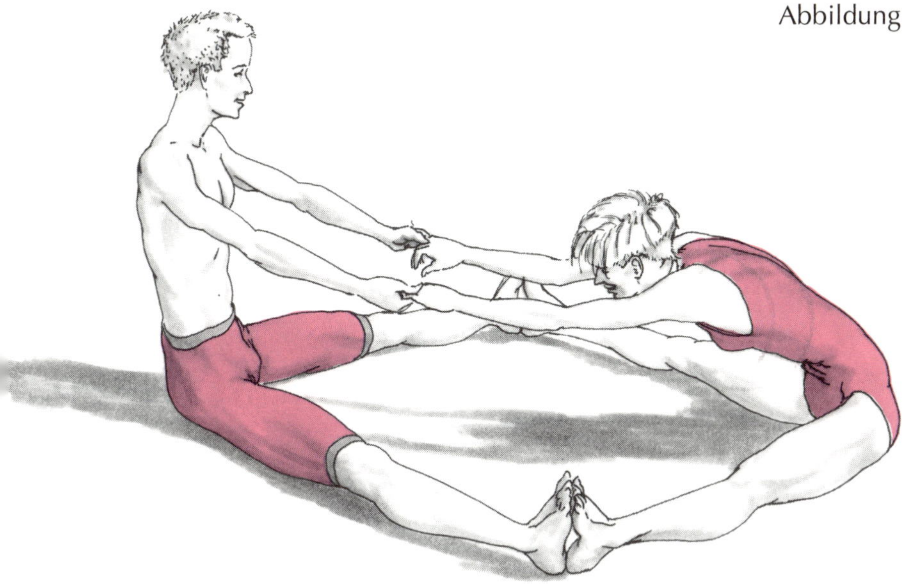

Abbildung 105

Brunnenschöpfen (Abbildung 107): Setzen Sie sich mit weit geöffneten Beinen so auf den Boden, daß sich die Fußsohlen berühren. Fassen Sie sich bei den Händen, und versuchen Sie nun abwechselnd, den anderen zu sich herzuziehen.

Sprinten (Abbildung 108): Ein Partner umfaßt den anderen bei den Hüften. Der versucht mit aller Kraft davonzulaufen – wird aber vom Partner daran gehindert. Bei diesem „verhinderten Spurt" auf der Stelle darf auf keinen Fall unvermittelt losgelassen werden.

Weitere Partnerübungen finden Sie im Kapitel *Stretching* und *Tanzen* auf Seite 176 und 183.

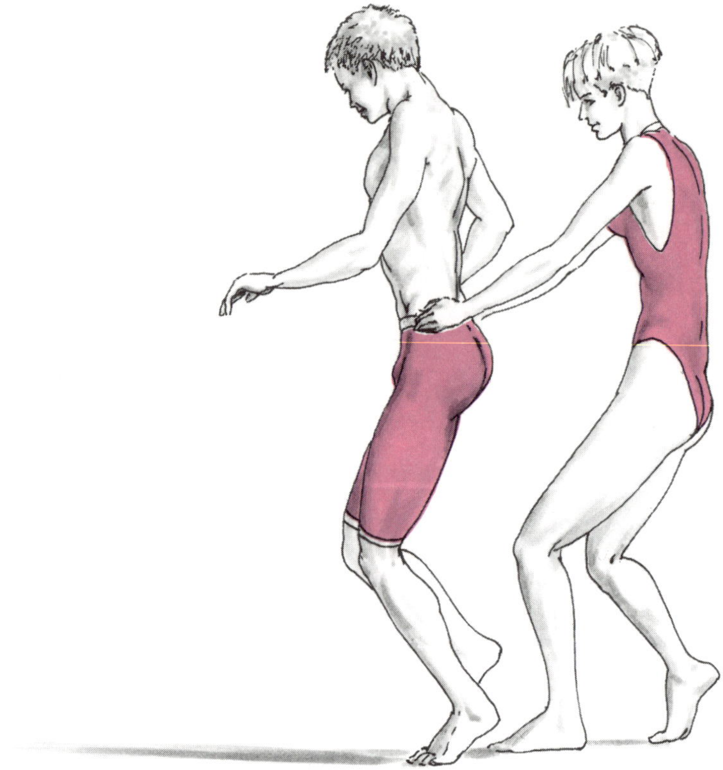

Abbildung 108

Radfahren

Radfahren – wozu?

Schonender Ausdauersport: Das Radfahren zählt zu den schonendsten Ausdauer- und Kraftsportarten. Wer Probleme mit den Gelenken hat, an Übergewicht leidet oder aus anderen gesundheitlichen Gründen eine möglichst schonende Sportart sucht, der ist mit Radfahren gut beraten. Da das gesamte Gewicht auf dem Sattel lastet und die harmonische Rundbewegung des Tretens jede ruckartige Belastung vermeidet, werden die Gelenke zwar beansprucht, aber gleichzeitig auch entlastet. Dieser wichtige Fitneßwert des Radfahrens ist unabhängig von der Geschwindigkeit, die erreicht wird. Wer eine optimale Sauerstoffversorgung und einen Trainingserfolg will, der sollte die Geschwindigkeit so wählen, daß die optimale Pulsfrequenz erreicht wird (siehe Seite 98).

Zuhause oder im Freien? Die beste Form des Radfahrens ist – wie beim Joggen auch – das Fahren auf Wegen, die durch Wald und Flur führen. Wer jedoch zuhause auf einem Heimfahrrad trainiert, der sollte sich darüber im klaren sein, daß die körperliche Anstrengung bei einem einfachen Heimfahrrad wesentlich geringer ist – man hat keinen Luftwiderstand und keine Steigungen zu überwinden, und auch das eigene Gewicht muß nicht vorwärtstransportiert werden. Abgesehen davon ist auch bei geöffneter Balkontür die Sauerstoffversorgung nicht so gut wie unter freiem Himmel.

FITNESSWERT: Radfahren

* Klassische Ausdauersportart.
* Schont die Gelenke.
* Stärkt das Herz-Kreislaufsystem.
* Verbessert die Lungenfunktion.
* Gut für den Stoffwechsel.
* Auch bestens geeignet für ältere Menschen.

Das richtige Rad

Verkehrstüchtigkeit: Eine Selbstverständlichkeit sollte die Verkehrstüchtigkeit des Rades sein, vor allem Bremsen, Licht, Rückstrahler und Katzenaugen müssen intakt sein.

Rahmenhöhe (Abbildung 109): Sie richtet sich nach der Körpergröße. Hier drei Beispiele:

Körpergröße:	160 cm	170 cm	180 cm
Ungefähre Rahmenhöhe:	50 cm	55 cm	58 cm

Lenkerhöhe (Abbildung 109): Sie muß so justiert werden, daß man entspannt und leicht nach vorne gebeugt auf dem Rad sitzt. Wer seinen Lenker zu hoch einstellt und mit geradem Rücken auf dem Rad thront, der geht auch bei dem ansonsten so gelenkschonenden Radfahren ein Risiko ein: Auf die aufrechte Wirbelsäule wird so jede Bodenunebenheit direkt übertragen – eine Stoßbelastung, die den Bandscheiben nicht guttut.

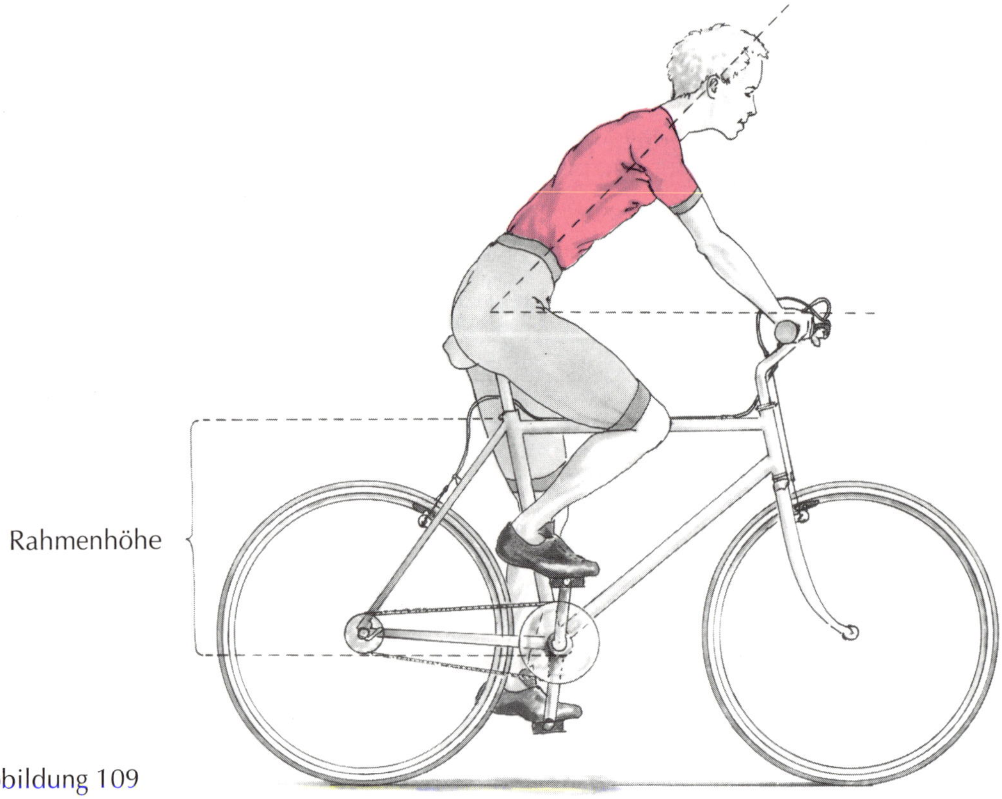

Abbildung 109

Abbildung 110

Sattelhöhe (Abbildung 110): Sie muß so eingestellt werden, daß das durchgestreckte Bein mit dem ganzen Fuß auf dem unteren Pedal steht.

Radgröße: Sie hängt von der Körpergröße und von der Muskelkraft des Radfahrers ab. 28-Zoll-Räder haben einen größeren Rollwiderstand und sind deshalb für größere, kräftige Radfahrer zu empfehlen, die kleineren 26-Zoll-Räder entsprechend für kleinere und nicht so kräftige Menschen.

Gewicht: Je leichter das Rad, desto geringer der Widerstand, der beim Treten überwunden werden muß, desto unproblematischer aber auch der Transport und das Verladen des Rades. Auch wer nicht auf Rennradtouren gehen will, sollte dies bedenken.

Rennrad, Mountain-Bike oder Tourenrad? Die leichten Rennräder sind mit ihren schmalen Reifen nur für asphaltierte Straßen zu empfehlen. Sie sind die ideale Ausrüstung für alle, die effektiven Fitneßsport mit der Betonung auf der Schnelligkeit treiben wollen. Die immer beliebter werdenden robusten Mountain-Bikes eignen sich hervorragend für Ausdauer- und Krafttouren durch Wald und Feld oder für Stadt-Radfahrer, die bedenkenlos über Randsteine und Kopfsteinpflaster rattern wollen. Tourenräder sind ein idealer Kompromiß für alle Freizeitradler. Sie eignen sich sowohl für asphaltierte Straßen als auch für Feldwege.

Klappräder: Die vor etlichen Jahren beliebten Klappräder sind zwar handlich für den Transport im Auto, für längere Fahrten sind sie jedoch nicht zu empfehlen. Die kleinen Räder erfordern eine zu hohe Tretleistung, und bei den meisten Erwachsenen führt die zu niedrige Rahmenhöhe zu einer falschen Sitzposition.

Schwimmen

Schwimmen – wozu?

Harmonisches Ausdauertraining: Schwimmen gehört zu den besten Ausdauersportarten schlechthin. Es verbessert die Lungenfunktion und ist gut für Herz und Kreislauf. Ganz nebenbei wird der Stoffwechsel aktiviert, der den Wärmeverlust im Wasser auszugleichen versucht und deshalb auf Hochtouren arbeitet. Schwimmen trainiert den Körper rundum harmonisch, da alle Muskeln des Körpers zum Einsatz kommen – und die Tatsache, daß das Körpergewicht vom Wasser getragen wird, sorgt für eine besonders schonende Bewegung. Für alle, die an Übergewicht leiden oder Probleme mit ihrem Bewe-

FITNESSWERT: Schwimmen

* Klassische Ausdauersportart.
* Schont die Gelenke.
* Gut für Herz, Kreislauf, Lunge und Stoffwechsel.
* Gut geeignet für Übergewichtige und ältere Menschen.

gungsapparat haben, ist Schwimmen deshalb der ideale Ausdauersport.

Richtig schwimmen

Abkühlen: Vor dem Schwimmen ist die kalte Dusche wichtig, damit der Kreislauf in Schwung kommt. Niemals direkt ins kalte Wasser springen, vor allem nicht an heißen Sommertagen. Auch der gut trainierte Kreislauf ist durch einen solchen Kälteschock überfordert.

Vorsicht: Ältere Menschen und Menschen mit Herzbeschwerden sollten sich vor allzu kaltem Wasser hüten. Der Kältereiz führt zu einer Verengung der Gefäße und damit zu einem Anstieg des Blutdrucks, der unter Umständen zu Herzbeschwerden führen kann.

Ausdauerschwimmen: Beim Ausdauerschwimmen sollten Sie mindestens 15 Minuten langsam schwimmen, ohne sich am Beckenrand oder -boden abzustützen. Die maximale Schwimmdauer beträgt 40 Minuten. Dann muß in jedem Fall eine Pause eingelegt werden. Die Geschwindigkeit und der Schwimmstil spielen dabei keine Rolle. Wichtig ist die gleichmäßige Schwimmbewegung und das entspannte Atmen.

Intervallschwimmen: Beim Intervallschwimmen schwimmen Sie eine Bahn langsam und dann eine Bahn schnell. Wer möchte, kann zwischendurch eine kurze Pause von einer Minute einlegen.

Skilanglauf

Skilanglauf – wozu?

Für alle geeignet: Der Skilanglauf gehört zu den gesündesten Sportarten. Risikogruppen, die vom Skilanglauf Abstand nehmen sollten, gibt es praktisch nicht. Selbst Menschen mit einem Herzinfarktrisiko wird von ärztlicher Seite im Regelfall nicht von dieser Sportart abgeraten. Kenneth H. Cooper, der Begründer des Aerobic (*aerobic* heißt *die Sauerstoffaufnahme fördernd*), bezeichnet den Skilanglauf sogar als „die führende Aerobic-Übung“ und stellt ihn an die erste Stelle seines Gesundheits-Programmes. Der Grund dafür liegt in der Tatsache, daß bei Skilanglauf der gesamte Muskel- und Gelenkapparat beansprucht wird. Die Bewegung an der frischen, kalten Luft sorgt für eine optimale Sauerstoffversorgung und regt den Stoffwechsel an.

FITNESSWERT: Skilanglauf

* Klassische Ausdauersportart.
* Schont die Gelenke.
* Gut für Herz, Kreislauf, Lunge und Stoffwechsel.
* Trainiert den gesamten Organismus.
* Für alle Menschen geeignet, auch für ältere und kranke.

Die Ausrüstung

Zur Ausrüstung beim Skilanglauf gehören Langlaufski und -stöcke, wetterfeste Kleidung und stets eine Kopfbedeckung, um die Ohren zu schützen.

Skibindung: Bei den Skiern ist besonders auf eine gute Bindung zu achten. Man unterscheidet zwischen Bindungen nach Touring-Norm (für den Skiwanderer und Tourenläufer) und Bindungen nach Racing-Norm (für Rennläufer und sehr sportliche Skilangläufer).

Skibreite: Sie richtet sich danach, ob man skiwandert oder skiläuft. Der Unterschied liegt lediglich in der Geschwindigkeit: Wer gemächlich durch die Landschaft gleitet, der wandert Ski, wer auf Zeit fährt und möglichst schnell und kraftvoll vorankommen will, der läuft Ski. Für den Anfänger sind Wanderski mit breiter Auflagefläche besser geeignet, da sie eine größere Standsicherheit geben. Allroundskier stellen einen Kompromiß zwischen Wander- und Rennski dar.

Skityp	Breite
Wanderski	5 bis 6 Zentimeter
Allroundski	4,5 bis 5 Zentimeter
Rennski	4,4 bis 4,6 Zentimeter

Länge der Skier und Stöcke: Sie richtet sich nach der Körpergröße des Läufers. Als einfache Regel kann man sich merken:

* Körpergröße plus 30 Zentimeter = Skilänge
* Körpergröße minus 35 Zentimeter = Stocklänge

Nowax-Ski: Der Wander- und Allround-Ski ist ein Nowax-Ski, das heißt ein Nicht-Wachs-Ski. Der Nowax-Ski ist der ideale Ski für den Freizeit- und Breitensportler. Er kann bei allen Schneearten eingesetzt werden und bedarf nur minimaler Pflege.

Langlaufschuhe müssen natürlich wasserdicht sein und so hoch, daß sie dem Fuß einen festen Halt geben.

Wie bei allen Sportausrüstungen ist auch beim Kauf von Langlaufskiern, -schuhen und -bekleidung eine fachkundige Beratung unerläßlich. Dies gilt besonders für Anfänger und Ungeübte.

Die Lauftechnik

Der Diagonalschritt (Abbildung 111): Die wichtigste Technik beim Skilanglauf ist der Diagonalschritt, der mit dem Bewegungsablauf des Gehens nah verwandt ist und deshalb meist wenig Schwierigkeiten bereitet. Ist das rechte (bzw. linke) Bein nach hinten gestreckt, so streckt sich auch der rechte (bzw. linke) Arm zum Stockeinsatz nach vorne. Der Oberkörper ist dabei leicht nach vorne gebeugt. Der Schwerpunkt des Körpers liegt auf dem gleitenden Fuß. Mit dem Diagonalschritt lassen sich nur leichte Steigungen überwinden. Für größere Steigungen wird der Grätschschritt (s. unten) eingesetzt.

Der Doppelstockschub (Abbildung 112): Geht es leicht bergab, so kommt der Doppelstockschub zum Einsatz, bei dem die Beine geschlossen sind und nebeneinander in der Spur gleiten. Der Oberkörper ist gerade aufgerichtet, die beiden Arme bewegen sich gleichzeitig nach vorne und setzen den Stock noch deutlich vor der Skibindung in den Boden. Mit einem kraftvollen Schub wird der Körper nach vorne geschoben.

Der Grätsch-Schritt (Abbildung 113): Mit ihm werden steile Anstiege bewältigt. Die Skier sind dazu schräg nach außen geöffnet. Besonders wichtig: Der Ski wird mit der Innenkante fest auf den Boden aufgesetzt. Ein flach aufgesetzter Ski rutscht auch bei dem größten Öffnungswinkel bergab!

Abbildung 111 a

Abbildung 111 b

Abbildung 111 c

Abbildung 112 c

Abbildung 112 b

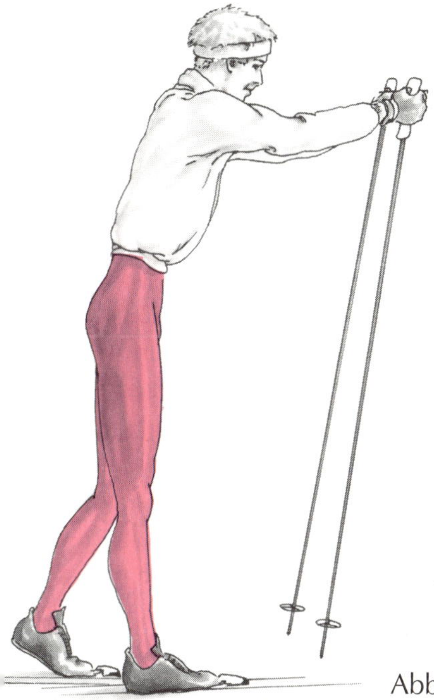

Abbildung 112 a

Abbildung 113

Stretching

Stretching – wozu?

Wortbedeutung: Beim Stretching verrät schon das Wort, worin die eigentliche Bewegungsform dieser modernen Fitneßmethode liegt. Das englische Wort *to stretch* bedeutet nämlich *sich strecken, sich dehnen.*

Beweglichkeit: Wie wichtig und natürlich das tägliche Strecken und Recken ist, zeigt die Tatsache, daß wir alle ein instinktives Bedürfnis danach haben. Das Räkeln und Durchstrecken aller Gliedmaßen hat dabei einen mehrfachen Sinn: Die Blutzirkulation wird angeregt, und die Muskeln, die sich nach längerer Ruhigstellung leicht verkürzen, werden wieder gedehnt – eine wichtige Voraussetzung für einen geschmeidigen Bewegungsablauf und für die Flexibilität der Gelenke. Die Folge von nicht genügend gedehnten Muskeln kennen wir alle: Steifheit und Ungelenkigkeit nach längerem Liegen oder Sitzen.

Verletzungen vorbeugen: Mangelnde Beweglichkeit der Muskeln kann zu einem beträchtlichen Verletzungsrisiko werden, wenn die verkürzten Muskeln zu stark beansprucht werden. Der jedem bekannte Muskelkater ist dabei ein noch relativ harmloser Ausdruck von überanspruchten Muskeln, weit bedenklichere Formen sind Bänder-, Sehnen- oder Muskelrisse. Solchen Verletzungen kann durch Stretching vorgebeugt werden.

FITNESSWERT: Stretching

* Verbessert die Beweglichkeit.
* Ermöglicht harmonischen Bewegungsfluß.
* Beugt Muskelkater und Verletzungen vor.
* Wichtige Trainingsvorbereitung.

Richtig stretchen

Bevor Sie mit den Übungen beginnen, beachten Sie bitte diese Hinweise:

* Niemals kalte Muskeln dehnen. Vor dem Stretching die Muskeln durch einige Aufwärmübungen (siehe Kurzprogramm Seite 108) oder eine warme Dusche erwärmen.
* Immer ruhig, behutsam und bewußt dehnen. Keinesfalls wippen oder nachfedern. Das würde die Muskelfasern zu sehr belasten und kann eventuell zu Verletzungen führen.
* Nicht über die Schmerzgrenze hinausgehen. In den Muskeln soll nur eine leichte Spannung und ein leises Ziehen zu spüren sein.
* Während des Dehnens ruhig weiteratmen, nicht die Luft anhalten.

Übungen

Beim Lesen: Für Dehnübungen ist immer und überall Zeit und Platz. Auch wenn Ihnen der Sinn mehr nach geistiger Beschäftigung steht, können Sie ganz nebenbei Ihre Muskeln dehnen. Setzen Sie sich zum Beispiel beim Lesen

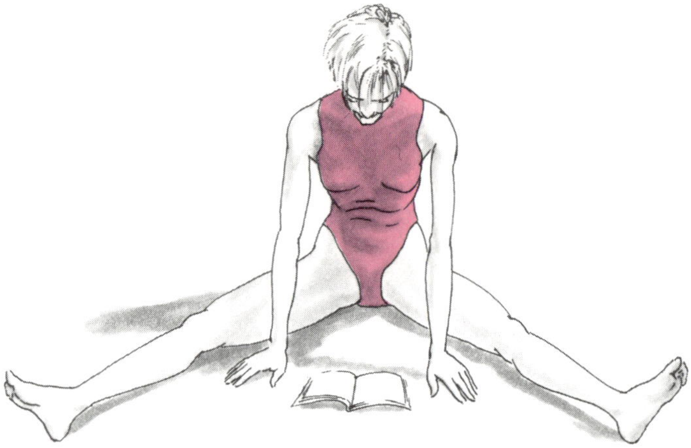

Abbildung 114

zwischendurch auf den Boden, und spreizen Sie die Beine ganz weit auseinander (Abbildung 114). Oder ziehen Sie die Beine so an, daß sich die Fußsohlen berühren. Drükken Sie die Knie einige Sekunden lang in Richtung Boden, und spüren Sie die Dehnung in den Oberschenkeln (Abbildung 115).

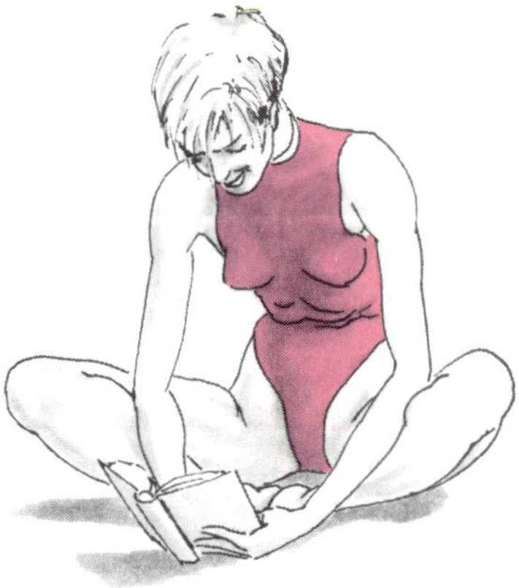

Abbildung 115

Beim Telefonieren (Abbildung 116): Auch ein längeres Telefonat kann mit Stretching zu einem Beweglichkeitstraining werden. Stellen Sie sich in zirka einem halben Meter Abstand zu einem Tisch oder einer Kommode. Setzen Sie einen Fuß auf die Platte. Beugen Sie sich leicht

– ohne zu wippen! – nach vorne. Sie spüren die Dehnung im Oberschenkel und Gesäß. Einige Sekunden dehnen, dann das Bein wechseln.

Abbildung 116

Abbildung 117

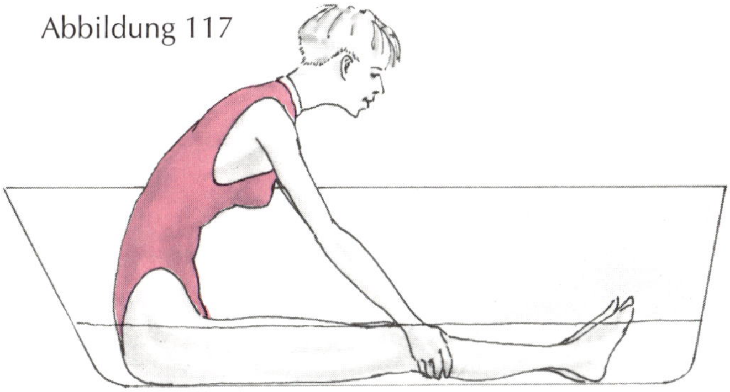

In der Badewanne (Abbildung 117): Die Hände umfassen fest beide Fesseln, der Rücken bleibt dabei völlig gerade. Nun den Oberkörper weit nach vorne ziehen. Einige Sekunden in der Dehnung verharren, wieder entspannt zurücklehnen.

Im Sitzen (Abbildung 118): Setzen Sie sich auf den Boden. Ein Bein wird hinter dem Körper angewinkelt, das andere Bein gerade ausgestreckt. Beugen Sie sich mit dem Oberkörper weit nach vorne, und umfassen Sie die Fußsohle des gestreckten Beins mit beiden Händen (wer nicht so weit nach vorne kommt, umfaßt die Waden). Den Körper behutsam nach vorne ziehen und einige Sekunden in der Dehnung bleiben. Aufrichten und das Bein wechseln.

Im Knien (Abbildung 119): Machen Sie einen großen Ausfallschritt, so daß der Fuß des angewinkelten Beins sich genau unter den Schultern befindet, das andere Bein ganz gestreckt ist. Langsam mit dem Oberkörper zu Boden gehen, bis die Hände neben dem Fuß den Boden berühren. Fünf bis zehn Sekunden so strecken, danach langsam wieder aufrichten. Das Bein wechseln.

Abbildung 118

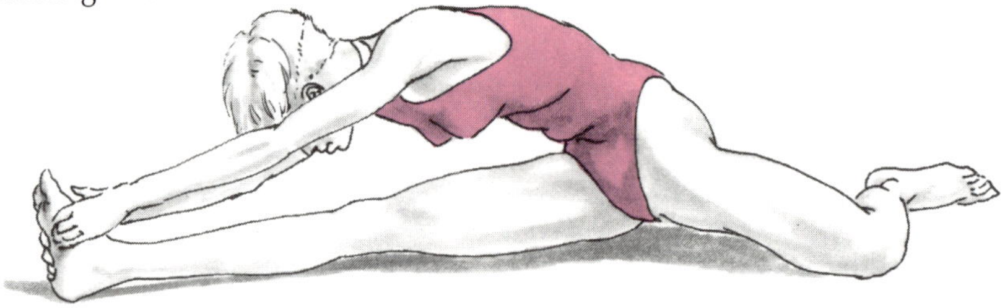

Abbildung 119

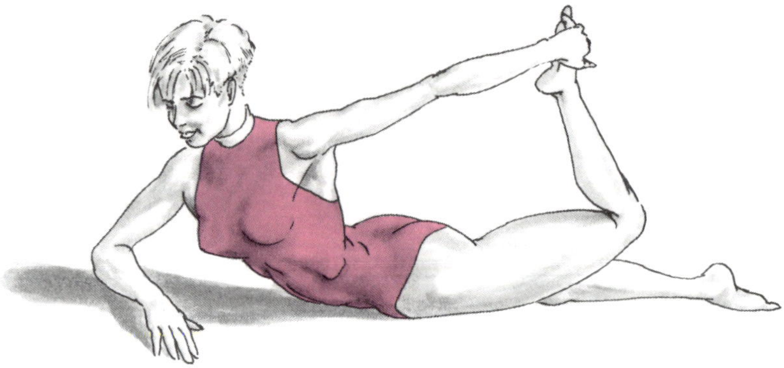

Abbildung 120

Im Liegen (Abbildung 120): Auf den Bauch legen, das Gewicht auf die rechte Körperseite verlagern und mit dem rechten Arm abstützen. Die linke Hand umfaßt die Fessel des linken Beins. Das angewinkelte Bein sachte zum Körper hin ziehen. Fünf bis zehn Sekunden halten. Auf dem Bauch liegend entspannen. Zur anderen Seite drehen und das rechte Bein dehnen.

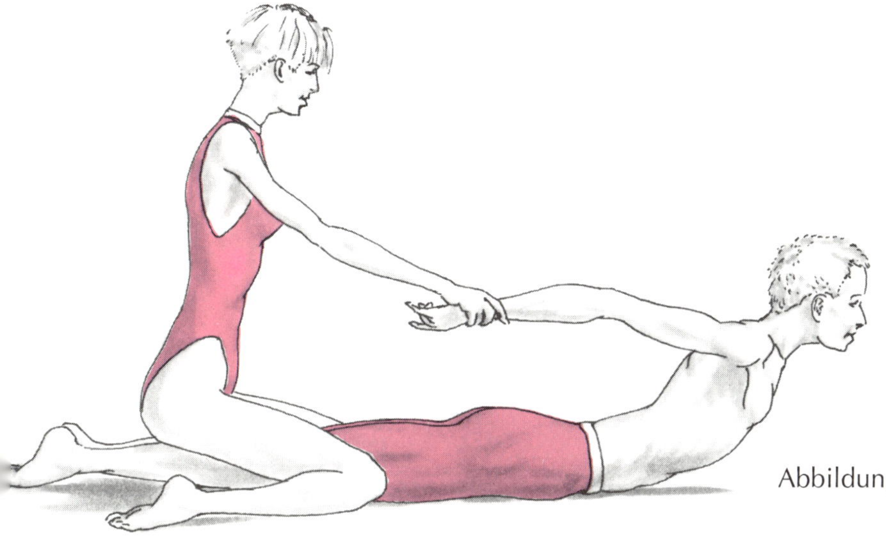

Abbildung 121

Partnerübungen: Ein Partner liegt auf dem Bauch, der andere sitzt locker auf dessen Unterschenkeln und umfaßt die Handgelenke. Der Sitzende zieht den Liegenden sanft so weit vom Boden hoch, bis der Brustkorb bis zu den Rippenbögen in der Luft ist (Abbildung 121). Einige Sekunden hochziehen. Wieder langsam zurücksinken lassen. Einige Male wiederholen und dann wechseln.

Ein Partner sitzt auf dem Boden und wird von hinten an den Händen genommen. Der Stehende zieht den Sitzenden behutsam vom Boden hoch, so daß er immer größer wird und der Körper einen großen Bogen beschreibt. Die Dehnung reicht von den Zehen bis zu den Fingerspitzen. Der Kopf liegt so weit im Nacken, daß beide einen Blickkontakt herstellen können (Abbildung 122). Langsam mit Hilfe des Partners wieder zu Boden sinken. Einige Male wiederholen und dann wechseln.

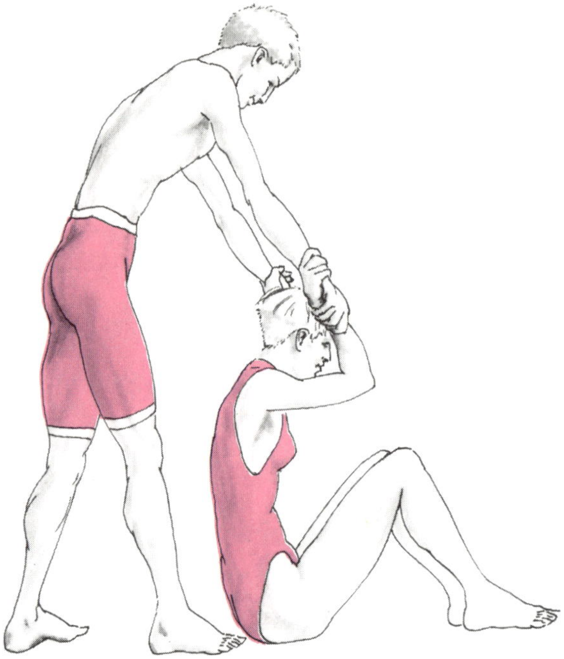

Abbildung 122

Tanzen

Tanzen – wozu?

Mit Musik geht alles leichter: Nichts macht mehr Spaß, als sich mit Musik zu bewegen. Im Rhythmus der Musik fallen so manche körperlichen Anstrengungen halb so schwer. Mit tänzerischer Leichtigkeit macht Bewegung mehr Freude, vor allem wenn man eine gewisse Abneigung gegen Begriffe wie Training oder Trimmen hat. Musik unterstützt und motiviert zur Bewegung. Fast alle Gymnastikkurse und viele Sportprogramme an Volkshochschulen oder ähnlichen Einrichtungen begleiten ihre Übungen heute mit Musik; werden Folklore-, Afro-, Jazz- oder Bauchtanz angeboten, so sind die verfügbaren Plätze rasch belegt. Wer an einem Tanzkurz teilnimmt, der hat sozusagen einen Rundum-Fitneß-Kurs belegt: Die körperliche Fitneß wird durch das Tanzen in Ausdauer, Beweglichkeit und Koordination geschult, die seelische Fitneß durch die Entspannung und Freude an der Bewegung gefördert und die soziale Fitneß durch die Kontakte zu anderen Menschen.

Tanzen zuhause: Auch zuhause macht Tanzen Spaß – alleine oder zusammen mit Kindern und/oder dem Partner. Dazu müssen Sie nicht unbedingt die klassischen Tanzschritte beherrschen. Den Mangel an Technik können Sie jederzeit mit Ihrer Phantasie ausgleichen. Die nachfolgenden Übungsbeispiele reduzieren bekannte Tänze auf ein einfaches, für jeden durchführbares Maß. Sie sollen Ihnen eine erste Anregung geben, zu Ihrem eigenen tänzerischen Ausdruck zu finden. Ziehen Sie bequeme Kleidung an, und hören Sie eine Musik, die Ihrer Stimmung entspricht.

FITNESSWERT: Tanzen

* Musik motiviert zur Bewegung.
* Schult Ausdauer, Beweglichkeit und Koordination.
* Entspannt und macht Spaß.
* Stellt soziale Kontakte her.

Übungen

Twist (Abbildung 123): Der Modetanz der 60er Jahre macht vor allem die Taille durch und durch elastisch. Wer beim Twisten tief in die Hocke geht, der trainiert ganz nebenbei auch seine Oberschenkelmuskeln. Gehen Sie anfangs aber nur leicht in die Knie, und drehen Sie beide Beine geschlossen abwechselnd nach links und rechts, gleichzeitig bewegt sich der Oberkörper in die entgegengesetzte Richtung. Zwischendurch die Beine leicht öffnen und abwechselnd ein Knie weit nach außen und gleich wieder nach innen drehen und den Boden berühren. Versuchen Sie, immer tiefer in die Hocke zu gehen.

Abbildung 123

Abbildung 124

Rock'n'Roll (Abbildung 124): Den einfachen Grundschritt des Rock'n'Roll beherrscht jeder: Hüpfen Sie beschwingt von einem Bein auf das andere. Kicken Sie dabei den Unterschenkel nach vorne oder zur Seite. Wenn Sie mit einem Partner tanzen, dann führt dieser die Bewegung gegengleich aus (d. h. wenn Sie das linke Bein hochziehen, zieht der Partner das rechte hoch).

Kasatschok: Die Grundübung zu diesem russischen Tanz tut besonders Menschen gut, die viel sitzen oder stehen müsen. Gehen Sie in die Hocke, und stützen Sie den Oberkörper mit den Armen ab (Abbildung 125 a). Strecken Sie zu schwungvoller Musik abwechselnd ein

Bein zur Seite. Fangen Sie bei langsamem Tempo an, und werden Sie immer schneller. Wer kräftige Oberschenkelmuskeln und ein gutes Gleichgewichtsgefühl hat, der kann die Übung auch ohne sich abzustützen mit seitlich ausgestreckten Armen ausführen (Abbildung 125 b).

Abbildung 125 a

Abbildung 125 b

Abbildung 126

Schuhplattln (Abbildung 126): Das Schuhplattln ist eine hervorragende Übung für die Koordinationsfähigkeit und den Gleichgewichtssinn. Der Witz – und das Schwierige – an diesem bayerischen Tanz liegt darin, in einer bestimmten Reihenfolge die Schuhsohlen und Oberschenkel mit den Handflächen zu berühren. Versuchen Sie zunächst, die linke Fußsohle mit der linken Hand und die rechte mit der rechten Hand zu berühren. Das Ganze einmal vor dem Körper und einmal hinter dem Körper. Wenn dieser Bewegungsablauf flüssig klappt, dann denken Sie sich verschiedene Varianten aus. Zum Beispiel: Rechten Fuß vor dem Körper mit der linken Hand abklatschen, dann den Fuß nach hinten führen und dort mit der rechten Hand berühren usw.

Kung-Fu-Dancing: Die Grundbewegungen des Kung-Fu-Tanzes schulen die Körperbeherrschung und kräftigen die Muskeln. Achten Sie bei den Tanzbewegungen darauf, daß Sie sie bewußt und nicht ruckartig ausführen. Die Arme sind vor dem Körper abgewinkelt. Ziehen Sie ein Bein an, und strecken Sie es kraftvoll vor dem Körper ganz gerade aus (Abbildung 127 a). Das Bein wieder auf dem Boden absetzen, nun seitlich anwinkeln und auch versuchen, das Bein immer höher zu heben. Zwischendurch in die Hocke gehen und das Gewicht abwechselnd auf ein Bein verlagern. Die Armstellung sorgt für das Gleichgewicht (Abbildung 127 b).

Abbildung 127 a

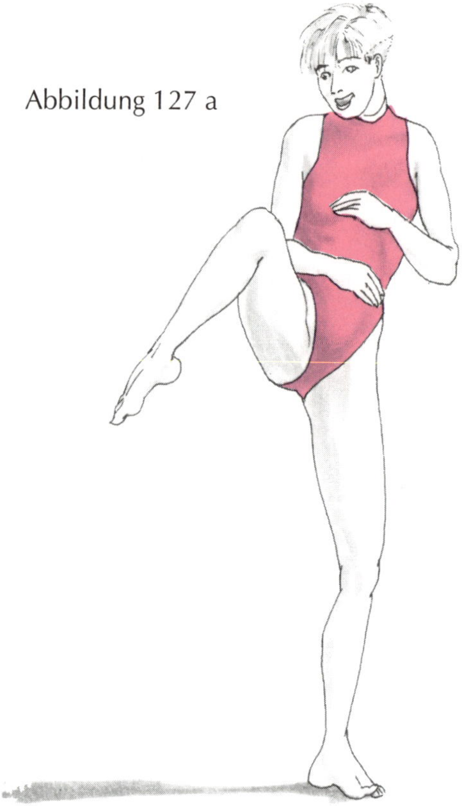

Abbildung 127 b

Abbildung 128 a

Abbildung 128 b

Free-Style (Abbildung 128 a und b): Zum Abschluß eine Tanzübung ohne Regeln. Setzen Sie einfach ihre Gedanken und Empfindungen um, die durch die Musik bei Ihnen hervorgerufen werden. Springen Sie, boxen Sie, drehen und wenden Sie sich, oder bewegen Sie sich nur ganz sachte und geschmeidig – vielleicht drücken Sie Ihre Stimme nur in der Bewegung der Hände und Finger aus ...

Der kreative Umgang mit dem eigenen Körper fällt am Anfang oft schwer, denn man ist zu sehr gewöhnt, sich an Regeln und Vorschriften zu halten. Für viele Menschen ist ein Ausbruch aus diesen Bahnen mit Hemmungen verbunden. Wenn es Ihnen auch so ergeht, dann üben Sie Ihren persönlichen Ausdruckstanz am Anfang ganz allein. Ein Spiegel, in dem Sie Ihre Bewegungen beobachten und kritisch kontrollieren können, hilft dabei, die Körpersprache und den Ausdruck zu verbessern.

Fit durch Wasser, Wärme und Berührung

Wasseranwendungen

Sebastian Kneipp und das Wasser

Seit Sebastian Kneipp Mitte des letzten Jahrhunderts in Bad Wörishofen mit Gießkanne und Waschzuber auch schwerste Erkrankungen zu heilen vermochte, weiß wohl jeder um die heilende Kraft des Wassers. Er hat eine Heilkunde populär gemacht, die wie die meisten natürlichen Anwendungen auf eine lange Geschichte zurückblicken kann. Obwohl Kneippen sich heute im Volksmund als Synonym für die Wasserheilkunde eingebürgert hat, hat Kneipp sie keineswegs erfunden.

Geschichte: Schon die alten Römer verstanden sich auf einen ausgeprägten Badekult, der neben dem sinnlichen Genuß auch hygienische und medizinische Aspekte zu vereinen wußte. Im östlichen Kulturkreis hat die Wasserheilkunde vor allem bei den Japanern eine jahrtausendealte Tradition. Die ersten „Pioniere" im europäischen Raum waren Männer wie Johann Siegmund Hahn (1664–1742) und seine Söhne, scherzhaft *die Wasserhähne* genannt, und Vinzenz Prießnitz, der uns heute noch durch seinen berühmten Prießnitz-Wickel bekannt ist.

Die endgültige Annerkennung aber verschaffte der Hydrotherapie – so der wissenschaftliche Name der Wasserheilkunde – erst der streitbare bayerische Pfarrer Sebastian Kneipp (1821–1897). Leicht wurde es ihm nicht gemacht, vor allem nicht von Seiten der Schulmedizin, die den Nichtmediziner und seine naturheilkundlichen Methoden in Mißkredit zu bringen versuchte. Doch Kneipp und seine Wasserkur haben gesiegt. Mittlerweile ist seine Gesundheitslehre aus der Ganzheits- und Naturmedizin ebensowenig wegzudenken wie aus der klassischen Schulmedizin, wo sie heute allerorten ihren Einsatz in der Vorbeugung wie in der Behandlung von Krankheiten findet.

Die Kneipptherapie: Die Wasseranwendungen sind der berühmteste und wichtigste Teil der von Sebastian Kneipp begründeten Therapie. Im Gesamtrahmen seiner Heilmethode sind sie eingebettet in eine Kombination fünf verschiedener Verfahren, die bereits ganzheitliche Ansätze besitzt:

1. Hydrotherapie (die eigentliche Wassertherapie)
2. Phytotherapie (die Anwendung von pflanzlichen Heilmitteln)
3. Bewegungstherapie
4. Ernährungstherapie
5. Ordnungstherapie (Veränderung der Lebensordnung/-einstellung)

Wasseranwendungen und Wohlbefinden

Abhärtung: Wasseranwendungen spielen eine wichtige Rolle bei der Vorbeugung von Krankheiten – eine Wirkung, die sich jeder ohne große Vorkenntnisse und großen Aufwand zunutze machen kann. Regelmäßige Wasseranwendungen stärken das Immunsystem des Körpers und helfen dadurch, Krankheitserreger und Schadstoffe abzuwehren. Besonders in der kalten Jahreszeit muß der Körper durch abhärtende Maßnahmen vor Infektionserkrankungen geschützt werden, dies gilt vor allem für klimaanlagen- und heizungsgeschädigte „Büromenschen", deren natürliche Wärmeregulation meist gestört ist.

Vorbeugung und Behandlung: In erster Linie können Wasseranwendungen Beschwerden vorbeugen, die mit dem Kreislauf und dem Immunsystem zusammenhängen. Dazu zählen Durchblutungs- sowie Stoffwechselstörungen, rheumatische Beschwerden, Wetterfühligkeit und Allergien. Durch den positiven Einfluß der Wasserreize auf das vegetative Nervensystem können auch eine Reihe von psychosomatisch bedingten Leiden oder nervöse Störungen bekämpft werden. In der Rheumabehandlung werden Kälte- und Wärmeanwendungen zur Linderung degenerativer oder entzündlicher Schmerzen angewandt.

Entspannen und beleben: Aber auch wenn man müde oder abgespannt ist, kann ein schönes warmes Bad, in das man einen anregenden oder entspannenden Badezusatz gibt, Wunder wirken. Ist der Kreislauf „im Keller", weil das Wetter verrückt spielt, dann hilft ein kaltes Arm- oder Fußbad. Bei Müdigkeit und Konzentrationsschwäche weckt eine Wechseldusche die Lebensgeister wieder auf.

Körperpflege: Und schließlich ist das Wasser auch noch zum Waschen da. Durch das Wasser wird unser größtes Organ, die Haut (siehe Seite 238), mehr als gereinigt. Die Haut wird zusätzlich durch kalte oder warme Reize in der wichtigen Aufgabe der Wärmeregulation unterstützt, und ihre Durchblutung wird verbessert.

Wasseranwendungen und Wohlbefinden

Wasseranwendungen
* stärken die Abwehrkräfte,
* schützen vor Infektionskrankheiten,
* verbessern die Wärmeregulation,
* trainieren Herz und Kreislauf,
* aktivieren den Stoffwechsel,
* helfen bei Kreislaufbeschwerden, Wetterfühligkeit und nervösen Beschwerden,
* lindern Schmerzen bei rheumatischen Beschwerden,
* sind wichtiger Teil der Körperpflege.

Wie wirkt das Wasser?

Wärme- und Kälteleiter: Das Heilmittel, das all diese positiven Einflüsse auf unseren Organismus besitzt, ist nur indirekt das Wasser. Das Wasser selbst ist im Grunde genommen nur Mittel zum Zweck. Die Hydrotherapie nutzt nicht die spezifischen Inhaltsstoffe oder die Zusammensetzung des Wassers, sondern seine Eigenschaft, ein hervorragender Kälte- und Wärmeleiter zu sein. Die Heilkraft des Wassers beruht im Grunde also darauf, daß es Kälte- und Wärmereize auf die menschliche Haut überträgt.

Gefäßtraining: Diese Temperaturschwankungen provozieren das Nervensystem und regen die Durchblutung an. Ja, sie stellen ein regelrechtes Gefäßtraining dar, wobei das kalte Wasser größere „Trainingserfolge" erzielt: Gefördert wird die Elastizität der Blutgefäße, d. h. ihre Fähigkeit, sich zu erweitern und damit den gesamten Organismus besser mit Nähr- und Aufbaustoffen zu versorgen.

Stoffwechsel und Hormone: Welche Kettenreaktionen ein simpler Wasserreiz auf der Haut auslösen kann, zeigt die Tatsache, daß Wasseranwendungen auch den Stoffwechsel anregen und die Nebennierenrinde zur Produktion von körpereigenem Cortison veranlassen (Cortison ist vor allem für unser Immunsystem von wichtiger Bedeutung).

Die 10 Grundregeln für Wasseranwendungen zu Hause

Im folgenden finden Sie eine Auswahl aus den Kneippschen Wasseranwendungen, die Sie problemlos zu Hause durchführen können und die besonders zur Gesundheitsvorsorge und zur Steigerung des Wohlbefindens geeignet sind. Beachten Sie bitte bei der Durchführung stets diese zehn Grundregeln:

1. **Raum:** Die Wasseranwendungen werden immer in einem temperierten Raum ausgeführt, in dem eine ungefähre Temperatur von 18 bis 20 Grad Celsius herrscht.
2. **Zugluft:** Achten Sie darauf, daß weder durch Türen noch durch Fenster Zugluft eindringt.
3. **Wassertemperatur:** Die Wassertemperatur muß immer mit einem Thermometer überprüft werden. Halten Sie sich an die vorgeschriebenen Temperaturangaben. Lauwarmes Wasser ist für eine Kälte- oder Wärmeanwendung wertlos.
4. **Aufwärmen:** Kaltes Wasser darf niemals auf kalte Haut gelangen! Der Körper muß vorher entweder durch warmes Wasser, Massage oder Gymnastikübungen erwärmt werden.
5. **Dauer der Anwendungen:** Kaltes Wasser darf nie zu lange auf der Haut bleiben, damit der Körper nicht auskühlt. Je kälter das Wasser, desto kürzer die Anwendung. Halten Sie sich an die angegebenen Zeiten.

6. Vorsicht Warmbad: Warme Bäder regen den Kreislauf stark an. Dehnen Sie deshalb die Badedauer nicht über die angegebene Zeit hinaus aus, und hüten Sie sich vor zu heißem Wasser. Wer Probleme mit dem Kreislauf hat, sollte auf warme Bäder verzichten.

7. Mahlzeiten: Nach dem Essen sollten Sie mindestens zwei Stunden warten, bis Sie ein warmes Bad nehmen. Bei Kalt- oder Wechsel-Anwendungen (warmes und kaltes Wasser) halten Sie eine Pause von einer Stunde ein.

8. Regelmäßigkeit: Abhärtende und vorbeugende Effekte können nur durch eine regelmäßige, langfristige Anwendung erreicht werden.

9. Unwohlsein: Brechen Sie jede Anwendung sofort ab, wenn Sie sich nicht wohlfühlen oder wenn der Kälte- oder Wärmereiz Schmerzen verursacht.

10. Ärztlicher Rat: Wer unter gesundheitlichen Beschwerden leidet, vor allem wer Probleme mit Herz, Kreislauf und Gefäßen hat, sollte vor der Durchführung von Wasseranwendungen mit seinem Arzt sprechen.

Welche Wasseranwendungen wofür?

Der nachfolgenden Übersicht können Sie auf einen Blick entnehmen, für welche Zwecke welche Wasseranwendungen besonders gut geeignet sind. Sie finden die einzelnen Anwendungen ab Seite 196 in alphabetischer Reihenfolge, angefangen bei den verschiedenen Bädern bis hin zur Wechseldusche.

Tabelle Wasseranwendungen und ihre Wirkung

Wirkung auf das Wohlbefinden	Wasseranwendung
Abhärtung/ Vorbeugung	Kalte Bäder, kalte Dusche, Waschungen, kalte Güsse. Wechseldusche, -armbad, -fußbad. Tau- und Schneetreten.
Durchblutungsförderung	Alle Anwendungen, vor allem aber Kaltwasserreize.
Einschlafhilfe	Warme Bäder, vor allem das ansteigende Fußbad (eventuell mit Badezusatz). Kalte Waschungen. Tau- und Schneetreten.
Entspannung	Warme Bäder (eventuell mit Kräuterzusatz). Warme Duschen.

Tabelle Wasseranwendungen und ihre Wirkung

Wirkung auf das Wohlbefinden	Wasseranwendung
Fußpflege	Ameisenlaufen: Wechselfußbad. Brennende Füße: kaltes Fußbad. Kalte Füße: warmes oder ansteigendes Fußbad, Wechselfußbad.
Kopfschmerzen	Kaltes Arm- oder Fußbad. Kalte Waschungen. Kalte Güsse.
Müdigkeit	Wechseldusche, -armbad, -fußbad. Kaltes Armbad. Kalte Güsse. Wasser-, Tau- und Schneetreten. Waschungen.
Nervosität	Wechseldusche, -armbad oder -fußbad. Warme Bäder (eventuell mit Badezusatz).
Rheumatische Beschwerden	Bei Entzündungen: kalte Anwendungen, vor allem kalte Güsse. Bei Abnutzungserscheinungen (z. B. Arthrose): warme Anwendungen.
Wadenkrämpfe	Warmes oder ansteigendes Fußbad. Wechselfußbad.
Wetterfühligkeit	Wechselarmbad, -dusche, -fußbad. Kalte Arm- oder Fußbäder. Kalte Güsse.

Bäder

Das kalte Armbad

Durchführung (Abbildung 129): Füllen Sie das Waschbekken oder eine Armbadewanne mit kaltem Wasser. Beide Arme werden bis zu den Oberarmen nur so lange untergetaucht, bis der Kälteschmerz zu spüren ist. Trocknen Sie sich danach nicht ab, sondern streifen Sie das Wasser nur kurz ab.

Wassertemperatur: 10 bis 16 Grad Celsius.

Badedauer: zirka 10 Sekunden, jedoch nie länger als 20 Sekunden.

FITNESSWERT: Kaltes Armbad

* Wohltuend bei Wetterfühligkeit, niedrigem Blutdruck und nervöser Erschöpfung (besonders empfehlenswert nach einem schwülen Tag, der von Hitzewallungen und starkem Schwitzen begleitet war).
* Schmerzlindernd bei Entzündungen (u.a. bei Arthritis) und entzündungshemmend.
* Stärkt das Abwehrsystem.

Abbildung 129

Das warme Armbad

Durchführung (Abbildung 129): Für das warme Armbad wird das Waschbecken oder die Armbadewanne mit warmem Wasser gefüllt. Rücken Sie einen Stuhl in bequemer Sitzhöhe zum Waschbecken, und legen Sie beide Arme bis zu den Oberarmen in das warme Wasser.

Wassertemperatur: 36 bis 38 Grad Celsius.

Badedauer: zirka 15 Minuten.

FITNESSWERT: Warmes Armbad

* Fördert die Beweglichkeit der Hände und Finger.
* Wohltuend nach starker Beanspruchung und bei Erschöpfung.
* Beruhigend und schlaffördernd.
* Schmerzlindernd bei nichtentzündlichen rheumatischen Beschwerden (z. B. Abnutzungserscheinungen aller Art, Arthrose).

Das Wechselarmbad

Durchführung: Für ein Wechselarmbad benötigt man ein Doppelwaschbecken oder zwei kleine Badewannen. Ein Gefäß wird mit warmem, das andere mit kaltem Wasser gefüllt. Baden Sie zunächst die Arme in dem warmen Wasser, anschließend legen Sie die Arme in das kalte Wasser. Wiederholen Sie diesen Wechsel einige Male. Die Anwendung wird immer mit dem kalten Wasserreiz beendet.

Temperatur: Warmes Wasser: 36 bis 28 Grad Celsius. Kaltes Wasser: 12 bis 16 Grad Celsius.
Badedauer: Im warmen Wasser: je Wechsel 5 Minuten. Im kalten Wasser: je Wechsel zirka 10 Sekunden.

FITNESSWERT: Wechselarmbad

* Besonders kreislaufanregend.
* Hilfreich bei kalten Händen.
* Wohltuend bei Wetterfühligkeit und Nervosität.
* Stärkt das Abwehrsystem.

Das ansteigende Fußbad

Durchführung: Stellen Sie einen Eimer mit warmem Wasser in die Badewanne, und setzen Sie sich auf den Badewannenrand. Füllen Sie mit dem Duschschlauch ständig warmes Wasser nach, so daß sich das Wasser stetig erwärmt, die Temperatur also ansteigt. Das überschüssige Wasser kann in der Badewanne abfließen.

Wassertemperatur: Anfangen bei 30 Grad Celsius, die Temperatur erhöhen bis zirka 40 Grad Celsius.
Badedauer: zirka 15 Minuten.

FITNESSWERT: Ansteigendes Fußbad

* Ideales Einschlafmittel.
* Wohltuend bei kalten Füßen und Wadenkrämpfen.

Das kalte Fußbad

Durchführung: Füllen Sie einen Eimer oder eine Fußbadewanne bis zur Wadenhöhe mit kaltem Wasser. Tauchen Sie die Füße und Beine bis zur Wadenhöhe in das kalte Wasser. Wer chronisch kalte Füße hat, sollte auf das kalte Fußbad natürlich verzichten und auf das ansteigende, warme oder das Wechsel-Fußbad ausweichen.

Wassertemperatur: 12 bis 16 Grad Celsius.

Badedauer: zirka 10 Sekunden, keinesfalls länger als 20 Sekunden.

FITNESSWERT: Kaltes Fußbad

* Kühlend und erfrischend, wenn man den ganzen Tag auf den Beinen war.
* Gut bei Schweißfüßen.
* Schmerzlindernd bei Hühneraugen, offenen Füßen und entzündlichen rheumatischen Beschwerden (z. B. Arthritis, Gicht).
* Wohltuend bei Kopfschmerzen, Nervosität und Wetterfühligkeit.
* Stärkt das Abwehrsystem.

Das warme Fußbad

Durchführung: Beim warmen Fußbad wird ein Eimer oder eine Badewanne so weit mit warmem Wasser gefüllt, daß es bis zur Mitte der Waden reicht.

Wassertemperatur: 30 bis 33 Grad Celsius.

Badedauer: zirka 15 Minuten.

FITNESSWERT: Warmes Fußbad

* Beruhigend und schlaffördernd.
* Gut bei kalten Füßen und Wadenkrämpfen.

Das Wechselfußbad

Durchführung: (Abbildung 130): Für das Wechselfußbad benötigen Sie zwei Fußbadewannen oder zwei Eimer. Ein Behälter wird mit warmem Wasser, der andere mit kaltem Wasser gefüllt. Beginnen Sie das Fußbad mit einem warmen Bad, und stellen Sie dann die Füße kurz in das kalte Wasser. Wiederholen Sie diese Prozedur einige Male.

Temperatur: Warmes Wasser: 30 bis 33 Grad Celsius. Kaltes Wasser: 12 bis 16 Grad Celsius.

Badedauer: Im warmen Wasser: je Wechsel zirka 5 Minuten.
Im kalten Wasser: je Wechsel zirka 10 Sekunden, nie länger als 20 Sekunden.

FITNESSWERT: Wechselfußbad

* Gut bei kalten Füßen.
* Stark durchblutungsfördernd.
* Lindert Muskelkrämpfe und unruhige, kribbelnde Beine („Ameisenlaufen“).
* Wohltuend bei Nervosität und Wetterfühligkeit.
* Stärkt das Abwehrsystem.

Abbildung 130

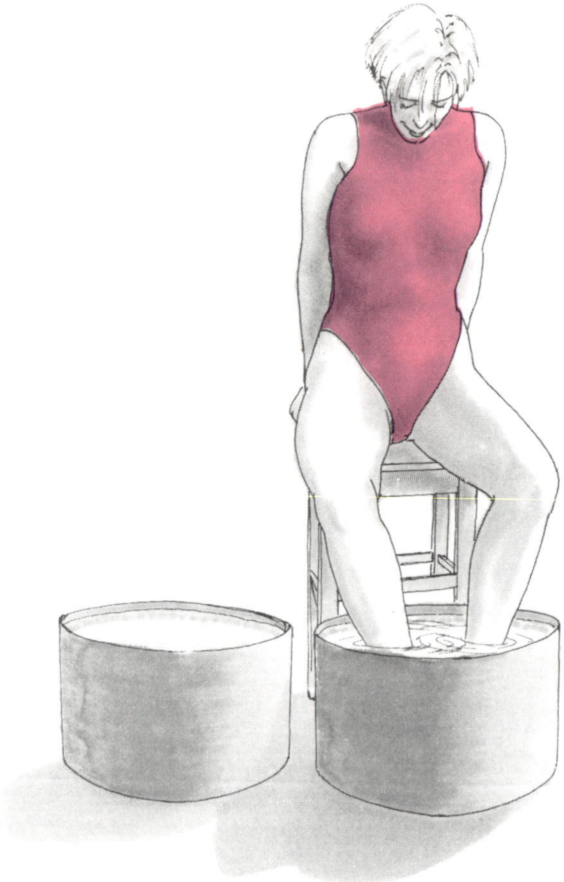

Das warme Vollbad

Durchführung: (Abbildung 131): Das warme Vollbad darf auf keinen Fall zu heiß sein und zu lange dauern, da das warme Wasser den Kreislauf belastet und gleichzeitig die schützende Hornhautschicht aufweicht und entfettet. Nach einem Bad langsam aus dem Wasser aufstehen und mit einem kalten Guß oder einer kalten Dusche einige

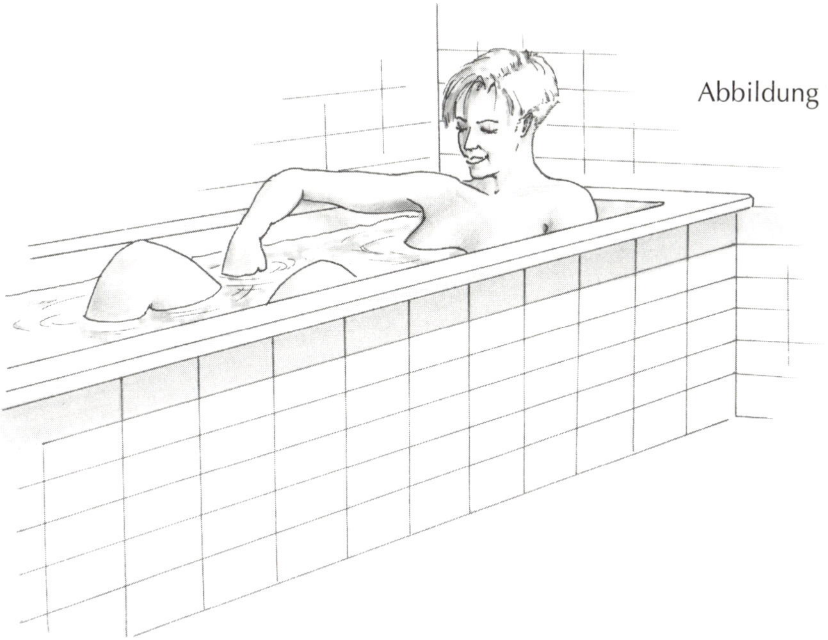

Abbildung 131

Sekunden erfrischen. Die wohltuende Wirkung des Vollbades läßt sich durch Zusätze gezielt steuern (s. unten).

Wassertemperatur: zwischen 33 und 37 Grad Celsius.

Badedauer: maximal 20 Minuten.

FITNESSWERT: Warmes Vollbad

* Entspannend und stoffwechselanregend.
* Löst Verkrampfungen der Muskulatur und hilft bei Nervosität.
* Ideale Einschlafhilfe.

Badezusätze

Wirkung: Zusätze intensivieren die Wirkung von Wasseranwendungen. Sie entfalten jedoch nur in warmem Wasser ihre Wirkung. Benutzen Sie Badezusätze deshalb nur für warme Arm-, Fuß- oder Vollbäder.

Kauf und Herstellung: Die in der nachfolgenden Tabelle angeführten Badezusätze sind sowohl in Form von Fertigprodukten als auch als Rohstoffe in Apotheken, Drogerien oder Kräuter- und Reformhäusern erhältlich. Wer sich seine Bademittel selbst zubereiten möchte, findet die nötigen Anleitungen in der Tabelle *Badezusätze selbst gemacht* auf Seite 202.

Tabelle Badezusätze und ihre Wirkung

Wirkung auf das Wohlbefinden	Badezusatz
Anregend (Gut bei Erschöpfungszuständen, niedrigem Blutdruck)	Arnika, Kalmus, Lehm, Meersalz, Rosmarin.
Beruhigend entspannend und schlaffördernd	Baldrian, Fichtennadeln, Lavendel, Melisse.
Entzündungshemmend	Heublumen, Kamille.
Harntreibend	Wacholder (nicht anwenden bei Nieren- oder Harnwegsleiden sowie bei Schwangerschaft).
Hautpflegend	Eichenrinde, Kamille, Kleie, Meersalz, Milch, Molke, Moor, Ringelblume, Zinnkraut.
Hustenlindernd	Melisse, Thymian.
Schweißstillend	Eichenrinde, Kamille, Lehm, Schafgarbe.
Schweißtreibend	Ringelblume.
Wundheilend	Arnika, Eichenrinde.

Tabelle Badezusätze selbst gemacht

Badezusatz, Menge	Zubereitung
Arnika, 500 g	In kaltem Wasser über Nacht einweichen lassen, am nächsten Tag 10 Minuten kochen, abseihen und den Sud ins Badewasser geben.
Baldrian, 100 g	Die zerkleinerte Wurzel über Nacht einweichen lassen, am nächsten Tag 10 Minuten kochen, abseihen und den Sud ins Badewasser geben.
Eichenrinde, 1 Handvoll	Die Menge in 1 Liter Wasser bis zur Hälfte einkochen lassen. Abseihen und den Sud ins Badewasser geben.
Fichtennadeln, 1 kg	In kaltem Wasser über Nacht einweichen lassen, am nächsten Tag eine halbe Stunde kochen, abseihen und den Sud ins Badewasser geben.
Heublumen, 500 g	Die Menge in 5 Liter Wasser kochen, abseihen und den Sud ins Badewasser geben.

Badezusatz, Menge	Zubereitung
Kalmus, 250 g	Die zerkleinerte Wurzel in 5 Liter Wasser über Nacht einweichen, am nächsten Tag 10 Minuten lang kochen, abseihen und den Sud ins Badewasser geben.
Kamille, 100 g	In einem Liter Wasser 10 Minuten kochen, abseihen und Sud ins Badewasser geben.
Kleie, 2 kg (Weizenkleie)	Die Kleie in einen Leinensack geben und zuschnüren. Den Sack 10 Minuten lang kochen. Das Kochwasser samt Kleiesack ins Badewasser geben.
Lavendel, 100 g	Über Nacht in 1 Liter kaltem Wasser einweichen, am nächsten Tag 5 Minuten kochen, den Sud ins Badewasser geben.
Lehm, 2 kg	Den Lehm mit wenig Wasser anrühren und im Badewasser auflösen.
Meersalz, bis zu 1 kg	Im Badewasser auflösen.
Melisse, 200 g	Kurz mit kochendem Wasser überbrühen, abseihen und den Sud ins Badewasser geben.
Molke, 5 Liter	Im Badewasser auflösen.
Moor, 1/4 Liter	Im Badewasser auflösen.
Ringelblume, 200 g	Kurz mit kochendem Wasser überbrühen, abseihen und den Sud ins Badewasser geben.
Rosmarin, 500 g	In kaltem Wasser über Nacht einweichen, am nächsten Tag 10 Minuten kochen, den Sud ins Badewasser geben.
Schafgarbe, 500 g	Wie Rosmarin.
Thymian, 500 g	Wie Rosmarin.
Wacholder, 500 g	Wie Rosmarin.
Zinnkraut, 3 Handvoll	In 5 Liter Wasser 10 Minuten lang kochen, abseihen und den Sud ins Badewasser geben.

Güsse

Für die Anwendung zu Hause eignen sich nur kalte Güsse. Heiße Güsse stellen eine große Kreislaufbelastung dar und sollten nur unter fachlicher Anleitung durchgeführt werden.

FITNESSWERT: Güsse

* Belebend und kreislaufanregend.
* Hilfreich besonders bei nervösen Erschöpfungszuständen und Wetterfühligkeit.
* Schmerzlindernd bei entzündlichen rheumatischen Beschwerden (z. B. Arthritis).
* Stärken das Abwehrsystem.

Abbildung 132

Wasserdruck messen (Abbildung 132): Wer seinen Wasserguß originalgetreu nach Pfarrer Kneipp ausführen will, der muß eine Gartengießkanne ohne Siebaufsatz benutzen. Man kann sich aber auch mit einem Kneippschlauch behelfen, der einen Durchmesser von zirka zwei Zentimetern hat, oder mit einem Massage-Brausekopf mit Breitstrahldüse. Der Wasserdruck muß so eingestellt werden, daß das Wasser bei nach oben gerichteter Schlauchöffnung etwa eine Handbreit hochsprudelt.

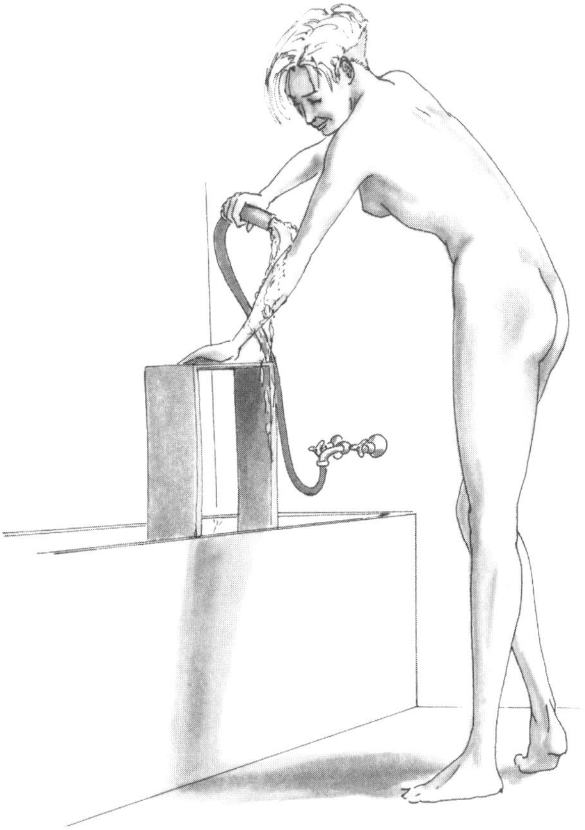

Abbildung 133

Der Armguß

Durchführung (Abbildung 133): Beugen Sie sich vorneüber über die Badewanne, und führen Sie den Wasserstrahl vom rechten Handrücken über den Arm bis zur rechten Schulter. Verweilen Sie dort zirka fünf Sekunden. Über die Armaußenseite wieder zur Hand zurückkehren. Nun entsprechend beim linken Arm und der linken Schulter verfahren. Jetzt wird wieder der rechte Arm begossen, aber diesmal die Innenseite des Armes. Die Schultern erneut fünf Sekunden begießen. Beim linken Arm entsprechend verfahren.

Wassertemperatur: 12 bis 16 Grad Celsius.

Gußdauer: insgesamt nicht länger als 20 Sekunden.

Der Knieguß

Durchführung (Abbildung 134): Der Knieguß wird sinngemäß wie der Armguß ausgeführt. Zuerst also beim rechten und dann beim linken Bein die Außenseite begießen, je fünf Sekunden am Knie verweilen, dann die Innenseite mit einem gleichmäßigen Wasserfilm überziehen. Das Knie wiederum fünf Sekunden lang begießen.

Wassertemperatur: 12 bis 16 Grad Celsius.

Gußdauer: insgesamt nicht länger als 20 Sekunden.

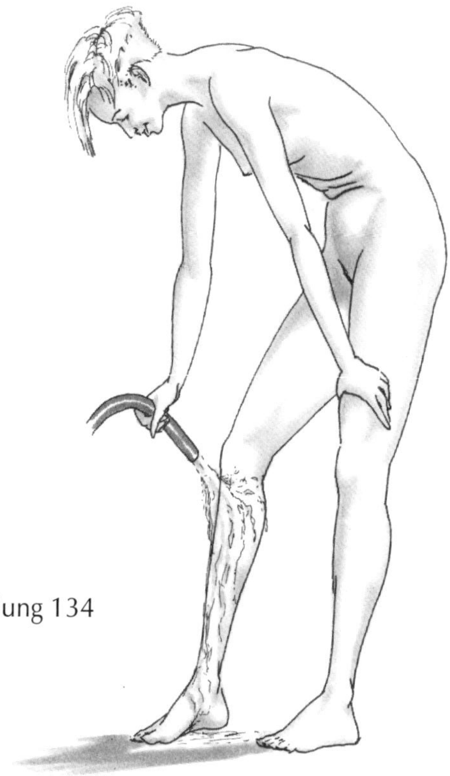

Abbildung 134

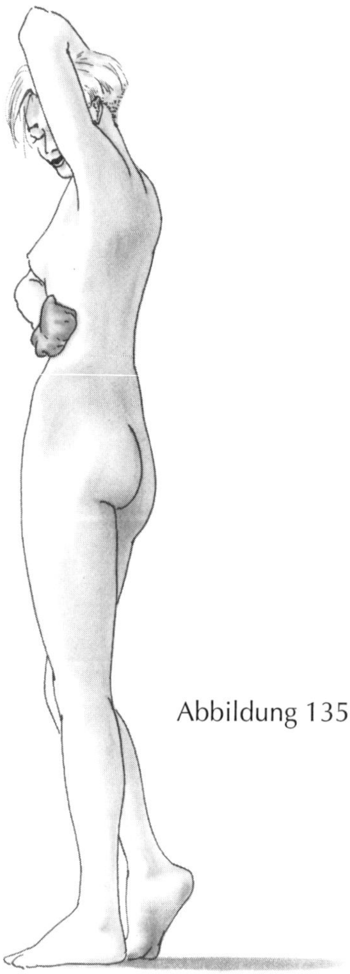

Abbildung 135

Waschungen

Durchführung (Abbildung 135): Waschungen gehören zu den einfachsten Wasseranwendungen. Ein Schwamm, Waschlappen oder Tuch wird immer wieder mit kaltem Wasser angefeuchtet und leicht ausgewrungen. In folgender Reihenfolge waschen: Rechter Handrücken – Außenseite des rechten Armes – rechte Schulter – Innenseite des rechten Armes bis zur Hand – linke Hand – Außenseite des linken Armes – linke Schulter – Innenseite des linken Armes bis zur Hand – Hals – Brust – Rücken – rechtes Bein von den Zehen hoch zum Gesäß – linkes Bein von den Zehen hoch bis zum Gesäß.

Trocknen Sie sich nach dem Waschen nicht ab, sondern legen Sie sich ins Bett oder ziehen Sie sich gleich an.

Wassertemperatur: 12 bis 16 Grad Celsius.

FITNESSWERT: Waschungen

* Lindern Kopfschmerzen, Erschöpfungszustände und Wetterfühligkeit.
* Stärken das Abwehrsystem.

Wasser-, Tau- und Schneetreten

Durchführung: Wassertreten können Sie problemlos zu Hause in der Badewanne. Füllen Sie die Wanne so hoch mit kaltem Wasser, bis es an die Mitte der Waden reicht. Gehen Sie in der Wanne auf und ab, oder treten Sie auf der Stelle. Heben Sie dabei wie ein Storch die Füße ganz aus dem Wasser (Abbildung 136). Nicht abtrocknen, sondern über die feuchten Füße warme Socken ziehen.

Beim Tau- oder Schneetreten laufen Sie barfuß so lange durch feuchtes Gras oder weichen Schnee, bis Sie den Kälteschmerz spüren. Anschließend die Füße nicht abtrocknen, sondern gleich warme Socken darüber ziehen und so eine Weile in einem warmen Raum umherlaufen.

Wassertemperatur: Wassertreten: zirka 15 bis 18 Grad Celsius.

Dauer: Wassertreten: zirka 5 Minuten. Tau- und Schneetreten: abhängig von der Außentemperatur.

FITNESSWERT: Wasser-, Tau- und Schneetreten

* Abends vor dem Zubettgehen: Einschlafhilfe.
* Morgens: erfrischend.
* Stärkt das Abwehrsystem.

Abbildung 136

Wechseldusche

Durchführung: Die Wechseldusche beginnt immer mit warmem Wasser, dann kurz kalt, anschließend wieder etwas länger warm abbrausen. Diesen Wechsel einige Male wiederholen. Den Abschluß bildet immer eine kurze kalte Dusche.

Temperatur: Warmes Wasser: zwischen 37 und 39 Grad Celsius.

Kaltes Wasser: zirka 16 Grad Celsius.

Duschdauer: Warme Dusche: 1 bis 2 Minuten.

Kalte Dusche: zirka 10 Sekunden.

Insgesamt: zwischen 5 und 10 Minuten.

Tip: Wer gerne duscht, sollte sich die Anschaffung eines Massage-Brausekopfes überlegen. Mit solchen Geräten, die ohne Probleme an jeden Duschschlauch angeschlossen werden können, kann man eine unterschiedliche Streuung der Wasserstrahlen einstellen bis hin zum gebündelten breiten Strahl, wie ihn Kneipp für seine Güsse empfohlen hat.

FITNESSWERT: Wechseldusche

* Sehr kreislaufanregend und erfrischend.
* Wohltuend bei Nervosität und Wetterfühligkeit.
* Stärkt das Abwehrsystem.

Sauna

Sauna und Wohlbefinden

Wirkungsweise: Vom nassen Kälte- und Wärmereiz machen wir einen Sprung zum trockenen Wärmereiz: zur Sauna. Das Grundprinzip und die Wirkung der Sauna sind vergleichbar mit den Wasseranwendungen. Über einen Temperaturreiz werden die Gefäßmuskeln trainiert, Durchblutung und Stoffwechsel gefördert. Lediglich das Medium, das den Wärmereiz übermittelt, ist ein anderes. In der Sauna wird als Übermittlungselement die

Luft benutzt, und da Luft ein schlechterer Wärmeleiter als Wasser ist, ertragen wir in der Sauna auch wesentlich höhere Temperaturen als bei den Wasseranwendungen. Auf die extreme Hitze, die Temperaturen bis zu 95 Grad Celsius erreicht, folgt in der Sauna die starke Abkühlung. Sie ist ein ebenso wichtiger Bestandteil des Saunens wie das Schwitzen.

Abhärtung: Wie die Kneippschen Wasseranwendungen hat die Sauna in erster Linie eine kreislaufanregende und abwehrstärkende Wirkung. Besonders im Winter kann durch regelmäßiges Saunen Erkältungs- und anderen Infektionskrankheiten vorgebeugt werden (ist die Erkältung jedoch schon ausgebrochen, greifen die Heilwirkungen nicht mehr).

Entschlackung und Reinigung: Darüber hinaus werden bei der starken Schweißabsonderung und vor allem durch die Anregung der Nierentätigkeit zahlreiche Schlacken und Giftstoffe ausgeschieden. Jeder Saunabesuch ist eine Tiefenreinigung für die Haut: Über die sich öffnenden Poren treten Schadstoffe und überschüssiger Talg ebenso aus wie abgestorbene Hornhautschuppen.

Beruhigung: Der Energieschub durch die verbesserte Durchblutung, die Wärme, aber auch das entspannende Ritual des Saunens stärken das vegetative Nervensystem und haben eine beruhigende Wirkung. Die Gefäße erweitern sich, die Muskeln entspannen, der Blutdruck sinkt, eine allgemeine körperliche und seelische Entspannung stellt sich ein. Nach sportlichen Anstrengungen ist diese Regenerierungswirkung der Sauna besonders erholsam.

Sauna und Wohlbefinden

Sauna
* trainiert die Blutgefäße,
* fördert die Wärmeregulation und Anpassung an schwankende Temperaturen,
* stärkt das Immunsystem und beugt Infektionskrankheiten, besonders Erkältungen, vor,
* regt die Nieren zur Entgiftung und Entschlackung an,
* ist eine schonende Tiefenreinigung für die Haut,
* wirkt beruhigend und entspannend,
* ist eine wohltuende Entspannung nach dem Bewegungstraining.

Gewichtsverlust: Während eines Saunabesuches verliert der Körper durch das Schwitzen so viel Flüssigkeit, daß es zu einer Gewichtsabnahme von bis zu zwei Kilogramm kommen kann. Wer die Sauna jedoch als Abmagerungsmittel benutzen will, der wird enttäuscht (sofern er sie nicht mit einer Diät kombiniert). Der Flüssigkeitsverlust ist nämlich spätestens nach zwei Tagen wieder ausgeglichen!

Sauna und Dampfbad

Geschichtliche Vorläufer: Aus griechischen Geschichtsquellen weiß man, daß die Skythen schon einige Jahrhunderte vor Christus eine Vorform unserer heutigen Sauna kannten. Zu hohen, meist religiösen Anlässen brachte dieser Bauern- und Hirtenstamm aus dem südlichen Rußland heiße Steine in die Mitte seiner Jurten, die so zu regelrechten Schwitzzelten wurden. Ähnliche Schwitzpraktiken kennen wir von den Azteken, Russen und Türken.

Finnische Sauna: Zu uns nach Deutschland kam die Sauna aber erst sehr spät. In den 30er Jahren des zwanzigsten Jahrhunderts machten die Finnen ihre Form der Sauna bei uns populär. Das Besondere an der finnischen Sauna ist die trockene Wärme, die bis zu 95 Grad Celsius ansteigen kann, und die geringe Luftfeuchtigkeit, die bei nur fünf Prozent liegt (zum Vergleich: Die relative Luftfeuchtigkeit in Wohnräumen liegt bei zirka 40 Prozent).

Dieses Saunaklima ist die ideale Voraussetzung, um den Körper zum Schwitzen anzuregen, denn je trockener die Luft, desto mehr Feuchtigkeit kann sie vom schwitzenden Körper aufnehmen. Durch gelegentliche Aufgüsse kann die Luftfeuchtigkeit im Saunaraum erhöht werden (siehe Saunaregel Nr. 9, Seite 214).

Das Dampfbad: Im Dampfbad herrscht im Gegensatz zur finnischen Sauna lediglich eine Temperatur von zirka 50 Grad Celsius, dafür steigt die Luftfeuchtigkeit bis auf 100 Prozent an. Da die Luft im Dampfbad bereits mehr mit Feuchtigkeit gesättigt ist, kann sie auch weniger Schweiß aufnehmen. Der Effekt: Man schwitzt weniger als in der Sauna.

Die 10 Grundregeln des Saunens

Saunen ist eine kleine Wissenschaft für sich – und auch eine sehr individuelle Angelegenheit. So vertritt beinahe jeder geübte Saunagänger eine eigene Saunatheorie. Über die nachfolgenden Grundregeln sollte man sich jedoch bei allen persönlichen Vorlieben nicht hinwegsetzen, egal ob man in einer öffentlichen Gemeinschaftssauna oder zu Hause saunt.

1. **Ärztlicher Rat:** In die Sauna darf nur, wer sich gesund fühlt. Wer an Krankheiten leidet (vor allem bei Nieren-, Kreislauf- und Hauterkrankungen oder anderen, ansteckenden Leiden), der sollte vor einem Saunabesuch seinen Arzt befragen.

2. **Ausrüstung:** Zum Saunen benötigt man zwei Handtücher: eines zum Abtrocknen, ein weiteres zum Ausbreiten auf die Saunabank, damit der Schweiß aufgesaugt wird. Körperpflegemittel wie Seife oder Duschbad brauchen Sie nicht, da die Haut auf die natürlichste Art gereinigt wird. Jeder Zusatz ist nicht nur unnötig, sondern würde die Haut nur unnötig strapazieren.

3. **Körperreinigung:** Vor dem Saunen wird der Hygiene wegen gründlich geduscht. Danach sollte man sich jedoch gut abtrocknen, denn ein Wasserfilm auf der Haut verzögert das Schwitzen in der Sauna.

Abbildung 137

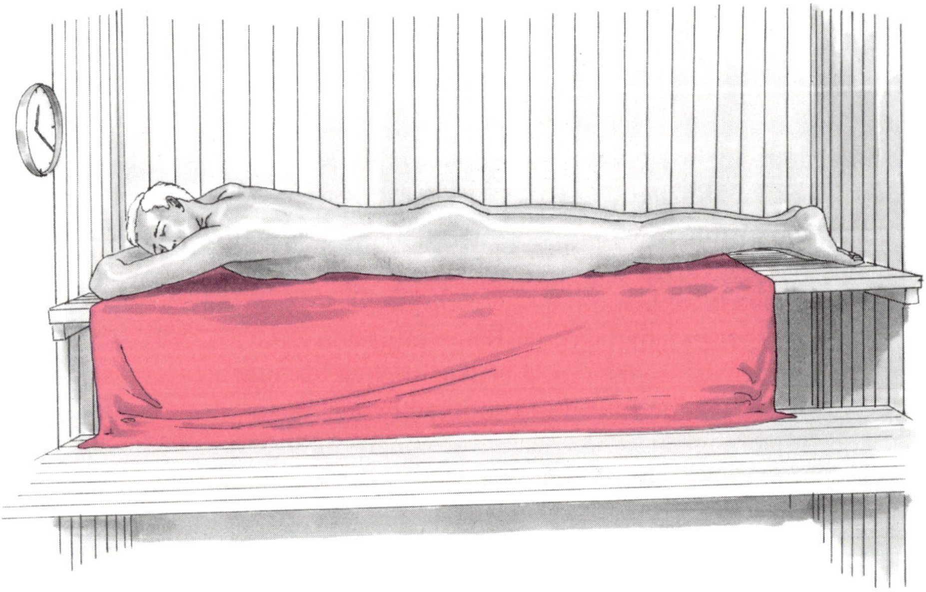

4. Die Wahl der Bank: In der Sauna gibt es drei Ebenen (Abbildung 137) mit unterschiedlichen Temperaturen:

* *Unterste Bank* (zirka 50 Grad Celsius): Hier sollte sich der Neuankömmling in der Sauna und der Sauna-Unerfahrene niederlassen.
* *Mittlere Bank* (zirka 65 Grad Celsius): Bei dieser Temperatur ist die maximale Schweißproduktion erreicht. Neuankömmlinge wechseln nach zirka fünf Minuten auf diese mittlere Ebene.
* *Oberste Bank* (zirka 90 Grad Celsius): Die Durchblutung und Durchwärmung des Körpers ist auf dieser Bank am größten, die Schweißproduktion bleibt auf dem Niveau der mittleren Bank.

5. Füße: Die Füße sollten immer in Sitzhöhe sein, das heißt: Legen Sie sich entweder hin, oder ziehen Sie im Sitzen die Beine an. Wenn Sie gelegen haben, dann setzen Sie sich erst einige Minuten lang auf, bevor Sie aufstehen, um die Sauna zu verlassen.

6. Saunadauer: Jeder Saunagang dauert ungefähr acht bis zehn Minuten. Bleiben Sie aber nur so lange in der Sauna, wie Sie sich wohlfühlen. Melden sich Warnsignale wie Herzklopfen oder beschleunigter Atem, dann verlassen Sie die Sauna. Auch die Anzahl der Saunagänge hängt vom persönlichen Wohlbefinden ab. Empfohlen werden im Regelfalle drei Durchgänge, Saunabegeisterte schwärmen sogar von einer vierten „Schwitzrunde“. Wiederholen Sie den Saunagang aber nur so oft, wie es Ihnen guttut, versuchen Sie nicht mit anderen mitzuhalten.

7. Aufgüsse: Die finnische Sauna ist eine trockene Sauna. Zuviele Aufgüsse erhöhen die Luftfeuchtigkeit und führen leicht zu einem Hitzestau! Ein hochroter Kopf und Schweißbäche zeugen nicht davon, daß man gesund schwitzt.

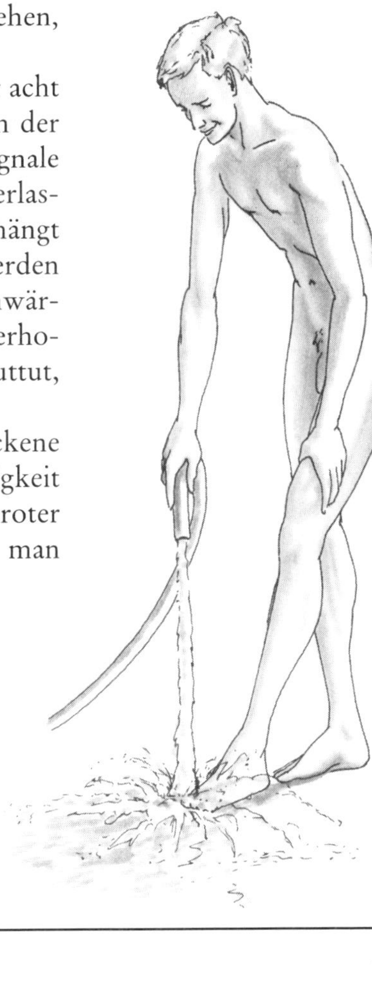

Abbildung 138

8. Abkühlen: Nach dem Verlassen der Sauna: Langsam im kühlen Raum umhergehen, leichte Gymnastikübungen ausführen und kräftig durchatmen. Anschließend unbedingt abkühlen: kalt abduschen oder mit einem Kneippschlauch abspritzen (Abbildung 138). Ist ein Tauch- oder Schwimmbecken vorhanden, dann kurz darin untertauchen.

9. Ruhe: Danach ist eine Ruhepause angesagt. Legen Sie sich entspannt in einen ruhigen Raum, und sprechen Sie nicht. Konzentrieren Sie sich auf das wohlige Gefühl, das sich im Körper ausbreitet.

10. Durst: Eine automatische und logische Folge des hohen Flüssigkeitsverlustes in der Sauna und im Dampfbad ist der immense Durst, der sich einstellt. Begehen Sie nicht den Fehler, auf jegliches Trinken zu verzichten. Der Körper muß einen Teil der verlorenen Flüssigkeit (und vor allem die dadurch mitausgeschwemmten Mineralstoffe) ausgleichen, um seinen Wasserhaushalt wieder in Ordnung zu bringen. Wer abnehmen möchte, sollte nur kalorienarme Getränke zu sich nehmen, am besten natriumarmes Mineralwasser.

Vorsicht: Alkoholhaltige Getränke und auch Fruchtsäfte haben teilweise einen hohen Kaloriengehalt (siehe Seite 298). Auf keinen Fall sollten während oder nach der Sauna koffeinhaltige und aufputschende Flüssigkeiten getrunken werden, da der Kreislauf durch die Warm-Kalt-Reize sowieso schon auf Hochtouren läuft.

Partner-Massage

Was bewirkt die Massage?

Berührung: Das französische Wort *Massage* ist bei uns schon so gebräuchlich, daß wir gar nicht, wie bei anderen Fremdwörtern, versucht sind, über seine ursprüngliche Bedeutung nachzudenken. Aber was bedeutet es, woher kommt es? Massage ist eine Ableitung aus dem arabischen Wort *massa*, das wiederum soviel wie *berühren, betasten* bedeutet. Und damit sind wir schon beim Wesenskern der Massage: der Berührung.

Körper: Durch das mechanische Einwirken auf die Haut und das unter ihr liegende Gewebe (Muskeln, Bindegewebe und andere Weichteile) werden muskuläre Verspannungen und Verkrampfungen gelöst, der Abtransport von Schlackenstoffen gefördert und der Lymphfluß angeregt. Massagen wirken im wahrsten Sinne des Wortes ent-spannend, schon nach wenigen Minuten fühlt man sich belebt und erfrischt.

Psyche: Die Berührung mit der Hand, der Körperkontakt zwischen zwei Menschen hat aber auch eine psychologische Komponente, die kein technisches Massagegerät ersetzen kann. Durch die Hände des Masseurs wird ein intensiver Kontakt hergestellt, der Vertrauen, Beruhigung und seelische Entspannung hervorruft. Die Hand als Ursymbol menschlicher Kontaktfähigkeit ist einer der wichtigsten Überträger von Sympathie und auch von Energie. Was ein liebevolles Streicheln, die Berührung oder das Handauflegen bei Kranken, ja selbst nur ein ermutigender Händedruck bewirken kann, das weiß jeder aus eigener Erfahrung.

Massage und Wohlbefinden

Massage
* lockert Muskeln und Gewebe,
* baut körperliche Verspannungen ab und neue Energien auf,
* fördert die Durchblutung und belebt,
* aktiviert den Lymphfluß,
* wirkt sich positiv auf Stoffwechsel und Entschlackung aus,
* löst seelische Unruhe und Verspannungen,
* stellt Körperkontakt und zwischenmenschliche Beziehungen her.

Die 10 Grundregeln der Partner-Massage

1. **Schmerzen:** Das oberste Gesetz bei allen Laienmassagen lautet: Es darf nichts wehtun! Brechen Sie sofort die Behandlung ab, wenn Sie Schmerzen verspüren. Es ist falsch zu glauben, eine Massage sei umso wirkungsvoller, je kräftiger der Masseur zulangt und je mehr Schmerzen man verspürt.

2. **Vorsicht:** Nicht massieren bei Verletzungen, Entzündungen oder Hauterkrankungen. Auch wer an Krampfadern leidet, sollte auf die Partner-Massagen verzichten.

3. Vertrauen: Sprechen Sie während der Massage miteinander. Sagen Sie was gut tut, was weh tut, was kitzelt... Ein solches „Feedback" ist wichtig für den Masseur, nur so kann eine harmonische Atmosphäre und Vertrauen entstehen.

4. Raum: Der Massageraum soll angenehm temperiert sein, keinesfalls darf Zugluft herrschen. Schaffen Sie auch sonst eine angenehme Atmosphäre im Raum und vermeiden Sie Reize, die Sie von der Massage ablenken: kein grelles Licht, keine aufregende Musik, kein Straßenlärm, keine Geruchsbelästigung.

5. Aufwärmen: Damit die Massage ihre optimale Wirkung erzielt, sollte sich derjenige, der sich massieren läßt, vorher aufwärmen (zum Beispiel durch Sport, Sauna oder ein warmes Bad). Auch die Hände des Masseurs müssen wohlig warm sein. Gegebenenfalls müssen sie vor der Massage durch Gymnastikbewegungen, Händereiben oder ein Handbad erwärmt werden.

6. Haltung: Nehmen Sie eine völlig entspannte Haltung ein. Am besten legen Sie sich ausgestreckt auf eine nicht zu weiche Unterlage.

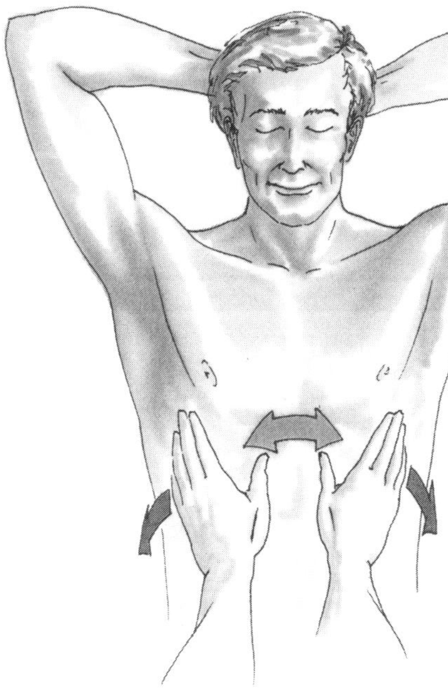

Abbildung 139

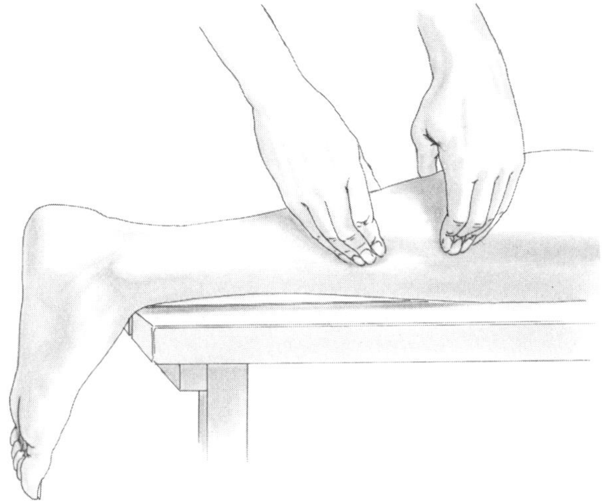

Abbildung 140

7. **Hilfsmittel:** Massageöle sind zwar nicht unbedingt erforderlich, aber sie stellen wirksame Gleitmittel dar. Sind sie mit entsprechenden Pflanzenzusätzen versehen, so steigern sie die entspannende Wirkung der Massage.

8. **Lockerung:** Jede Massage beginnt damit, daß die Körperteile, die massiert werden sollen, mit weichen, aber nicht zu sanften (das kitzelt!) Streichbewegungen gelockert werden.

9. **Massagetechniken:** Für die Partner-Massage zu Hause eignen sich die einfachen Techniken der Streich-, Knet- und Klopfmassage.

* Streichmassage (Abbildung 139): Bei der Streichmassage wird mit der ganzen Handfläche massiert. Die flache Hand liegt ganz auf der Haut auf und verschiebt sie mit festem Druck.
* Knetmassage (Abbildung 140): Bei der Knetmassage wird mit den Fingerkuppen ein kräftiger Druck ausgeübt. Die einzelnen Muskelpartien werden dabei gegen die Knochen gedrückt.
* Klopfmassage (Abbildung 141): Hier kommt entweder die flache Hand oder nur der Handrücken zum Einsatz. In schnellem Wechsel schlagen beide Handflächen auf die Haut auf.

10. Massagerichtung: Die Massagerichtung verläuft immer zum Herzen hin. Nie eine Streichmassage vom Herzen weg ausführen.

Abbildung 141

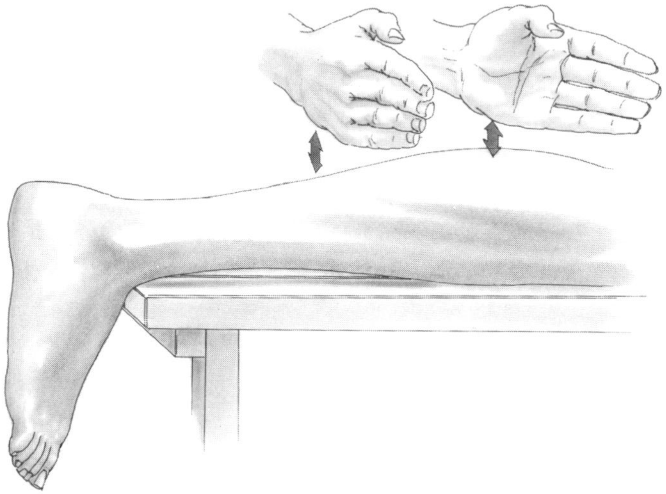

Massage von Kopf bis Fuß

Nackenmassage

Durchführung (Abbildung 142): Beide Hände liegen im Nacken, die Daumen am Ansatz der Wirbelsäule, die Finger an den Ohren. Die linke Hand streicht mit sanftem Druck zum linken Schulterblatt, die rechte Hand gleichzeitig zum rechten Schulterblatt. Beide Hände gleichzeitig von den Schultern lösen, die Fingerspitzen zwischen die Schulterblätter legen und mit beiden Daumen nach außen streichen. Wieder die Finger von den Schultern nehmen, diesmal auf die Wirbelsäule in Höhe des Rippenansatzes legen. In einem Bogen die Haut mit den Fingerspitzen zu den Schulterblättern schieben. Wieder zum Rippenansatz zurückkehren und die ganze Wirbelsäule entlang bis hoch in den Nacken und zurück zu den Schultern streichen. Mit den Fingern den Hals umfassen und leicht kneten. Wieder von vorne beginnen. So oft ausführen, wie es als angenehm empfunden wird.

FITNESSWERT: Nackenmassage

* Lockert Verspannungen im Nacken- und Schulterbereich.
* Lindert Kopfschmerzen, Erschöpfungszustände und Wetterfühligkeit.
* Wohltuend für alle, die viel am Schreibtisch sitzen müssen.

Rückenmassage

Durchführung (Abbildung 143): Beide Hände liegen knapp über dem Gesäß und fahren mit mäßigem Druck die Wirbelsäule entlang bis in den Nacken. Hände vom Körper lösen und wieder knapp über das Gesäß legen. Hoch zum Nacken streichen. Einige Male wiederholen.

Abbildung 143

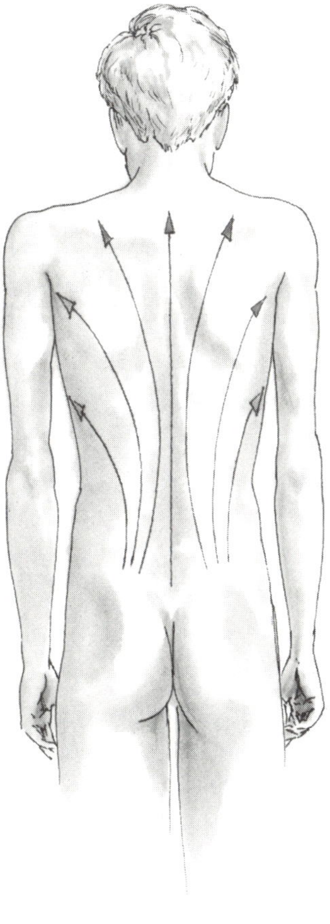

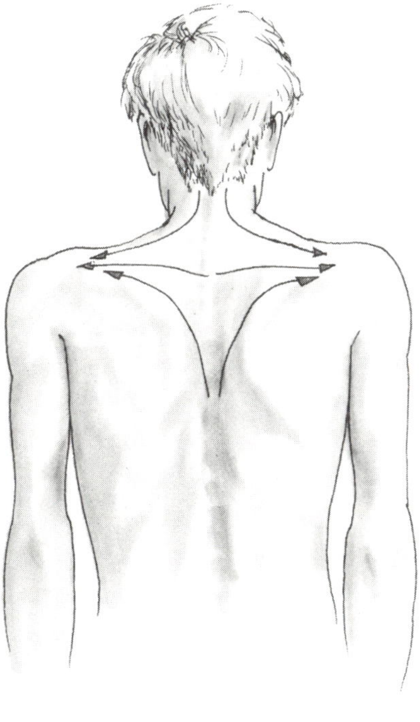

Abbildung 142

Dann die Hände über die linke bzw. die rechte Pobacke legen. Gleichzeitig in einem Bogen zu den Schultergelenken streichen, die Hände vom Rücken lösen und wieder über die Pobacken legen. Nun erneut nach oben streichen: diesmal zu den Achselhöhlen, wieder zurück zum Po und mit kräftigem Druck hoch zu den Rippenbögen streichen. Einige Male wiederholen.

Sie können abwechselnd mit der ganzen Handfläche streichen oder den Druck auf die Finger- und Daumenkuppen verlagern. Als Abschluß wird der ganze Rücken mit leichen Klopfmassagen bearbeitet.

FITNESSWERT: Rückenmassage

* Lockert verspannte Rückenmuskeln.
* Lindert Rückenschmerzen.
* Wohltuend für alle, die viel sitzen oder stehen müssen.

Armmassage

Durchführung am Oberarm (Abbildung 144): Eine Hand hält stützend den Oberarm, die andere führt die Massage aus. Einige Male den Arm nach oben ausstreichen. Mit kräftigem Druck von Daumen und Fingerkuppen die Muskulatur durchkneten, ohne daß Schmerzen entstehen. Zwischendurch leicht ausklopfen und dann weiterkneten. Abschließend wieder mit der ganzen Hand nach oben ausstreichen.

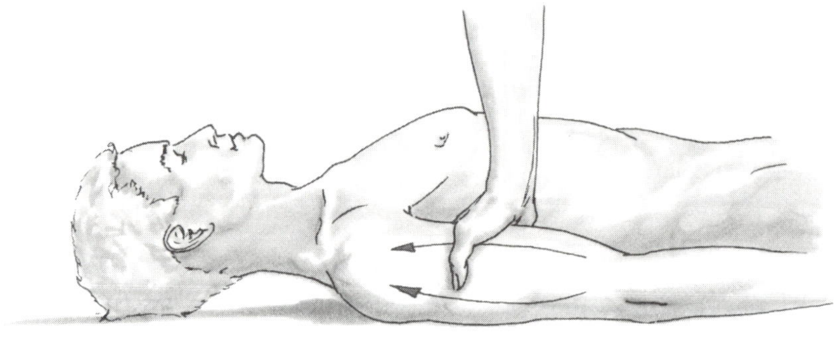

Abbildung 144

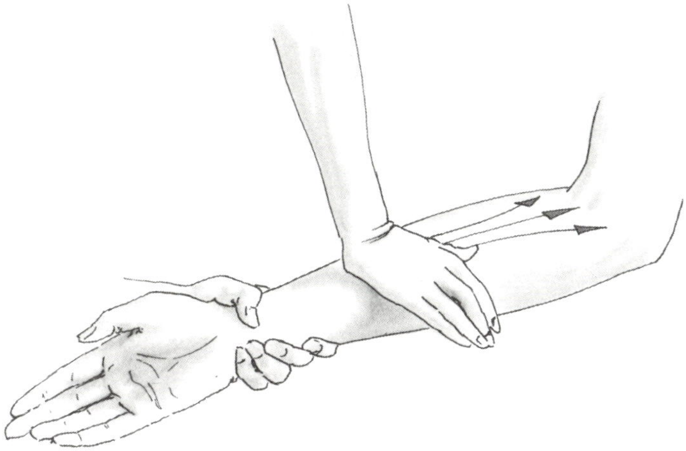

Abbildung 145

Durchführung am Unterarm (Abbildung 145): Eine Hand umfaßt stützend das Handgelenk des Partners, die andere massiert. Mit der flachen Hand den Unterarm entlang bis zum Ellbogen streichen. Die Massagehand hochheben und wieder auf die Handwurzel legen. Diese Streichmassage dauert einige Minuten und wird mit einer Klopfmassage beendet.

FITNESSWERT: Armmassage

* Wohltuend für müde und überanstrengte Arme.
* Gute Lockerungsmassage, besonders für Tennis- und Squashspieler.

Beinmassage

Durchführung am Oberschenkel (Abbildung 146): Die Hände umfassen ein Knie und streichen kräftig die Haut nach oben. Loslassen und zum Knie zurückkehren. Einige Male so den Schenkel streichen, dann die Oberschenkelmuskeln kräftig mit den Fingerkuppen durchkneten. Zwischendurch eine leichte Klopfmassage ausführen. Zum Abschluß wieder nach oben ausstreichen.

Durchführung am Unterschenkel (Abbildung 147): Die Unterschenkel werden nach demselben Prinzip wie die Oberschenkel massiert. Die Bewegung erfolgt ausschließlich vom Knöchel zur Kniekehle (nie mit der Hand auf der Haut nach unten streichen!). Zwischendurch Klopfmassage, abschließend den ganzen Unterschenkel nach oben ausstreichen.

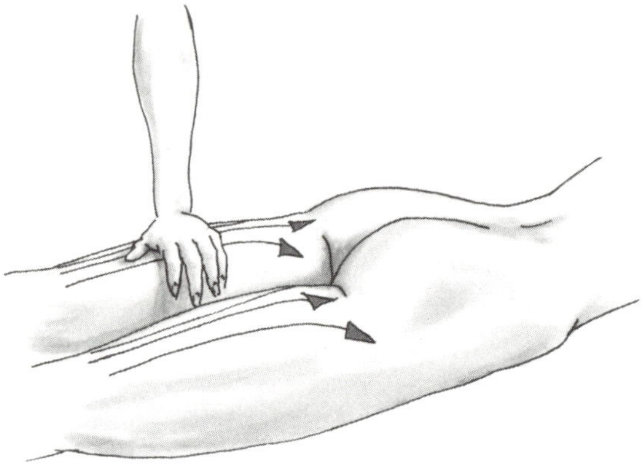

Abbildung 146

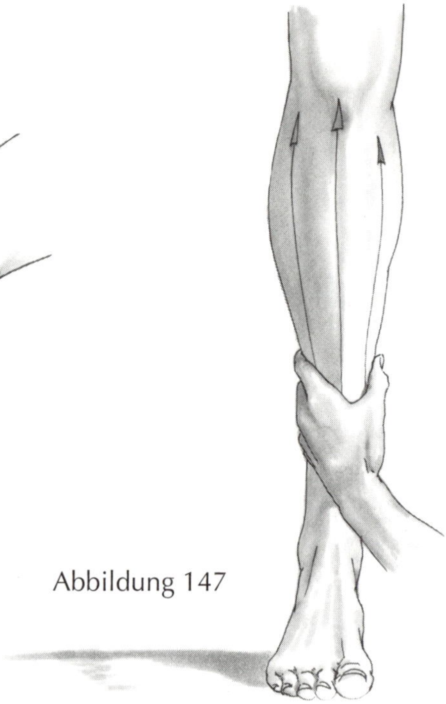

Abbildung 147

FITNESSWERT: Beinmassage

* Belebt müde Beine.
* Lindert Muskelkrämpfe, Muskelkater und unruhige Beine.
* Erwärmt kalte Beine und Füße.

Entspannende Gesichtsmassagen finden Sie im Kapitel *Körperpflege* auf der Seite 244.

Die Reflexzonen-Massage

In keinem Buch über natürliche Gesundheitsvorsorge darf sie heute mehr fehlen: die Reflexzonen-Massage. Erst vor einigen Jahren wurde diese jahrtausendealte Massagetechnik wiederentdeckt. Seither hat sie einen wahren Siegeszug erlebt – und das mit Recht. Denn sie ist eines der natürlichsten Mittel, körperliches Wohlbefinden zu erhalten und zu steigern sowie Beschwerden zu lindern.

Was sind Reflexzonen?

Energiebahnen: Die Reflexzonen-Massage ist eine Heilmethode, die wir der chinesischen Ganzheitsmedizin verdanken. Ihr liegt die Vorstellung zugrunde, daß der menschliche Körper von einer Reihe von Bahnen durchzogen wird, in denen Energien fließen. Solange der Energiefluß in diesen Leitungsbahnen ungestört verläuft (die chinesische Medizin spricht von einem harmonischen Verhältnis von Yin und Yang), solange ist das Wohlbefinden des Menschen garantiert.

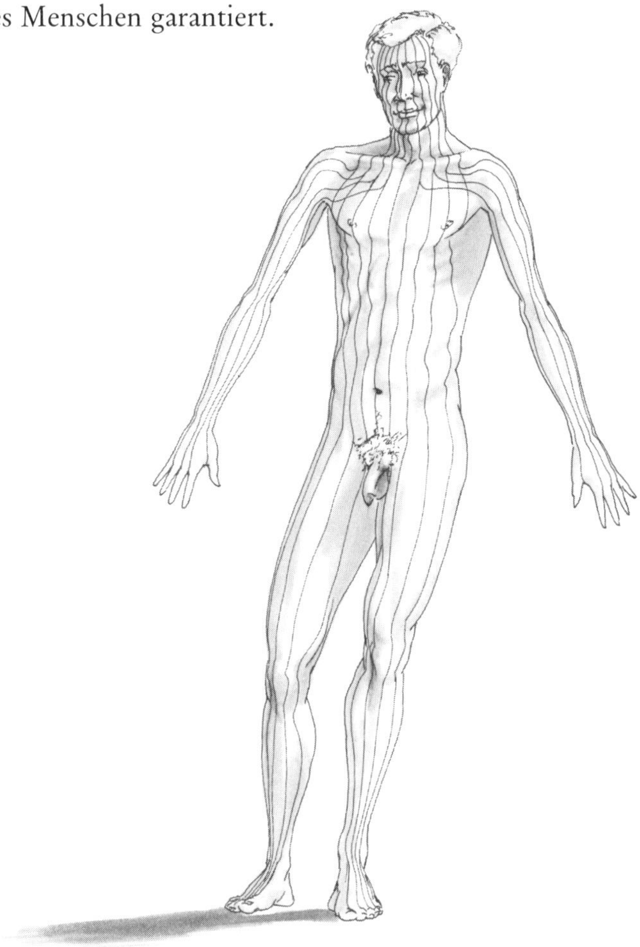

Abbildung 148

Zehn Reflexzonen: Die Abbildung 148 zeigt, wie der menschliche Körper in zehn Reflexzonen eingeteilt werden kann, wobei in jeder Körperhälfte fünf Zonen liegen. Die Bahnen verlaufen vertikal vom Kopf bis zu den Zehen, an den Schultern zweigen Energiebahnen zu den Händen ab. Die Bahnen enden jeweils in den Handflächen bzw. den Fußsohlen.

Lymph-Massage

Hände und Füße als Spiegelbild des Körpers: Jeder Körperteil und jedes Organ liegt in einer bestimmten Energiebahn. Verfolgt man diese bis zu ihrem Ende, so gelangt man an den Fußsohlen (Abbildung 149) bzw. den Handflächen (Abbildung 150) zu der entsprechenden Reflexzone. Einige Beispiele: Die Energiebahnen von Herz und Milz liegen in der linken Körperhälfte, sie enden auch in der linken Handfläche bzw. der linken Fußsohle. Hingegen finden sich auf der rechten Fußsohle und Hand unter anderem Leber und Galle. Organe wie die Augen, die symmetrisch angelegt sind, tauchen natürlich auf beiden Fußsohlen und Handflächen auf.

Abbildung 149

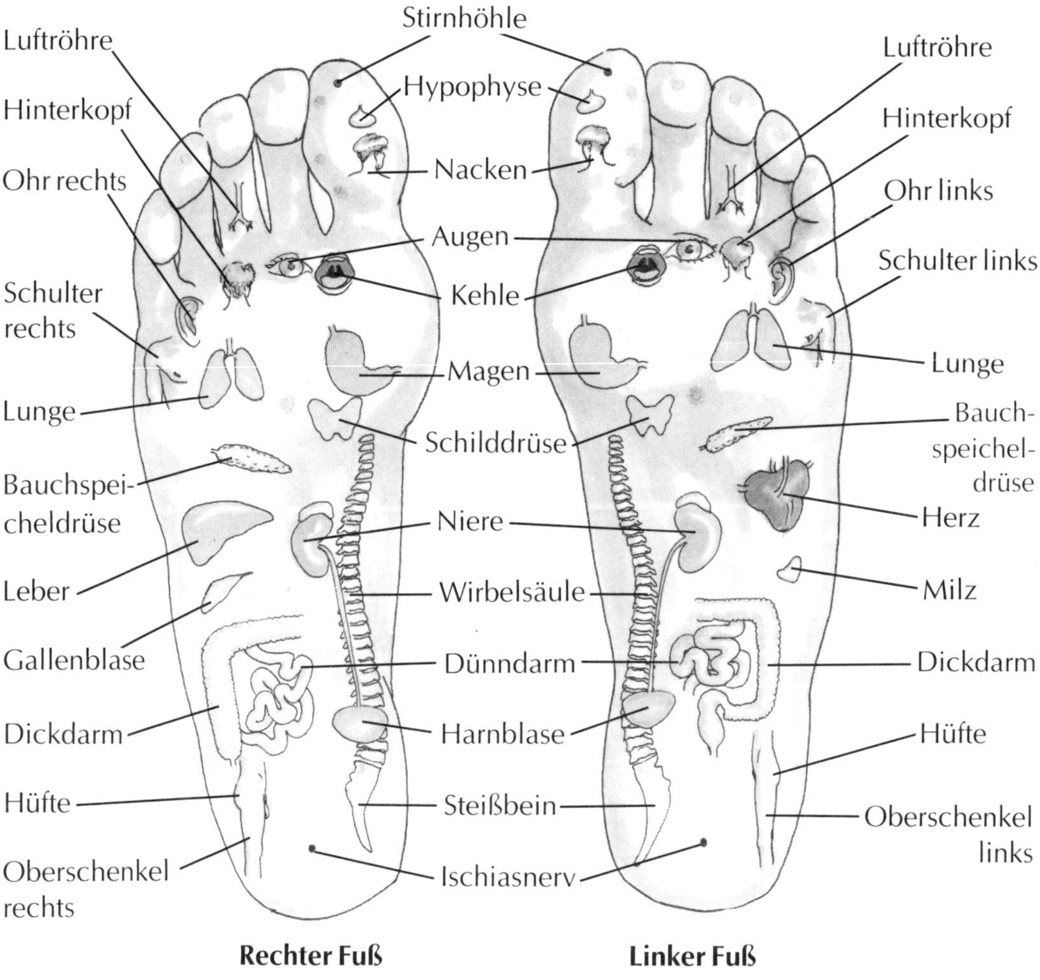

Abbildung 150

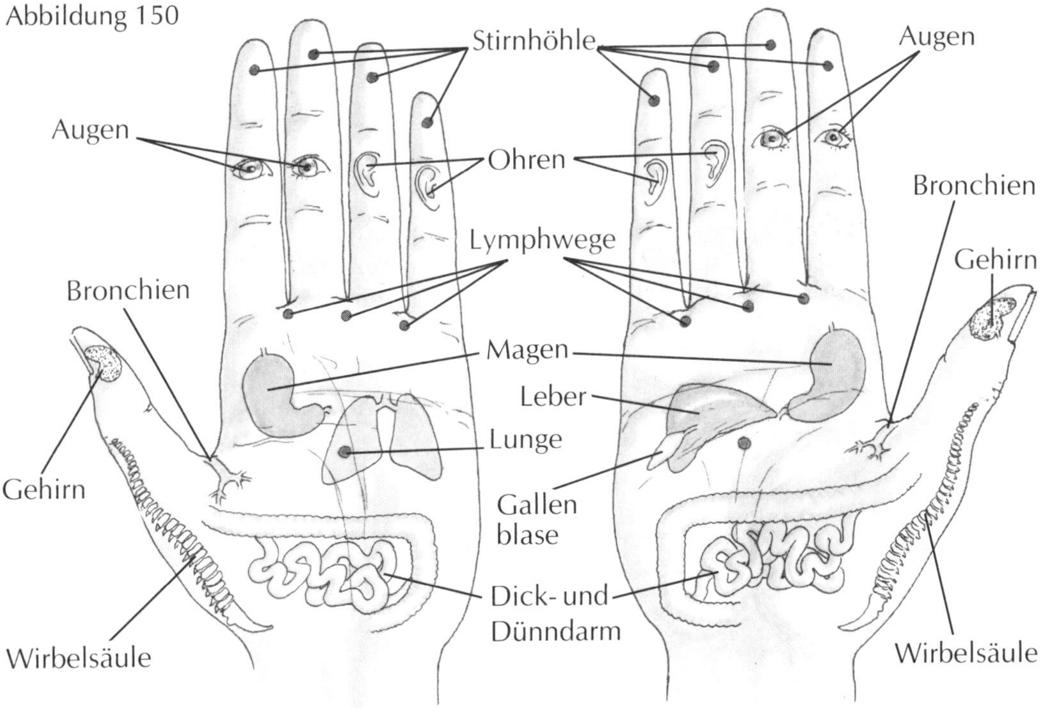

Reflexzonen-Massage und Wohlbefinden

Was ist ein Reflex? Ein Reflex ist eine vom Willen und vom Bewußtsein unabhängige automatische Reaktion. Der Körper empfängt einen Reiz und sendet ihn direkt an das Gehirn oder das Rückenmark, diese geben sofort eine Meldung an bestimmte Muskelpartien weiter. Im Falle der Reflexzonen-Massage heißt das: Der richtige Druck an Fußsohle oder Hand löst – ohne bewußte Willenssteuerung – eine Reaktion in den betreffenden Organen oder Körperteilen aus.

Beseitigung von Energieblockaden: Der Energiefluß in unserem Körper kann von sehr unterschiedlichen Faktoren gestört, geschwächt oder blockiert werden, zum Beispiel durch Streß, witterungsbedingte Einflüsse oder Verletzungen. Solche Störungen der Körperharmonie, die zu Krankheit oder Beeinträchtigungen des allgemeinen Wohlbefindens führen, können durch gezielte Massagen der Reflexzonen zum einen verhindert, zum anderen wieder behoben werden.

Entspannung: Die Reflexzonen-Massage hat darüber hinaus noch einen nicht zu unterschätzenden Vorteil. Sie ist eine Wohltat sondergleichen! Es ist herrlich entspannend, zu spüren, wie die Belastung und Anstrengung aus den Knochen weicht – besonders wenn man sich dabei völlig auf das Körperempfinden konzentrieren kann und der Partner die Massage ausführt.

Reflexzonen-Massage und Wohlbefinden

Reflexzonen-Massage
* harmonisiert den Energiefluß des Körpers,
* beseitigt Energieblockaden, die das Wohlbefinden stören,
* aktiviert die Selbstheilungskräfte des Körpers,
* löst körperliche und seelische Verspannungen,
* wirkt wohltuend und erfrischend,
* stellt Körperkontakt und zwischenmenschliche Beziehungen her.

Die 10 Grundregeln der Reflexzonen-Massage

Dank ihrer unkomplizierten Technik sind einige Grundbegriffe der Reflexzonen-Massage auch für den Laien schnell erlernbar. Beachten Sie jedoch stets die folgenden Grundregeln:

1. Massageraum: Schaffen Sie angenehme Rahmenbedingungen: ein wohlig temperierter Raum, frische Luft, bequeme Kleidung, vielleicht auch eine ruhige Musik im Hintergrund.

2. Selbstmassage: Für die Selbstmassage setzen Sie sich aufrecht auf einen Stuhl ohne Lehnen und schlagen ein Bein über das andere. Achten Sie darauf, daß Sie sich nicht in den Schultern verkrampfen. Tragen Sie kurze Hosen oder eine bequeme Trainingshose, damit sich in den Kniekehlen keine drückenden Kleiderfalten bilden.

3. Partnermassage: Am entspannendsten ist die Reflexzonen-Massage, wenn sie der Partner ausführt. Besonders bei der Massage der Fußsohlen kann sich derjenige, der massiert wird, völlig entspannt hinlegen (am besten ausgestreckt auf das Sofa oder Bett).

4. Kitzlige Zonen: An den empfindlichen Fußsohlen muß der Masseur ein großes Maß an Einfühlungsvermögen und Empfindsamkeit entwickeln. Die Füße dürfen nicht zu zart angefaßt werden, da so eine nervöse Überreizung gefördert wird.

5. Rückfragen: Der Masseur sollte zwischendurch immer wieder nachfragen, ob die Massage als angenehm empfunden wird oder ob Schmerzen auftreten. Brechen Sie die Massage ab, wenn das Wohlbefinden in irgendeiner Form beeinträchtigt ist.

6. Hilfsmittel: Zusätze wie Massageöle oder Cremes sind bei der Reflexzonen-Massage nicht nötig.

7. Dauer: Die Reflexzonen-Massage sollte nicht länger als eine halbe Stunde pro massiertem Fuß/massierter Hand andauern.

8. Vorsicht: Wann immer bei den Massageübungen andauernde Schmerzen auftreten, ohne daß Sie dafür einen konkreten Grund entdecken (Wunden, Druckstellen etc.), sollten Sie die Anwendung beenden.

9. Alarmsignale: Treten solche Schmerzen wiederholt auf, dann machen Sie Ihren Arzt darauf aufmerksam, denn es könnte sein, daß dies ein Alarmsignal eines erkrankten Organs ist! Neben der Gesundheitsvorsorge ist die Fußreflexzonen-Massage in diesem Sinne auch ein Frühwarnsystem für Krankheiten.

10. Von der Massage ausgenommen: Bei schweren Erkrankungen, komplizierter Schwangerschaft sowie Erkrankungen und Verletzungen am Fuß sollte auf die Reflexzonen-Massage verzichtet werden. Die Behandlung von Krankheiten durch Reflexzonen-Massage bleibt dem Fachmann/der Fachfrau vorbehalten.

Für die Verordnung von Fußreflexzonen-Massagen wenden Sie sich an Ihren Arzt, er wird Sie weiterverweisen können (an einen Masseur oder Physiotherapeuten mit entsprechender Ausbildung).

Reflexzonen-Massage von A – Z

Barfußlaufen

Die einfachste, natürlichste und älteste Form der Fußreflexzonen-Massage ist das Barfußlaufen. Tun Sie dies so oft wie möglich – am besten im Gras oder auf Kieselsteinen.

Fußreflexzonen-Massage

Die Massagetechnik: Für die Reflexzonen-Massage brauchen sie einzig und alleine ihre Hände. Sie wird immer mit beiden Händen gleichzeitig ausgeführt – eine Hand massiert, die andere hält stützend den Fuß. Beginnen Sie damit, daß Sie den Fuß kräftig umfassen und leicht mit der ganzen Hand drücken (Abbildung 151).

Dehnen und drehen Sie den Fuß zunächst in verschiedene Richtungen. Wenden Sie sich dann den Fußsohlen zu. Der eigentliche Massagedruck geht vom Daumen aus. Er arbeitet sich behutsam mit leicht kreisenden Bewegungen in die Fußsohle ein und wird dann wieder zurückgezogen (Abbildung 152). Auf diese Art wird die gesamte Fußsohle, ausgehend von der Ferse, Punkt für Punkt massiert. Die Zehen werden zwischen Daumen und Zeigefinger gedrückt und leicht gerollt.

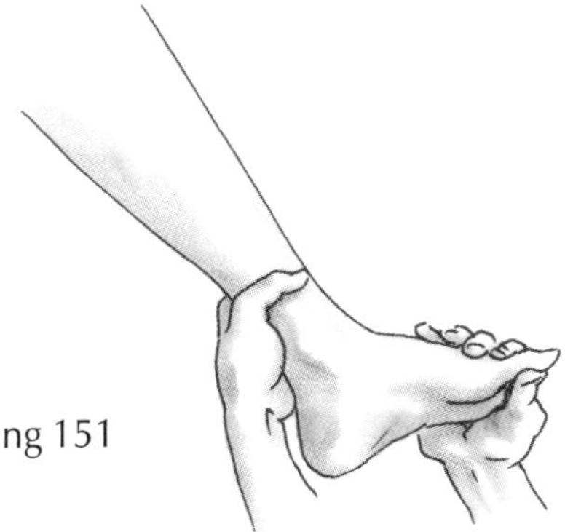

Abbildung 151

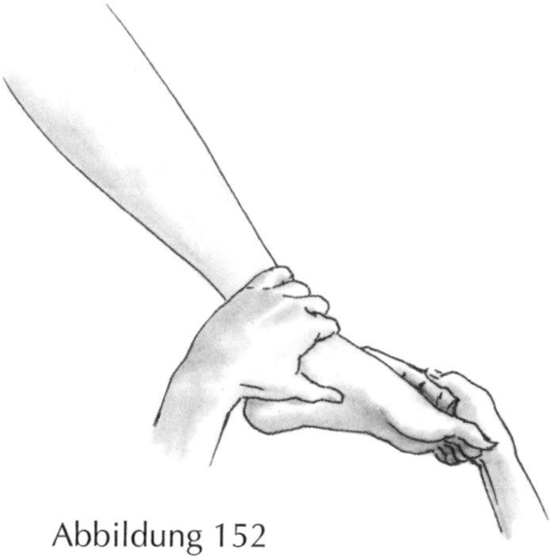

Abbildung 152

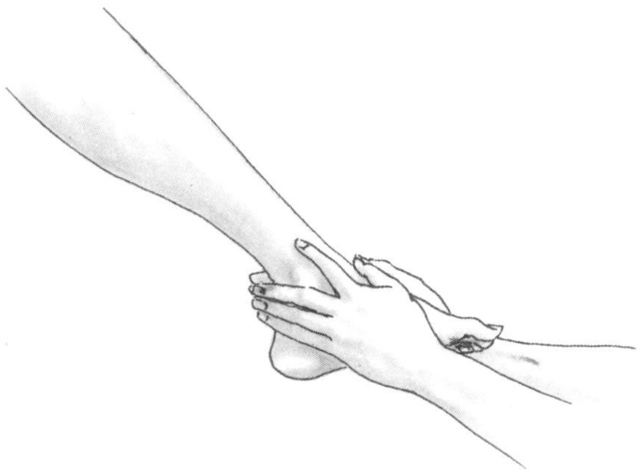

Abbildung 153

Zum Abschluß streichen Sie mehrmals mit beiden Händen gleichzeitig von den Knöcheln zu den Fußzehen (Abbildung 153).

Handreflexzonen-Massage

Ideal für zwischendurch: Die Hand-Reflexzonen-Massage wird meist stiefmütterlich behandelt, weil sie in ihrer gesundheitsfördernden Wirksamkeit der Fußmassage etwas unterlegen ist – zumindest wenn eine gezielte Behandlung durch einen Therapeuten vorgenommen wird. Für den Laien jedoch hat die Handmassage zwei entscheidende Vorteile: Die wohltuende Wirkung der Massage tritt an den Händen genauso wie an den Füßen ein. Und: Sie kann problemlos überall durchgeführt werden – zu Hause, unterwegs und in der Arbeitspause. Vor allem Menschen, die viel an der Schreibmaschine oder der Computer-Tastatur sitzen, sollten sich die Handmassage als belebenden Ausgleich zwischendurch immer wieder gönnen.

Massagetechnik (Abbildung 154): Zunächst wird die Hand mit kräftigen Streichbewegungen von der Handwurzel zu den Fingerspitzen gelockert. Nun arbeitet sich der Daumen mit leichten, kreisförmigen Druckbewegungen von der Handwurzel Zentimeter für Zentimeter vor bis zum Fingeransatz. Der Finger wird zwischen Daumen und Zeigefinger gerollt und gedrückt. Wandern Sie so fünfmal, Finger für Finger, von der Handwurzel zu den Fingerkuppen. Streichen Sie zum Schluß die Hände mit kräftigen Handbewegungen aus.

Abbildung 154

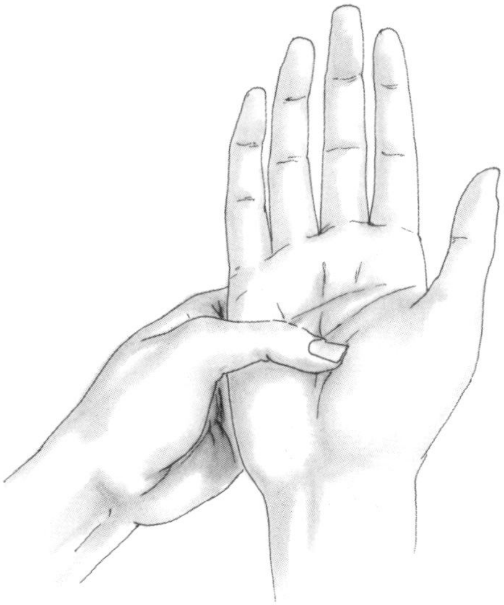

Die Lymphe ist eine Körperflüssigkeit, die (ähnlich wie das Blut) in einem eigenen Gefäßsystem fließt. Die Lymphe enthält viele Eiweißkörper und weiße Blutkörperchen und spielt vor allem für das Abwehrsystem eine große Rolle. Fließt die Lymphe nicht richtig, so kommt es zu einem Lymphstau, der sich in kleinen Schwellungen – etwa im Gesicht, Fingern oder Beinen – äußert. Durch eine Massage der entsprechenden Reflexzonen kann der Lymphfluß aktiviert werden.

Massagetechnik: Die Punkte, die Sie massieren müssen, liegen zwischen den Zeige-, Mittel-, Ring- und den kleinen Fingern (siehe Abbildung 150 auf Seite 225).

Greifen Sie zuerst mit Daumen und Zeigefinger die Hautfalte zwischen dem Zeige- und dem Mittelfinger,

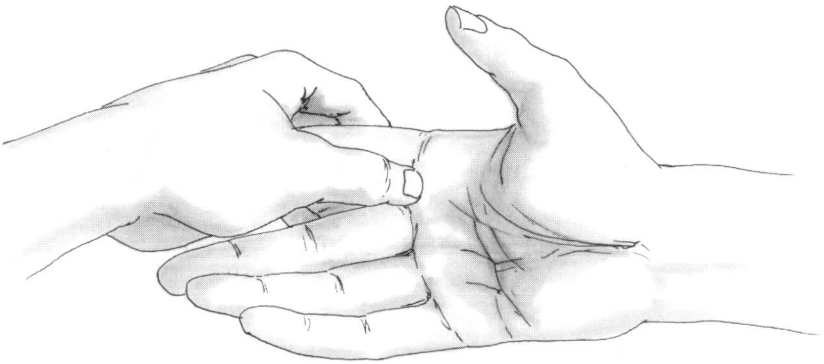

Abbildung 155

und ziehen Sie diese einige Sekunden mit leichtem Druck vom Körper weg (Abbildung 155). Ebenso mit den Hautfalten zwischen den anderen Fingern verfahren.

Massageschuhe

Im orthopädischen Fachhandel sind Sandalen erhältlich, deren Innensohlen mit Massagenoppen versehen sind. Massageschuhe dürfen jedoch nicht ständig getragen werden. Sie eignen sie nicht als Haus- oder Büroschuhe, sondern sollten nur zur anregenden Massage zwischendurch angelegt werden.

Therapieroller

Ideal für die Fußmassage am Feierabend sind Fußtherapieroller. Das sind Holzgeräte, die aus mehreren Rollen mit unterschiedlicher Struktur bestehen. Sie werden auf den Boden gelegt und mit den Fußsohlen bewegt. Auch hier gilt: Nur kurzfristig anwenden (höchstens zehn Minuten).

Die Bürstenmassage

Eine einfache und doch sehr wirkungsvolle Form der Selbstmassage wird leider viel zu wenig praktiziert: Die Bürstenmassage. Dies ist um so verwunderlicher, als das einzige Hilfsmittel, das dazu nötig ist, in jedem Haushalt vorhanden sein dürfte: eine Bürste mit Naturborsten. (Pfarrer Kneipp hat in seinen Schriften zwar eine Wurzelbürste verordnet, aber ganz so spartanisch muß man dieses hervorragende Kreislauftraining ja nicht betreiben.)

Was bewirkt die Bürstenmassage?

Kreislauf und Stoffwechsel: Die sanften Reize, die das Trockenbürsten auf die Haut ausübt, sind ein hervorragendes Training für die Elastizität der Blutgefäße. Die Durchblutung wird gefördert und der Stoffwechsel angeregt, weshalb die Bürstenmassage auch ein wirkungsvolles Mittel gegen nervöse Erschöpfungszustände, Wetterfühligkeit und Kreislaufbeschwerden ist.

Abhärtung: Darüber hinaus wird die Funktionstüchtigkeit der Haut verbessert, die unser wichtigster Schutzschild für die Abwehr von Krankheitserregern ist. Gerade wegen dieser abwehrstärkenden Wirkungen sollte die Bürstenmassage regelmäßig durchgeführt werden (besonders bei erhöhter Anfälligkeit für Infektionen).

Körperpflege: Und – last but not least – regelmäßige Bürstenmassagen haben auch eine kosmetische Wirkung: Sie straffen das Gewebe und machen die Haut schöner und geschmeidiger.

Bürstenmassage und Wohlbefinden

Bürstenmassagen
* trainieren die Blutgefäße,
* regen Durchblutung und Stoffwechsel an,
* wirken sich positiv aus bei Kreislaufbeschwerden, Erschöpfungszuständen und Wetterfühligkeit,
* verbessern die Funktionstüchtigkeit der Haut,
* stärken die Abwehrkräfte,
* beugen Infektionserkrankungen vor,
* straffen Haut und Gewebe.

Das Trockenbürsten

Die Massagetechnik: Gebürstet wird nur die trockene Haut, ohne Verwendung eines Massageöls. Beginnen Sie mit der Massage immer an der Stelle, die am weitesten vom Herzen entfernt ist, das heißt am rechten Fuß. Bürsten Sie mit kräftigen Strichen dem Herzen zu, so wie Sie es in der Abbildung 156 sehen. Die Anwendung soll nur so lange durchgeführt werden, bis sich die Haut leicht gerötet hat. Selbst wenn Sie die Massage dann erst so recht genießen, sollten Sie nicht weiterfahren, die Haut wird sonst zu sehr strapaziert.

Der Massagezeitpunkt: Das Trockenbürsten wird am besten morgens vor dem Duschen im angenehm warmen Badezimmer durchgeführt.

Massagegeräte: Anstelle einer Bürste mit nicht zu weichen Naturborsten können Sie auch einen Massagehandschuh verwenden. Gerade für ältere oder behinderte Menschen empfehlen sich Rückengurte. Wer unter sehr empfindlicher Haut leidet, der erhält im Fachhandel (Sanitätsgeschäfte oder Apotheken) Doppelbürsten mit weichen und harten Borsten für empfindliche und weniger empfindliche Hautpartien.

Vorsicht: Menschen, die unter Hauterkrankungen (Entzündungen oder Verletzungen), Krampfadern oder Ödemen leiden, sollten sowohl auf das Trocken- als auch auf das Naßbürsten verzichten.

Das Naßbürsten

Massagetechnik und -geräte: siehe *Trockenbürsten.*

Noch intensiver und wirksamer ist die Anwendung der Bürstenmassage in einem warmen oder kalten Vollbad. Zu dem Massagereiz kommt dann noch der Wärme- bzw. Kältereiz des Wassers, der den Kreislauf anregt.

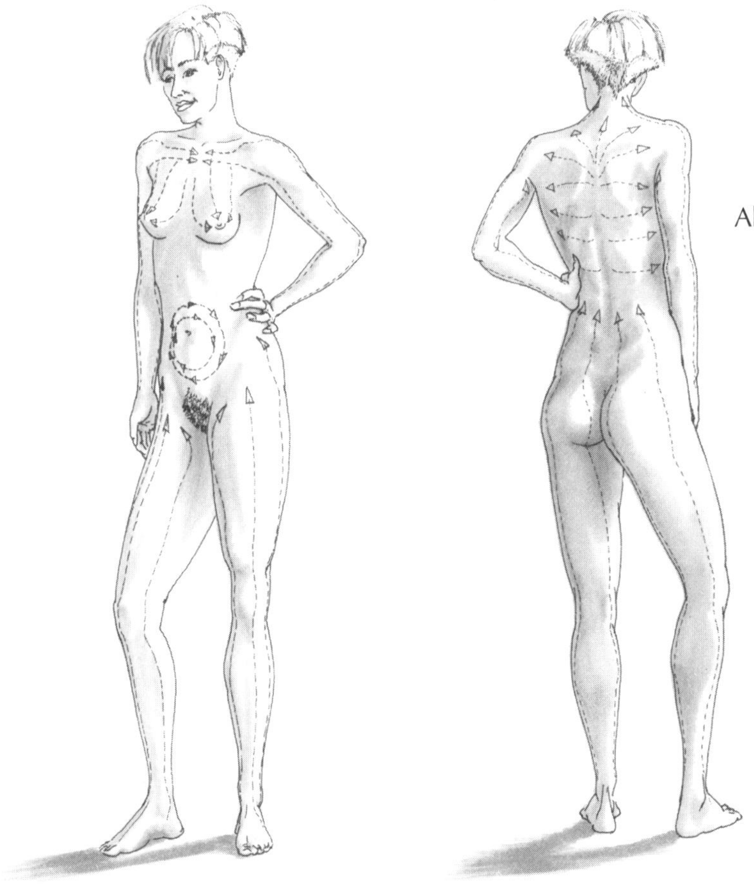

Abbildung 156

Körperpflege und Wohlbefinden

Wie kein anderes Organ ist die Haut der Spiegel unserer Gesundheit und unseres Wohlbefindens. Nirgends werden die Folgen einer durchfeierten Nacht, einer gestörten Verdauung oder eines zu ausgedehnten Sonnenbadens deutlicher sichtbar. Und wohl kaum ein Eindruck ist bei einem ersten Kennenlernen einprägender als der einer reinen oder unreinen Haut. Welche vielfältige Bedeutungen die Haut für unser Wohlbefinden hat, läßt sich erst ganz begreifen, wenn man sich ihren Aufbau und die Funktionen ihrer einzelnen Bestandteile vergegenwärtigt.

Der Aufbau der Haut

Die Haut (Abbildung 157) ist das größte Organ des Menschen, bei einem Erwachsenen bedeckt sie ungefähr eineinhalb Quadratmeter. Die Haut besteht aus drei Schichten: der Oberhaut (Epidermis), der Lederhaut (Derma) und der Unterhaut (Hypodermis oder Subcutis).

Die Oberhaut ist in einem ständigen Wachstum begriffen. In der innersten Schicht werden ununterbrochen neue Zellen gebildet, die im Laufe ihres zirka 30 Tage dauernden Lebens langsam an die Oberfläche der Haut wandern, wo sie schließlich als abgestorbene Hornhautzellen den äußersten Schutzschild, die Hornhaut, bilden. Diese Hornhautschicht kann sich an manchen Körperstellen (zum Beispiel an den Fußsohlen oder Händen) zu dicken Hornhautplatten verdicken.

Abbildung 157

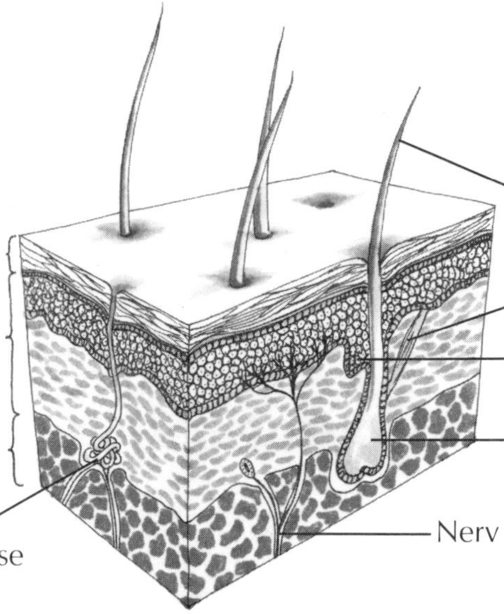

Die Lederhaut schließt sich unter der Oberhaut an. Sie ist zwischen 0,3 und 2,4 Millimeter dick und besteht aus einem dichten bindegewebigem Fasergeflecht. In der Lederhaut befinden sich auch die aus körpereigenem Eiweiß aufgebauten Substanzen Elastin und Kollagen, die die Haut elastisch machen und vor mechanischen Einwirkungen schützen. Die Lederhaut ist reich an Blutgefäßen, Nervenendungen, Schweißdrüsen und Haarfollikeln (siehe Abbildung 157). Die Lederhaut ist die Lebensquelle der Haut: Sie versorgt die Oberhaut mit wichtigen Nährstoffen, transportiert eindringende Fremdstoffe ab und scheidet körpereigene Abfallprodukte aus.

Die Unterhaut ist die unterste Schicht der Haut. Sie ist der Fett- und Energiespender der Haut. Bei Übergewichtigen kann diese Fettschicht bis zu zehn Zentimeter dick werden.

Hautalterung: Der Aufbau der menschlichen Haut ist aber nicht das ganze Leben hindurch gleich. Die Haut unterliegt einem Alterungsprozeß. So fehlt der zarten Babyhaut anfangs noch die schützende Hornschicht. Deshalb ist sie besonders empfindlich, weshalb Babys sich leichter infizieren können als Erwachsene. Je älter wir werden, desto mehr verliert die Lederhaut an Elastizität und verändert sich Struktur des Bindegewebes: Falten und Runzeln sind die Folge. Bei Frauen, die unter einer biologisch bedingten Bindegewebsschwäche leiden, zeichnet sich vielfach eine Orangenhaut ab.

Die Funktionen der Haut

Schutz vor Verletzungen: Die Hornhaut, die elastische Lederhaut und das Fett der Unterhaut schützen den Körper vor Verletzungen, Stößen und mechanischen Beanspruchungen.

Schutz vor Schadstoffen: Fremdstoffe, die nicht schon durch die schwer durchlässige Hornhautschicht abgewehrt werden, müssen gegen den Säureschutzmantel ankämpfen, der von den Sekreten der Talg- und der Schweißdrüsen gebildet wird und hauptsächlich aus Wasser und Fett besteht. Seine Zusammensetzung wird durch den sogenannten pH-Wert gemessen. *pH* ist die Abkürzung von *potentia hydrogenii* und zeigt die Konzentration von Wasserstoffionen in einer Lösung an. Der pH-Wert gibt Aufschluß darüber, ob eine Substanz sauer, neutral oder alkalisch ist. Werte unter pH 7 sind sauer, um pH 7 neutral, über pH 7 alkalisch. Normale Haut ist sauer und hat einen pH-Wert von ungefähr 5,6 bis 6. Wird der pH-Wert durch Kosmetika (Waschmittel, Gesichtswasser, Tages-, Sonnen-, Enthaarungscremes uvm.) verändert, so wird auch die Schutzfunktion der Haut beeinträchtigt.

Temperaturhaushalt: Die Haut reguliert den Temperaturhaushalt des Körpers. Während Fett und Talg vor Kälte und Sonne schützen, wird der Körper bei drohender Überhitzung durch vermehrte Schweißproduktion gekühlt. Die Blutgefäße reagieren ihrerseits auf kalte und warme Reize mit einer Öffnung oder Schließung (siehe auch die Ausführungen zum Gefäßtraining auf Seite 194).

Entgiftung und Entschlackung: Die Haut ist ein wichtiges Stoffwechselorgan, das die Arbeit der Nieren und des Darmes unterstützt. Mit dem Schweiß werden viele Abfallprodukte aus dem Körper abtransportiert.

Sinneseindrücke: Über die Nervenenden der Haut nehmen wir eine Vielzahl von Außenreizen wie Kälte und Wärme auf – und dies nicht nur im physikalischen Sinne. Über die Berührung der Haut stellen wir Kontakt zu anderen Menschen her, erfahren wir schon in frühkindlicher Zeit Zuneigung, Liebe und Geborgenheit. Körperkontakt ist in erster Linie Hautkontakt.

Haut und Wohlbefinden

Eine gesunde Haut
* spiegelt den Gesundheitszustand wider,
* schützt den Körper vor Stößen und Verletzungen,
* wehrt Krankheitserreger und Schadstoffe ab,
* reguliert den Wärmehaushalt,
* scheidet Schadstoffe und Schlacken aus,
* nimmt Sinneseindrücke wahr,
* spielt eine wichtige Rolle für das psychische Wohlbefinden,
* ist Mittel zur zwischenmenschlichen Kontaktaufnahme.

Die Pflege der Haut

Unsere Haut übernimmt so immens viele organische und psychische Aufgaben, daß sie einer ganz besonderen Pflege bedarf. Pflege heißt aber mehr als rein äußerliches Auftragen von Salben, Tinkturen, Packungen und Schminke. Ganzheitliche Hautpflege umfaßt zum einen die rundum ausgewogene Versorgung der Haut, zum anderen aber auch den Schutz vor schädlichen Einflüssen. Für eine gesunde Haut sind wichtig: Ernährung, Licht und Sonne, Entspannung, Bewegung, schonende Reinigung und ausreichender Schutz von außen.

Die Ernährung der Haut

Ernährung von außen – geht das? Bevor wir uns den Nährstoffen zuwenden, die für unsere Haut wichtig sind, gilt es ein Mißverständnis auszuräumen, das durch die Versprechungen der Kosmetikwerbung entstanden ist. Nähr- und Aufbaucremes oder Mittel gegen vorzeitiges Altern und Falten werden häufig mit dem Slogan angepriesen, ihre Inhaltsstoffe würden die Haut von außen ernähren und mit wertvollen Substanzen versorgen. Die Wirkung solcher Wundermittel wie Kollagen und Elastin beschränkt sich jedoch im wesentlichen darauf, daß sie die Wasserspeicherung der Haut fördern, wodurch die

Haut kurzfristig glatter und geschmeidiger aussieht. Ernähren können diese Stoffe die Haut nicht, dazu müßten sie nämlich in die tieferen Hautschichten vordringen, in denen sich die lebenden Zellen befinden. Wie wir schon gesehen haben, stellt die Hornhaut aber eine fast undurchdringliche Barriere dar, durch die nur Stoffe hindurchgelangen, die eine sehr geringe Molekülmasse besitzen. Die aus Knochen, Sehnen und Bindegewebe von Rindern gewonnenen Eiweißstoffe Kollagen und Elastin sind viel zu groß, um die Hornhaut zu durchdringen. Selbst Vitamine können nur in geringen Mengen in die Haut eindringen, so daß ihre Wirkung in Cremes und Salben beschränkt ist.

Die Versorgung der Haut mit lebenswichtigen Stoffen wie Eiweiß, Mineralien oder Vitaminen geschieht deshalb am sinnvollsten und effektivsten über den Blutkreislauf. Der Gesundheitszustand der Haut ist in entscheidendem Maße davon abhängig, wie gut sie durch eine ausgewogene Ernährung versorgt wird.

Ernährungsplan: Haut

Ballaststoffe: Besonders wichtig für eine reine Haut ist die ausreichende Zufuhr von Ballaststoffen, die für eine geregelte Verdauung sorgen. Bei chronischen Verstopfungen transportiert der Körper nämlich Stoffe, die nicht über den Darm ausgeschieden werden können, über die Talgdrüsen ab: Fette Haut, Pickel und Entzündungen der Haut sind die Folge.

Vitamine: Hautfunktionsstörungen, die auf einen Vitaminmangel zurückgehen, kann man am besten durch eine vitaminreiche Ernährung vorbeugen. Bei einer nicht ausreichenden Vitaminversorgung können sich eine Reihe von Hauterkrankungen einstellen, zum Beispiel:

* gerötete Haut	durch Mangel an Vitamin B2,
* schuppige und faltige Haut	durch Mangel an Vitamin A,
* rauhe und gerötete Haut	durch Mangel am Vitamin Niacin,
* verzögerte Wundheilung	durch Mangel an Vitamin C.

Wer allerdings über einen längeren Zeitraum hohe Dosen von Vitaminpräparaten (ohne ärztliche Verordnung) einnimmt, kann sich unter Umständen eine Überdosierung einhandeln, die mehr schadet als nutzt (siehe dazu auch Seite 279). Die natürlichste und beste Art, sich mit Vitaminen zu versorgen, ist eine vollwertige Ernährung.

Kalorien: Eine kalorienbewußte Ernährung verhindert die Einlagerung überflüssiger Fettreserven in der Unterhaut, die zu schwabbeliger Haut und zu einem losen Bindegewebe der Lederhaut führen. Die Vermeidung von Übergewicht (siehe Seite 259 ff.) ist deshalb eine der wichtigsten kosmetischen Maßnahmen.

Wasser: Eine ausreichende Flüssigkeitszufuhr ist für den Wasserhaushalt und die Ausscheidung von Abfallprodukten und Stoffwechselschlacken wichtig. Wer ausreichend trinkt, unterstützt die Entgiftungsaufgaben des Körpers und legt mit einen Grundstein für reine Haut.

Beachten Sie in diesem Zusammenhang bitte das Kapitel *Ernährung* auf Seite 271 ff.

Licht und Sonne

Lebensmittel Sonne: Sonnenlicht aktiviert den Stoffwechsel und ist unerläßlich für die Bildung von Vitamin D, dem wichtigen Aufbaustoff für Haut, Knochen und Muskeln. Wie fatal sich eine fehlende Sonneneinstrahlung auswirken kann, zeigt das Beispiel der Rachitis. Diese Krankheit, die zu Mißbildungen des Körperbaus führt, trat früher vor allem bei „Winterkindern“ auf, die nicht genügend an die Sonne kamen und deshalb an einem Mangel an Vitamin D litten. Viele Krankheiten, darunter gerade Hautleiden, lassen sich durch Sonneneinstrahlung nicht nur vorbeugen, sondern auch heilen. So gehören Bestrahlungen zu den verbreiteten Aknetherapien. Und nicht zuletzt fühlen wir uns schlichtweg wohler, wenn die Sonne scheint. Die *Seasonal Depression* oder auch *Winterdepression*, die viele Menschen in der dunklen Jahreszeit befällt, ist auf einen Mangel an Sonnenlicht zurückzuführen, der durch kein künstliches Licht völlig ersetzt werden kann.

Krebsrisiko Sonne: Die Sonne – lebenswichtig und doch schädlich? „Sonne ist gefährlich. Das Krebsrisiko steigt.“ Diese und ähnliche Schlagzeilen sind uns allen bekannt. Gefährlich ist aber nicht die Sonne selbst, sondern die Tatsache, daß durch Umweltverschmutzung die schützende Ozonschicht der Erde zerstört wird. Dadurch können nicht nur die relativ harmlosen UVA-Strahlen, sondern auch die gesundheitsschädlichen kurzwelligen UVB- und UVC-Strahlen ungehindert durch die Atmosphäre eindringen (siehe Abbildung 158). Als Folge dieser Entwicklung ist in den letzten zehn Jahren die Zahl der an Hautkrebs erkrankten Personen um das Dreifache angestiegen. Der sprunghafte Anstieg des *malignen Melanoms*, wie der schwarze Hautkrebs in Fachkreisen heißt, führt langsam zu einem Bewußtseinswandel. Knackige Bräune, früher ein Schönheitsideal, ist ein Risikofaktor für Krebserkrankungen!

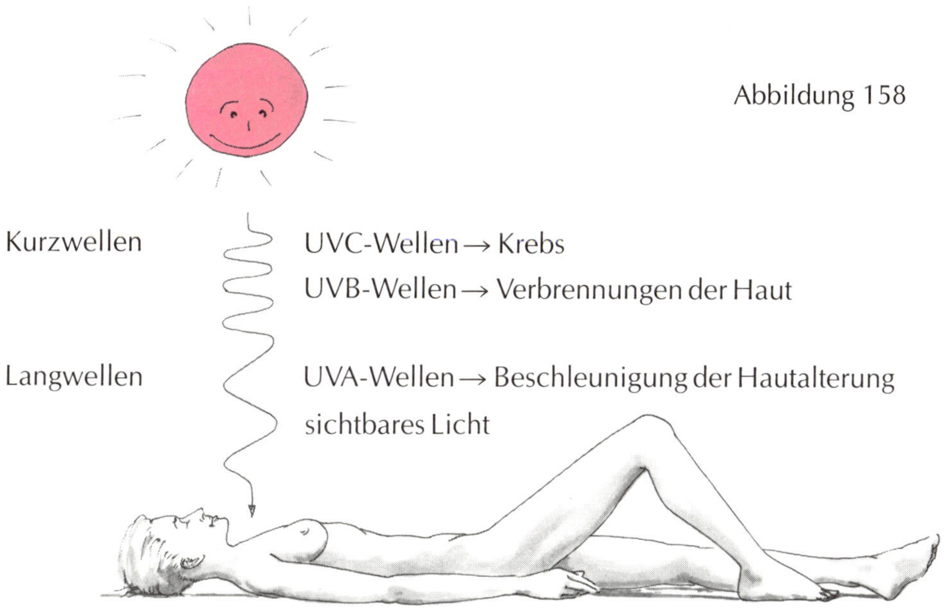

Abbildung 158

Allergierisiko Sonne: Obwohl der Name *Sonnenallergie* den Eindruck erweckt, die Sonne wäre einziger Auslöser dieser verbreiteten Allergieart, ist sie nur zum Teil mitverantwortlich. Diese photo-allergische Erkrankung wird nicht von der Sonne allein ausgelöst. Ursache ist eine Wechselwirkung zwischen den UV-Strahlen der Sonne und bestimmten Stoffen wie Arzneimitteln oder Kosmetika. Lesen Sie deshalb mehr dazu im Kapitel *Kosmetikallergien* auf Seite 263.

Verhaltenstips: Sonne

Sonnenbaden statt -braten: Vermeiden Sie extreme Sonnenbäder. Gewöhnen Sie sich langsam an die Sonne, und legen Sie sich nicht in der prallen Mittagshitze an den Strand oder zum Sonnenbaden ins Gebirge. Bedenken Sie auch, daß sich Sonnenschäden summieren. Gehen Sie also nicht zu oft hintereinander in die Sonne. Gehen Sie auch nicht direkt nach dem Besuch eines Bräunungsstudios zum Sonnenbaden.

Sonnenbrand: Vermeiden Sie in jedem Fall einen Sonnenbrand. Jeder Sonnenbrand ist eine Verbrennung, bei der Hautzellen zerstört werden. Wird die Haut zu oft geschädigt, erschöpfen sich die natürlichen Selbstheilungskräfte – Hauterkrankungen sind die Folge. Verzichten Sie deshalb auf alle Schnellbräunungscremes.

Hauttyp beachten: Nicht jede Haut ist gleich sonnenempfindlich. Wer leicht einen Sonnenbrand bekommt und schlecht braun wird, der muß besonders vorsichtig mit der Sonne umgehen und sollte ein Sonnenschutzmittel benutzen, das neben einem UVB-Filter auch einen Schutz gegen die UVA-Strahlung bietet.

Sonnenschutzmittel: Schützen Sie die Haut mit Sonnenschutzmitteln. Wählen Sie lieber einen hohen Sonnenschutzfaktor als einen niedrigen. Cremen Sie sich gut eine halbe Stunde vor dem Sonnenbad ein – solange dauert es, bis die Mittel wirksam werden. Besonders Nase, Lippen und Haaransatz müssen geschützt werden, eventuell mit einem Sunblocker oder einer guten Fettcreme. Sonnenöle haben zwar den Vorteil, daß sie keine Konservierungsstoffe enthalten, dafür besitzen sie aber keinen Sonnenschutzfaktor und sind deshalb nur für die sonnengewöhnte Haut geeignet.

Ökologischer Sonnenschutz: Wußten Sie, daß das Wort *Kosmetik* mit dem Wort *Kosmos* verwandt ist? Sie stammen beide von dem griechischen Wort *kosmein* ab, das *schmücken, ordnen* bedeutet. Der wichtigste Sonnenschutz, der durch keine Verhaltensregeln, Cremes und Gels ersetzt werden kann, ist die schützende Ozonschicht unserer Erde. Sie zu erhalten ist die wichtigste kosmetische (ordnende) Maßnahme für Haut und Umwelt. Auch der einzelne Verbraucher sollte dazu seinen Beitrag leisten, indem er auf Produkte verzichtet, die Fluorkohlenwasserstoff (FCKW) enthalten. FCKW ist zum Beispiel in Spraydosen als Treibgas eingesetzt. Umweltfreundlicher sind Behälter mit mechanischen Pumpzerstäubern.

Allergien vorbeugen: Tragen Sie keine Kosmetika oder Parfüms auf die Haut auf, wenn Sie in die Sonne gehen. Lesen Sie die Beipackzettel von Medikamenten genau nach möglichen Wechselwirkungen mit Sonneneinstrahlung durch.

Solarien: Vorsicht ist auch in Solarien geboten. Dort tritt zwar in erster Linie UVA-Strahlung auf, bei der das Krebsrisiko gering ist, die aber zu einer schnelleren Alterung der Haut führt (siehe Abbildung 158). Wenn Sie auf die Bräune rund ums Jahr nicht verzichten möchten, dann halten Sie unbedingt die Vorschriften der Hersteller ein, und bleiben Sie nicht länger als empfohlen unter der künstlichen Lichteinstrahlung. Keinesfalls sollten Sie sich öfter als zweimal die Woche unters Solarium legen, und stets müssen die Augen mit Schutzbrillen vor der intensiven Strahlung geschützt werden.

Besonders wichtig ist eine regelmäßige Wartung der Geräte. Ist beispielsweise der Blaufilter nicht funktionstüchtig (sie erschöpfen sich nach zirka 2000 Betriebsstunden), so tritt ein dem Ozonloch vergleichbarer Effekt ein, das heißt schädliche Strahlen können ungehindert in die Haut eindringen. Erkundigen Sie sich vor dem Besuch eines Sonnenstudios genau nach den Wartungspraktiken.

Krebs-Früherkennung: Suchen Sie bei jeder verdächtigen Hautveränderung sofort den Arzt auf. Der schwarze Hautkrebs äußert sich vielfach zuerst an Veränderungen von Muttermalen. Wechseln Muttermale ihre Farbe, Größe, Form oder Oberfläche, so ist Vorsicht geboten. Bedenken Sie: Je früher die Erkrankung erkannt wird, desto besser sind die Heilungsaussichten.

Entspannung

Schönheitsschlaf: Während des Schlafes (siehe auch Seite 33) läuft im Körper eine Vielzahl von Prozessen ab, die für die Regeneration wichtig sind. Der Körper geht auf Sparflamme und nutzt die so freigewordenen Kräfte, um neue Energien aufzubauen. Für die gesunde Haut ist besonders die vermehrte Ausschüttung von gewebeaufbauenden Stoffen während des Schlafes wichtig. Darüber hinaus werden während der Nacht Abfallprodukte ausgeschieden. Damit der Schlaf auch zu einem Schönheitsschlaf wird, sollte man auf die schonende Reinigung am Abend große Sorgfalt verwenden (siehe Seite 246).

Entspannungsmethoden: Streß, Ärger und Hektik hinterlassen ihre Spuren auf der Haut. Manche Aufregung kostet nicht nur graue Haare, sondern auch einige Falten oder Pickel mehr im Gesicht. Bei etlichen Hauterkrankungen spielen psychische Ursachen eine immens wichtige Rolle, weshalb Entspannungsmethoden in der Therapie von Hautleiden eine verbreitete Anwendung finden. Oftmals sind sie sogar wirkungsvoller als der Einsatz von Medikamenten. Begreifen Sie deshalb die auf den Seiten 243 bis 245 vorgestellten Entspannungsmethoden auch als kosmetische Mittel, die der Haut dabei helfen, gesund zu bleiben.

Gesichtsmassage: Eine herrlich entspannende und zugleich pflegende Wirkung hat die Gesichtsmassage. Sie führt dazu, daß die Durchblutung und der Lymphfluß angeregt werden. Dic Tcchnik ist einfach: Mit sanftem Druck streichen die Fingerkuppen über die Gesichtshaut, wobei die Bewegung immer von der Gesichtsmitte nach außen verläuft, wie die Abbildung 159 zeigt. Mit dieser Massage lassen sich auch Fett- und Feuchtigkeitscremes besser in die Haut einmassieren. Vor der Massage müssen in jedem Fall das Gesicht und die Hände gründlich gereinigt werden.

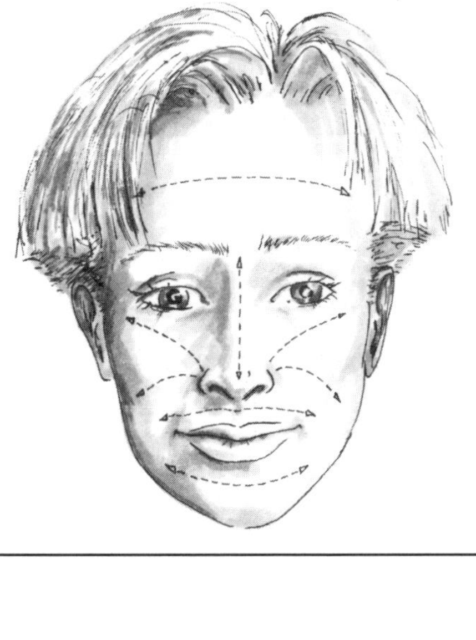

Abbildung 159

Augenmassage: Eine hervorragende Methode, um geschwollene Augenlider wegzumassieren, ist die entspannende Augenmassage. Beginnen Sie am Haaransatz und streichen Sie mit dem Daumen von der Mitte der Stirn zu den Schläfen. Wandern Sie langsam mit den Streichbewegungen bis zu den Augenbrauen herunter. Die geschlossenen Augenlider mit sehr sanftem Druck nach außen streichen, die Tränensäcke mit den Fingerspitzen wieder etwas stärker massieren (siehe Abbildung 160 bis 162).

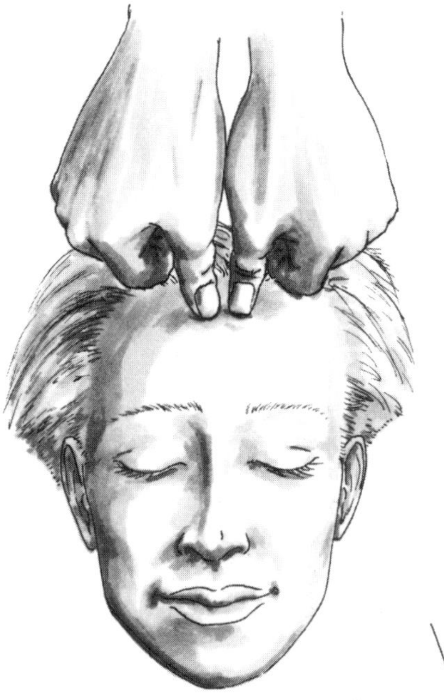

Abbildung 160

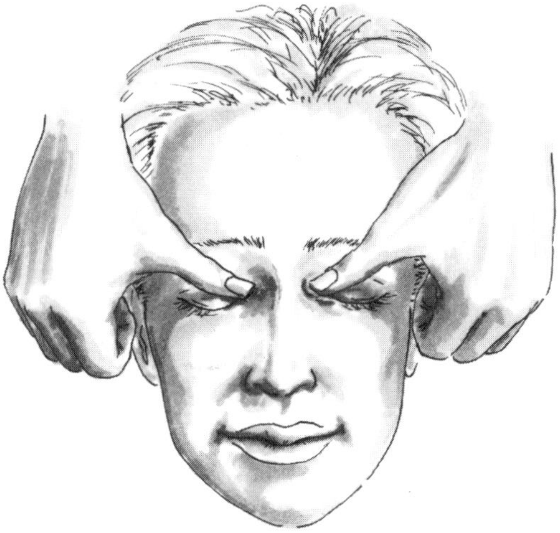

Abbildung 161

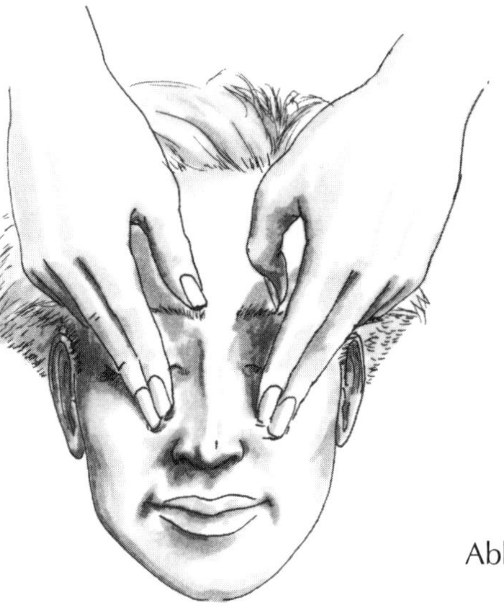

Abbildung 162

Bewegung

Ausreichende Bewegung, am besten an der frischen Luft, sorgt für eine gute Durchblutung und fördert den Stoffwechsel – alles Voraussetzungen für eine optimale Nährstoffversorgung der Haut. Darüber hinaus machen durch Bewegung gestärkte Muskeln einen kompakteren Eindruck, das Bindegewebe wird gestrafft, und das darunterliegende Fettgewebe wirkt weniger wabbelig. Beachten Sie deshalb auch die Ausführungen des Bewegungskapitels auf den Seiten 85 bis 190.

Sanfte Hautreinigung

Unterstützung der Hautfunktionen: Die Pflege der Haut hat die vornehmlichste Aufgabe, die Haut in ihren Funktionen zu unterstützen und schädliche Einflüsse von ihr fernzuhalten. Neben der Ernährung, wohldosierter Sonneneinstrahlung, Entspannung und Bewegung, spielt die Reinigung der Haut eine wichtige Rolle. Zum einen werden durch die gründliche Reinigung Schadstoffe, die sich auf der Haut angesammelt haben, entfernt. Zum anderen werden Verstopfungen der Poren beseitigt und der ungehinderte Abtransport von Schlackenstoffen gewährleistet.

Körpergeruch: Jeder Mensch hat seinen natürlichen Eigengeruch, der von den Duftdrüsen produziert wird. Dieser Eigengeruch hat mit (unangenehmem) Körpergeruch nichts zu tun, der im Regelfall eine Folge von falscher Körperpflege ist. Körpergeruch entsteht dann, wenn der natürliche Säureschutzmantel nicht richtig funktioniert und die Bildung von Bakterien auf der Haut überhandnimmt. Treten diese Bakterien in eine chemische Reaktion mit verschiedensten Stoffen, vor allem Schweißsekreten, so bilden sich unangenehme Geruchsstoffe.

Körpergeruch beugt man deshalb am besten vor, wenn man den Körper so schonend reinigt, daß der Säurefilm der Haut nicht angegriffen wird (siehe auch Seite 247). Wer zu Körpergeruch neigt und dem mit zu häufigem Waschen und Deodorantgebrauch entgegenzuwirken versucht, der begibt sich in einen Teufelskreis: Der natürliche Schutzmantel wird immer mehr strapaziert, die Haut gereizt und die Entstehung von Bakterien nicht genügend gebremst.

Die Hauttypen: Bei der Reinigung und beim Auftragen von Pflegepräparaten muß man auf die unterschiedlichen Hauttypen Rücksicht nehmen.

* Die *fette Haut* glänzt und hat meist erweiterte Poren. Die Talgdrüsen produzieren zuviel Fett, eine Neigung zu Mitessern und Pickeln ist die Folge.
* Bei der *trockenen Haut* produzieren die Talgdrüsen zuwenig Fett, sie ist empfindlicher gegenüber Umwelteinflüssen und neigt dazu, spröde und schuppig zu werden, sie ist matt und ohne Glanz.
* Bei der *Mischhaut* treten trockene und fette Hautpartien gleichzeitig auf. Fette Hautpartien zeigen sich meist an Stirn, Nase und Kinn.

Die 10 Grundregeln sanfter Hautreinigung

1. Schonung: Waschen Sie sich nicht öfter als nötig. Übertriebene Hygiene zerstört den natürlichen Schutzfilm der Haut und führt zu empfindlicher Haut.

2. Wasser: Die Haut sollte immer zuerst mit warmem Wasser vorgereinigt werden, um Schmutz und abgestorbene Hornhautpartikel zu lösen. Hartes und kalkhaltiges Wasser kann durch den Zusatz von Kamille, Molke oder Weizenkleieöl weicher gemacht werden.

3. Waschzusätze: Benutzen Sie keine aggressiven Waschmittel. Das natürlichste Waschmittel ist Wasser. Wann immer Waschzusätze benutzt werden, muß die Haut nachher gründlich mit klarem Wasser gespült werden, um Rückstände zu beseitigen. pH-neutrale Waschzusätze schonen den natürlichen Säureschutzmantel der Haut (siehe Seite 237).

4. Duftstoffe: Viele Hautirritationen gehen auf den Zusatz von Duftstoffen zurück. Besonders wer unter Allergien leidet, sollte auf parfümierte Seifen und Badezusätze mit Duftstoffen verzichten.

5. Trockene Haut muß sehr schonend gereinigt werden, am besten mit milden Seifen. Auf alkoholhaltige Produkte sollte verzichtet werden, da diese die Haut zu stark entfetten.

6. Fettige Haut sollte mit großer Sorgfalt gereinigt werden, um die überschüssige Talgproduktion aufzufangen. Leicht alkoholhaltige Gesichtswasser sind ebenso zu empfehlen wie sogenannte Syndets (Waschlotionen,

Waschgels, flüssige Waschpräparate), die aufgrund ihrer pH-neutralen bis leicht sauren Zusammensetzung (siehe Seite 237) für die fette Haut besser geeignet sind als alkalische Seifen.

7. Peeling: Auf die Reinigung mit festen Stoffen wie Weizen- oder Mandelkleie oder speziellen Peelings sollte nicht zu oft zurückgegriffen werden. Für schlechtdurchblutete und unreine Haut eignen sich diese Reinigungsmethoden zwar gut – sie rubbeln die Hornhautschuppen ab und massieren die Haut –, aber mit jeder Abschilferung der Hornhautschicht wird auch ein Teil der Schutzschicht der Haut abgetragen. Deshalb sollte man nicht öfter als einmal die Woche eine solche „Tiefenreinigung" vornehmen. Selbstverständlich muß vor dem Peeling die Haut gründlich gereinigt werden, da sonst Schmutzpartikel in die Haut einmassiert werden.

8. Reinigungsöle: Die meisten Reinigungsöle werden aus Erdöl hergestellt. Diese mineralischen Öle haben eine völlig andere Struktur als das natürliche Hautfett. Sowohl zur Reinigung als auch zur Pflege der Haut eignen sich deshalb besser Öle auf rein pflanzlicher Basis wie Oliven- oder Weizenkeimöl (siehe Seite 267).

9. Dusch- und Vollbäder: Mit Dusch- und Badezusätzen sollte man ebenfalls sparsam umgehen. Für die tägliche Dusche reicht oft das pure Wasser aus – aus dem bestehen die meisten Duschgels eh zu 70 Prozent. Die restlichen 30 Prozent setzen sich zumeist aus waschaktiven Substanzen (Tensiden), Farb- und Duftstoffen zusammen. Warme Vollbäder sollte man seiner Haut nicht allzuoft zumuten, da sie die Haut zu sehr aufweichen und entfetten.

Mehr zu Bädern, Duschen und natürlichen Badezusätzen lesen Sie auf Seite 201.

10. Kopfdampfbad (Abbildung 163): Eine besonders schonende und zudem für die Atemwege gesunde Art der Gesichtsreinigung ist das Kopfdampfbad. Vor allem bei unreiner Haut und Akne verhilft das Kopfdampfbad zu einer porentiefen Reinigung, da es die Haut zu einer vermehrten Schweißproduktion anregt. Als Zusätze zu einem Kopfdampfbad kann man bei fetter und großporiger Haut Kamille, Salbei oder Thymian verwenden, bei trockener Haut Melisse, Malve oder Rose. Die Kräuter

Abbildung 163

werden dazu in einen großen Topf gegeben und mit heißem Wasser überbrüht. Einige Minuten zugedeckt ziehen lassen. Nun ein großes Handtuch so über den Kopf breiten, daß kein Dampf mehr entweichen kann. Zirka 15 Minuten lang einwirken lassen und dabei die Dämpfe inhalieren.

Hautschutz von außen

Der Schutz der Haut von außen steht auf zwei gleich wichtigen Pfeilern: dem Auftragen von schützenden Cremes oder Salben und der Verschonung von aggressiven und schädlichen Substanzen.

Schutzcremes: Als Schutz vor schädlichen Umwelteinflüssen braucht die Haut in erster Linie Fett und Feuchtigkeit. Mit einer feuchtigkeitshaltigen Tagescreme und einer fettreichen Nachtcreme hat man bereits ein ausreichendes Cremesortiment für die Pflege gesunder Haut. Selbst Helena Rubinstein, eine der führenden Kosmetikherstellerinnen der Welt, ist dieser Meinung: „Ich fabriziere 650 Präparate, aber glaube immer noch wie zu Beginn meiner Laufbahn, daß zu einer richtigen Gesichtspflege zwei Cremes völlig ausreichen."

Schutzprogramm: Haut

Fett: Es versteht sich von selbst, daß bei fettiger Haut eine Fettzufuhr von außen nur bedingt nötig ist. Und auch bei trockener Haut heißt die Devise: Weniger ist mehr. Es ist besser für die Haut, wenig Fettcreme gut in

Hautprobleme, und was man dagegen tun kann

Problem	Mögliche Ursache	Abhilfe
Abszeß	Ein Abszeß ist eine Eiteransammlung im Gewebe. Drückt man leicht dagegen, so fühlt er sich wabbelig an.	An einem Abszeß darf keinesfalls eigenmächtig herumgedrückt werden. Klingt er nicht von selbst wieder ab, muß er vom Arzt geöffnet werden.
Akne	Entzündung der Talgdrüsen. Die Akne vulgaris tritt hauptsächlich während der Pubertät auf.	Ernährungsumstellung auf vollwertige Ernährung, Verzicht auf Alkohol und Nikotin, für geregelte Verdauung sorgen (Ballaststoffe), keinesfalls an den Pusteln drücken (Narbenbildung).
Hornhaut	Folge von Druckstellen.	Gesund Schuhe, Hornhautentfernung durch Bimsstein und Hornhauthobel.
Hühneraugen	Druckstellen durch enge Schuhe und hohe Absätze.	Gesund Schuhe, Entfernung durch Hühneraugenpflaster, Arzt, oder Kosmetikerin.
Orangenhaut	Bindegewebsschwäche, Alterserscheinung, bei Frauen anlagebedingt, Übergewicht.	Abbau von Übergewicht, Stärkung des Gewebes durch Bewegungstraining, Bindegewebsmassage (nur durch Fachmann/frau).
Pickel	Verstopfte Talgdrüsen, Sekretstau führt zum Anschwellen der Drüse.	Nicht selbst drücken, keinesfalls mit Nägeln oder harten Gegenständen behandeln. Reifen lassen, oder von der Kosmetikerin behandeln lassen.

die Haut einzumassieren (Massagetechnik siehe Seite 244), als sie mit einem dicken Fettfilm oberflächlich zuzukleistern.

Bei sehr kaltem Wetter und bei intensiver Sonneneinstrahlung braucht die Haut einen besonderen Schutz. Vor allem die Lippen müssen mit einem Fettstift (am besten aus pflanzlichen Grundstoffen, nicht aus synthetisch hergestellten Erdölprodukten) gepflegt werden.

Feuchtigkeit: Bei den Feuchtigkeitsspendern sind Körperöle eine gute Alternative zu Lotionen. Sie beinhalten keine Emulgatoren und Konservierungsstoffe, die die Haut reizen könnten.

Schutz vor aggressiven Stoffen: Wenn sich die Benutzung aggressiver Substanzen nicht vermeiden läßt, dann schützen Sie die Haut durch Handschuhe oder andere Schutzkleidung zumindest vor einem unmittelbaren Kontakt.

Schutz vor Rückständen: Rückstände von Waschmitteln, Weichspülern, Bügelhilfen oder dem in chemischen Reinigungen verwendeten Perchlorethylen (per) können zu Hautirritationen führen. Verzichten Sie auf unnötige Waschzusätze, und spülen Sie die Wäsche besonders gründlich aus. Chemisch gereinigte Kleidungsstücke sollten mindestens einige Stunden auf dem Balkon ausgelüftet werden, bevor sie getragen oder in den Kleiderschrank gehängt werden.

Die Haare

Der Aufbau des Haares

Bestandteile des Haares (Abbildung 164): Das Haar wächst als harte Hornfaser aus der Haut. Aber lediglich der Haarschaft ist sichtbar, die Haarwurzel ist mit ihrem untersten Teil, der Haarzwiebel, in der Unterhaut verankert. Über die Blutgefäße wird das Haar mit den nötigen Nährstoffen versorgt. Die Talgdrüse produziert das Haarfett, das das Haar mit einem schützenden Film umgibt. Jedes Haar ist mit einem Muskelstrang verbunden, der das Haar aufrichten kann. Durch das Aufstellen der Haare konnte in grauer Vorzeit, als der Mensch noch mehr Haare besaß, zwischen den Haaren ein wärmendes Luftpolster erzeugt werden. Durch unsere heutige spärliche Behaarung ist die „Gänsehaut" jedoch zu einem leeren Reflex verkommen. Ausgelöst wird die Veränderung der Haarstellung durch Nervenreize – durch Kälte und Berührung, aber auch durch psychische Auslöser (wenn einem buchstäblich die Haare zu Berge stehen).

Elastizität des Haares: Der Querschnitt eines Haares erinnert an den Aufbau eines Elektrokabels. Unter einer dünnen Schutzhülle befindet sich eine Schicht aus unzäh-

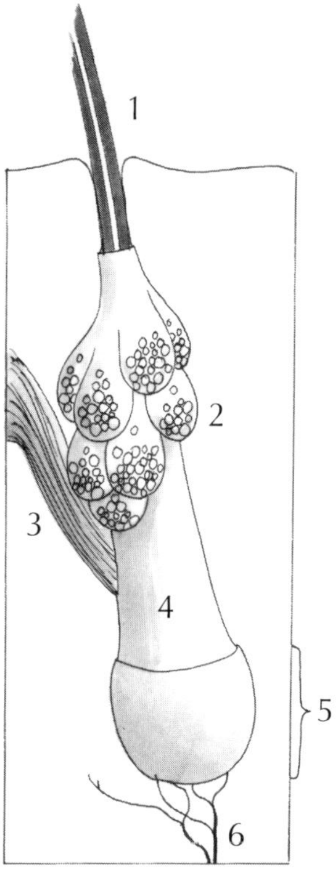

1—Haarschaft
2—Talgdrüse
3—Aufrichtemuskel
4—Haarwurzel
5—Haarzwiebel
6—Blutgefäße

Abbildung 164

lig vielen Fasern, die jeweils aus spiralförmig gedrehten Eiweißfäden bestehen. Diese gedrillten Fasern machen das menschliche Haar so elastisch, daß es erst bei einer Belastung von 150 bis 180 Gramm zerreißt und bis auf 50 Prozent seiner Länge dehnbar ist.

Die Dehnung und Verformung der Haare ist jedoch abhängig vom Feuchtigkeitsgehalt: Je feuchter, desto dehnbarer ist es. Deshalb verliert jede Frisur auch bei Nebel und Regen ihre Façon, umgekehrt kann durch simple Wasserwellen oder durch das Trockenfönen eine Formung der Haare erreicht werden.

Haardicke: Der Durchmesser des Haares ist abhängig vom Geschlecht und von der Haarfarbe. Frauenhaare haben einen Durchmesser von zirka 0,03 bis 0,15 Millimetern, Männerhaare von 0,07 Millimetern – und helle Haare sind feiner als dunkle oder rote Haare.

Haaralterung: Im Laufe unserer stammesgeschichtlichen Entwicklung haben wir immer mehr von unserer schützenden Haarpracht verloren. Und auch im Laufe unserer individuellen Entwicklung sind unsere Haare einem ständigen Wandel unterlegen. Das zarte Babyhaar wird mit zunehmender körperlicher Reife durch das Dauerhaar ersetzt.

Täglich fallen von diesem Dauerhaar zwischen 30 und 100 Haare aus und werden durch neue ersetzt. Das Haar eines gesunden Menschen wächst alle drei Tage um rund einen Millimeter. Erst der einsetzende Alterungsprozeß drosselt diese ständige Neubildung – die Haare beginnen sich zu lichten, bei Männern (genetisch bedingt) mehr als bei Frauen. Auch die Pigmentierung des Haars läßt im Alter nach. Der Farbstoff Melanin, der u. a. für die Färbung der Haare zuständig ist, erschöpft sich – die Haare werden grau.

Schonende Haarpflege

Für das Haar (als sogenanntes *Hautanhanggebilde*) gilt ebenso wie für die Haut selbst: Es kann nur von innen ernährt und nicht von außen durch Packungen, Shampoos oder Haarwässer mit Nährstoffen versorgt werden. Eine umfassende Haarpflege muß deshalb an erster Stelle bei einer ausgewogenen Ernährung ansetzen, die durch ausreichende Bewegung und Entspannung ergänzt wird. Diese grundsätzlichen Voraussetzungen wurden bereits im Kapitel *Hautpflege* ausgeführt (siehe dazu Seite 238). An dieser Stelle finden Sie deshalb nur die speziellen Haarpflegetips.

Pflegeprogramm: Haare

Haarwäsche: Regelmäßige Haarwäsche befreit das Haar von Verunreinigungen, abgestorbenen Hornhautschuppen und überschüssigem Fett. Sofern milde Haarwaschmittel verwendet werden, schadet auch tägliches Waschen dem Haar nicht.

Haarwaschmittel: Bei der Haarwäsche nur milde Shampoos verwenden. Einige Shampoos enthalten Dioxan und Formaldehyd – gesundheitlich nicht unbedenkliche Stoffe, auf die Sie verzichten sollten (Informationen über die Inhaltsstoffe liefern Verbraucherzentralen und die Veröffentlichungen der Stiftung Warentest, Adressen siehe Seite 311). In jedem Fall muß nach der Haarwäsche das Waschmittel gründlich ausgespült werden.

Eine natürliche Alternative zu chemischen Fertigshampoos ist das altbewährte Eishampoo, das sich problemlos selbst herstellen läßt, indem man zwei Eier verquirlt.

Trocknen: Beim Trocknen der Haare darf nur schonende, milde Hitze angewandt werden. Zu hohe Temperaturen schaden der Haarstruktur, reizen die Kopfhaut und können zu Schuppen führen. Deshalb den Fön auf kleine Stufe stellen und weit von den Haaren weghalten.

Spülungen: Spülungen befreien das Haar nach der Wäsche von etwaigen Kalkrückständen und machen es glänzend und geschmeidig. Diese Wirkung kann auch durch natürliche Mittel erreicht werden: Geben Sie den Saft einer Zitrone oder zwei Eßlöffel Obstessig in ein großes Gefäß mit Wasser, und spülen Sie mit dieser Mischung die Haare.

Bürsten: Durch das Bürsten der Haare werden nicht nur Schmutzpartikel entfernt. Das von den Talgdrüsen produzierte Fett wird gleichmäßig auf den Haarschaft verteilt. Für trockene Haare sind deshalb die täglichen Bürstenstriche eine gute Kur, für fettige Haare sind sie nicht zu empfehlen, da sie entsprechend fetter werden.

Färben: Haarfärbemittel, die Oxidationsmittel beinhalten, gehören zu den häufigsten Allergieauslösern

Haarprobleme, und was man dagegen tun kann

Problem	Mögliche Ursache	Abhilfe
Brüchiges Haar	Aggressive Shampoos, zu heißes Trocknen.	Milde Shampoos, natürliche Haaröle, bei milder Hitze trocknen.
Fettiges Haar	Zu häufiges Waschen oder Bürsten, gesundheitliche Belastungen (körperlich und psychisch).	Milde Ölshampoos, vorsichtiges Bürsten, vorsichtiges Trocknen, um die Kopfhaut und Talgdrüsen nicht zu reizen, Streßabbau.
Gespaltene Spitzen	Toupieren, Chemikalien, Metallhaarwickler, Trocknen über Nacht.	Verzicht auf Toupieren und chemische Mittel (z. B. Färben), keine spitzen und scharfen Bürsten und Wickler verwenden, Ölpackungen (Pflanzenöle).
Glanzloses Haar	Zu aggressive Shampoos, oft Folge von Blondier- oder anderen Färbemitteln.	Milde Shampoos, Verzicht auf chemische Haarfärbemittel.
Schuppiges Haar	Sowohl fettes als auch trockenes Haar. Die genauen Ursachen vermehrter Schuppenbildung sind noch nicht bekannt.	Schonend trocknen, Hautreizungen vermeiden (milde Pflegemittel).
Trockenes Haar	Zu intensive Sonnenbestrahlung oder Fönhitze, trockenes Raumklima, zu häufiges Waschen	Nicht zu oft waschen, ölhaltige Shampoos verwenden, Kopfhaut täglich massieren, Haarspitzen mit Haaröl oder Lanolin einreiben, gut durchbürsten.

(weshalb Hautallergien auch die Berufskrankheit Nr. 1 im Friseurhandwerk sind). Es mehren sich auch die Untersuchungen, die belegen, daß ein langjähriger Gebrauch von Haarfärbemitteln das Krebsrisiko steigern kann.

Gesundheitsverträglicher ist es in jedem Fall, auf natürliche Färbemittel zurückzugreifen, wenn sie auch nicht so farbintensiv sind. Mit Henna lassen sich die Haare rot oder schwarz färben, Walnußblätter ergeben eine braune, Kamille eine leichte aufhellende Färbung.

Haarwuchsmittel: Störungen des Haarwuchses sind im Regelfall auf Hormonschwankungen zurückzuführen und können durch Haarwuchsmittel nicht bekämpft werden. Bei Männern ist der frühzeitige Haarausfall veranlagungsbedingt.

Haarentfernung: Die schonendste Art der Haarentfernung ist die Rasur, das Auszupfen der Haare oder die Anwendung von heißem Wachs. Chemische Enthaarungscremes greifen nicht nur die Haare, sondern auch die Haut an. Die Methode des Epilierens mit Hilfe von elektrischem Strom kann nur die Kosmetikerin durchführen – und selbst dann besteht die Gefahr, daß Narben zurückbleiben, wenn die Epilationsnadel vom Haarschaft abrutscht und auf die Haut gelangt. Zudem können pro Behandlung höchsten 30 Haare entfernt werden.

Die Nägel

Aufbau und Funktion des Nagels

Bestandteile des Nagels (Abbildung 165): Die hauptsächlichsten Bestandteile des Nagels sind die Nagelplatte, das Nagelbett, die Nagelwurzel und das Nagelhäutchen. Die Nagelplatte besteht aus verhornten Zellen, die weißlich getönt, aber durchscheinend sind. Die rosarote Farbe erhält die Nagelplatte durch ihre gutdurchblutete Unterlage, das Nagelbett. Mit Nährstoffen versorgt wird die Nagelplatte über die Nagelwurzel, die unter dem hellen Möndchen liegt. Das Nagelhäutchen schützt Nagelwurzel und -bett vor dem Eindringen von Schadstoffen.

Funktion: Die Nägel sind ebenso wie Haare abgestorbene Hornhautgebilde. Sie dienen sowohl als Waffe als auch als Werkzeug. Ihre wohl wichtigste, zumindest aber ihre friedlichste Funktion ist der Schutz der empfindlichen Finger- und Zehenkuppen, durch die besonders viele Nervenenden und Blutgefäße verlaufen.

Wachstum: Nägel wachsen, verglichen mit den Haaren, relativ langsam. Sie brauchen rund zehn Tage, um sich um einen Millimeter zu verlängern.

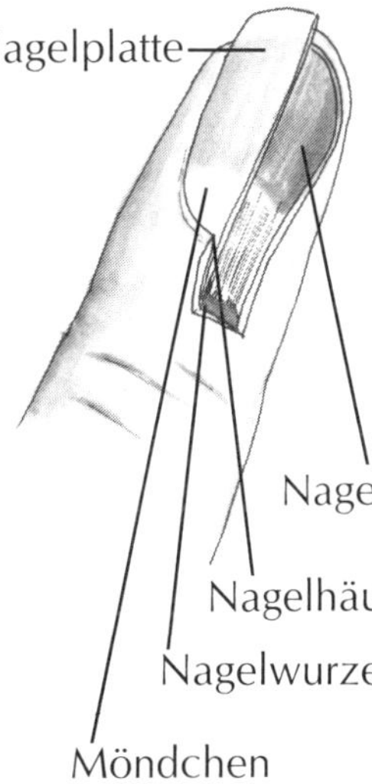

Abbildung 165

Schonende Nagelpflege

Bitte beachten Sie auch für die Nagelpflege die grundsätzlichen Ausführungen zur Körperpflege auf den Seiten 235 bis 238.

Pflegeprogramm: Nägel

Reinigung: Die Reinigung der Nägel erfolgt am besten mit einer weichen Nagelbürste; auf harte Metallgegenstände sollte verzichtet werden, da die empfindliche Haut unter dem Nagel sowie das Nagelhäutchen leicht verletzt werden könnten.

Feilen: Die schonendste Eindämmung des Nagelwuchses ist das Feilen mit Sandblattfeilen, die in unterschiedlichen Körnungen erhältlich sind. Nägel immer in trockenem Zustand feilen, da nasse Nägel weicher sind und leichter einreißen.

Schneiden: Das Schneiden der Nägel wird leichter, wenn die Hornhautschicht durch ein vorheriges Hand- oder Fußbad aufgeweicht wird.

Nagelhaut entfernen: Die Nagelhaut übt eine wichtige Schutzfunktion aus. Sie darf nicht mit scharfen Metallgegenständen bearbeitet werden. Chemische Nagelhautentferner können aggressive Stoffe beinhalten, die die Nagelhaut angreifen.

Nagellack: Nagellacke schädigen den Nagel nicht grundsätzlich, da es der abgestorbenen Hornhaut nichts ausmacht, wenn sie einige Tage „versiegelt“ wird. Be-

Probleme mit den Nägeln, und was man dagegen tun kann

Problem	Mögliche Ursache	Abhilfe
Brüchige Nägel	Meist Nährstoffmangel, Chemikalien (Spül-, Wasch-, Färbemittel) greifen die Nagelplatte an.	Vollwertige Ernährung, eventuell Kieselerde- und Kalziumpräparate, Verzicht auf acetonhaltige Lackentferner, aggressive Spülmittel oder Haarmittel.
Einwachsende Nägel	Meist drückt falsches Schuhwerk den Nagel in das Nagelbett.	Spezialpflaster lindern die Schmerzen, richtiges Schuhwerk, gegebenenfalls vom Arzt behandeln lassen.
Rillen	Falsche Nagelpflege, Stoffwechselstörungen, Kontakt mit aggressiven Substanzen.	Verzicht auf Metallgegenstände bei der Maniküre und Pediküre, Chemikalien meiden, vollwertige Ernährung.
Weiße Flecken	Lufteinschlüsse aufgrund falscher Nagelpflege, Mangelerscheinungen.	Verzicht auf Metallgegenstände, Nagelhaut nur sanft zurückschieben, vollwertige Ernährung.

denklich sind jedoch die Inhaltsstoffe vieler Nagellacke und Nagellackentferner. So ist in manchen Nagellackentfernern das aggressive Aceton enthalten, das nicht nur den Lack angreift, sondern auch den Nagel. Über das allseits bekannte Formaldehyd, das als Konservierungsstoff auch bei Nagellacken eingesetzt wird, braucht wohl kein Wort mehr verloren zu werden.

Nagelschutz: Besonders die Fingernägel kommen – wie die Haut an den Händen – in häufigen Kontakt mit aggressiven Substanzen. Auch den Nägeln zuliebe sollte man deshalb so weit wie möglich auf scharfe Putzmittel etc. verzichten oder sich zumindest mit Handschuhen schützen.

Die Zähne

Der Aufbau der Zähne

Bestandteile des Zahnes (Abbildung 166): Der menschliche Zahn besteht aus der *Krone* und der *Wurzel*. Die Zahnkrone ist der sichtbare Teil des Zahns, der aus dem Zahnfleisch herausragt. Sie ist bedeckt mit dem *Zahnschmelz*, einer porzellanartigen, äußerst harten Masse. Die Zahnwurzel ist im Kiefer verankert. Sie besteht aus dem kalkreichen *Zahnbein*, auch *Dentin* genannt, und Zement. Umgeben ist sie von einer zarten Wurzelhaut.

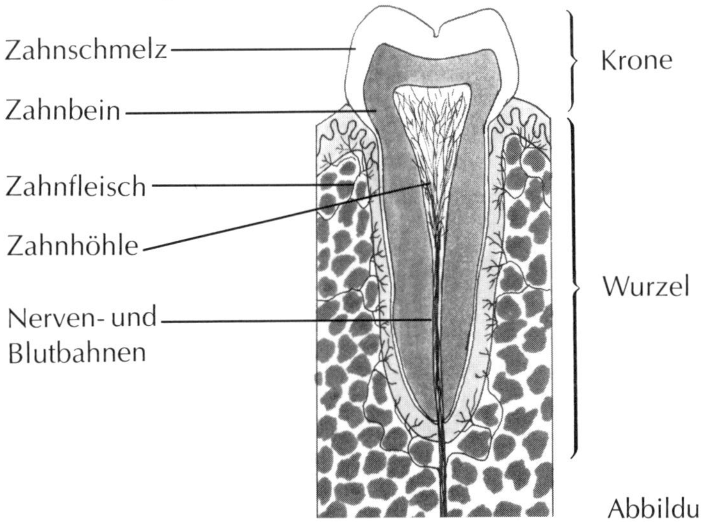

Abbildung 166

Unsere Zähne sind nun keineswegs leblose Gebilde. Unter dem harten Zahnschmelz und dem Zahnbein tut sich die *Zahnhöhle* auf. In dieser Höhle spielt sich das Leben des Zahns ab. Sie birgt eine Masse aus fasrigem Bindegewebe, in dem sich eine Unmenge von Blutgefäßen und Nervenenden befinden. Die Blutbahnen versorgen den Zahn mit den wichtigen Nährstoffen, und die Nervenbahnen leiten Informationen – wie den Schmerz beim Bohren – weiter. Über den Wurzelkanal sind Blutgefäße und Nerven mit dem gesamten Organismus verbunden.

Zahnalter: Der Mensch verfügt im Laufe seines Lebens über zwei Generationen von Zähnen. Ab dem sechsten Lebensmonat bilden sich beim Kleinkind in jeder Kieferhälfte zehn Milchzähne aus. Während die erste Zahngeneration langsam ausfällt, wächst ab dem sechsten Lebensjahr die zweite Zahngeneration der Dauerzähne heran, die bis zum 13. Lebensjahr komplett ist und insgesamt 32 Zähne umfaßt. Die vier Weisheitszähne bilden sich in der Regel jedoch erst im Erwachsenenalter, bei manchen Menschen bleiben sie ganz aus.

Krankheitsherde: Die Zähne sind keine isolierten Gebilde, sondern sie sind über den Wurzelkanal mit dem gesamten Organismus verbunden. Zähne und Organismus stehen in einer engen Wechselbeziehung. Versorgt der Körper die Zähne nicht ausreichend mit Nährstoffen, so werden sie krank. Sind wiederum die Zähne krank oder wurden sie mit unverträglichen Füllungen behandelt, so hat dies auch schädliche Auswirkungen auf den restlichen Körper: Organische Störungen können ebenso auftreten wie eine allgemeine Schwächung der Abwehrkräfte.

Die Funktion der Zähne

Nahrungsaufnahme und Verdauung: Unseren Zähnen kommt die Aufgabe zu, Nahrungsmittel zu zerkleinern. Die Schneide- und Eckzähne übernehmen dabei die Aufgabe, kleinere Stücke aus größeren herauszureißen oder zu -schneiden. Die breiten Flächen der Backenzähne zermahlen diese Stücke dann. Diese Zerkleinerungsarbeit ist ein wichtiger Bestandteil des Verdauungsprozesses. So werden die Nahrungsmittel zum einen in kleine Portionen zerteilt, die von den Verdauungsorganen weiterbearbeitet werden können, zum anderen werden bestimmte Nährstoffe wie die Kohlehydrate bereits während des Kauens mit Hilfe des Speichels verdaut.

Schmuckorgane: Darüber hinaus zählen die Zähne – wie Haut, Haare und Nägel – zu den wichtigsten Schmuckorganen des Menschen. Ebenmäßige und gepflegte Zähne haben einen entscheidenden Einfluß auf das äußere Erscheinungsbild eines Menschen – für viele Grund genug, die natürlichen Zähne, auch ohne daß sie erkrankt wären, durch künstliche zu ersetzen.

Zahnpflege

Ernährung: Wichtigste Voraussetzung für gesunde Zähne ist eine gesunde Ernährung, die die Zähne mit allen wichtigen Nährstoffen versorgt (siehe Seite 271). Den Zähnen zuliebe, speziell zur Vorbeugung von Karies, sollte man auf den Verzehr von Zucker und zuckerhaltigen Speisen (Bonbons, Schokolade, zuckerhaltige Getränke etc.) weitgehend verzichten. Wie wichtig schon eine frühkindliche Erziehung in diesem Bereich ist, zeigt die Tatsache, daß in Deutschland 90 Prozent aller Schulkinder unter Karies leiden!

Zähneputzen: Regelmäßiges Zähneputzen – mehrmals am Tag, vor allem nach dem Verzehr von zuckerhaltigen Speisen und abends vor dem Zubettgehen – ist das A und O der Zahnpflege. Richtiges Zähneputzen wird von zwei Faktoren bestimmt: der Zahnbürste und der Putztechnik.

Zahnbürste: Die ideale Zahnbürste

* hat einen kleinen Kopf, damit man besser in die Ecken und Winkel des Mundraums kommt,
* besteht aus Kunststoffborsten, die weniger anfällig für Bakterienbefall sind als Naturborsten (wer Naturborsten bevorzugt, muß die Bürste besonders gründlich reinigen),
* ist eine relativ neue Zahnbürste: Je älter die Bürste, desto mehr Borsten stehen ab, die das Zahnfleisch verletzen können, und desto mehr Bakterien haben sich angesammelt,
* wird nach dem Putzen gründlich gereinigt. Am besten stellt man sie nach der Reinigung nicht mit dem Kopf

nach unten in den Becher, da sie so langsamer trocknet und sich in dem feuchten Milieu leichter Bakterien bilden,

* wird nach etwa zwei Monaten durch eine neue Bürste ersetzt.

Putztechnik: Beim Zähneputzen sollte man zwei verschiedene Techniken anwenden. Zuerst wird die breite Oberfläche der Backenzähne mit waagrechten Bewegungen geputzt (Abbildung 167). Dann erfolgt eine Reinigung von Zähnen und Zahnzwischenräumen in Form von Kreisbewegungen (Abbildung 168), zum Abschluß werden die Zähne von allen Seiten mit einer Senkrechtbewegung der Bürste gereinigt (Abbildung 169). Für die Kreis- und senkrechten Bewegungen gilt dabei die Regel: Immer von Rot nach Weiß bürsten, das heißt vom Zahnfleisch weg nach oben. So werden Speisereste und andere Ablagerungen abtransportiert und nicht (wie bei der geraden Auf- und Abbewegung) ins Fleisch einmassiert.

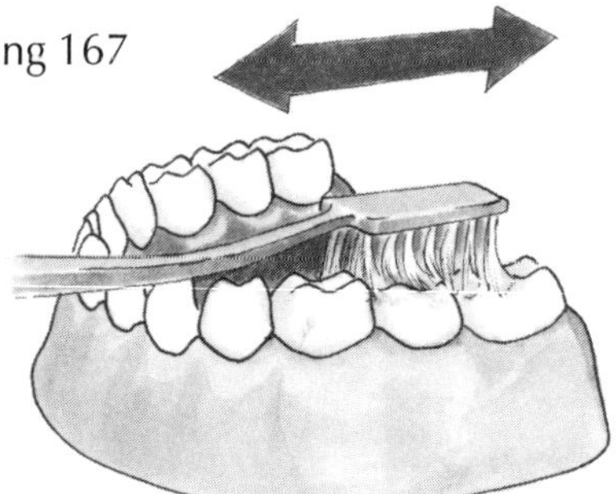

Abbildung 167

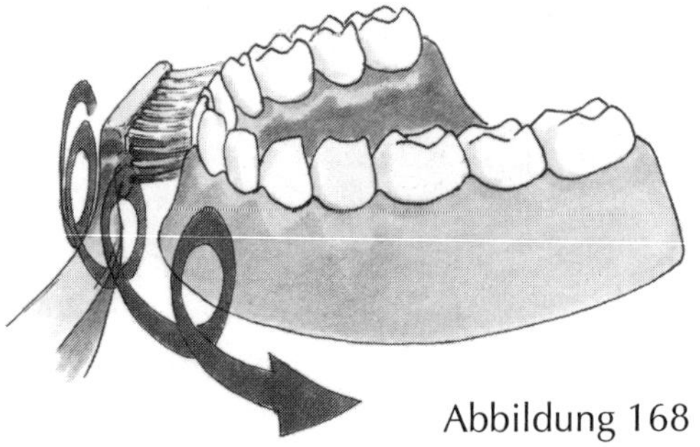

Abbildung 168

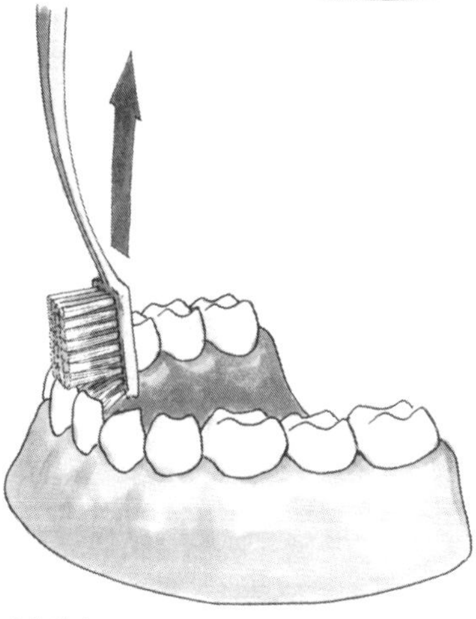

Abbildung 169

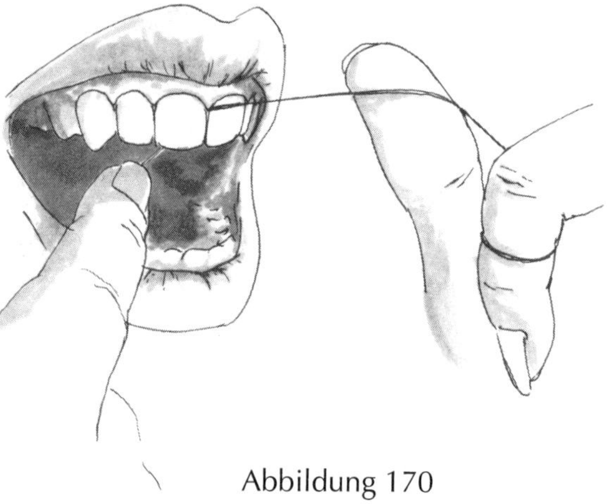

Abbildung 170

Abbildung 171

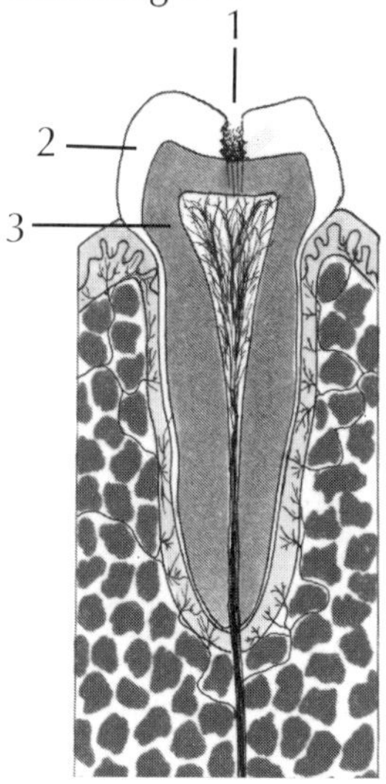

Abbildung 172

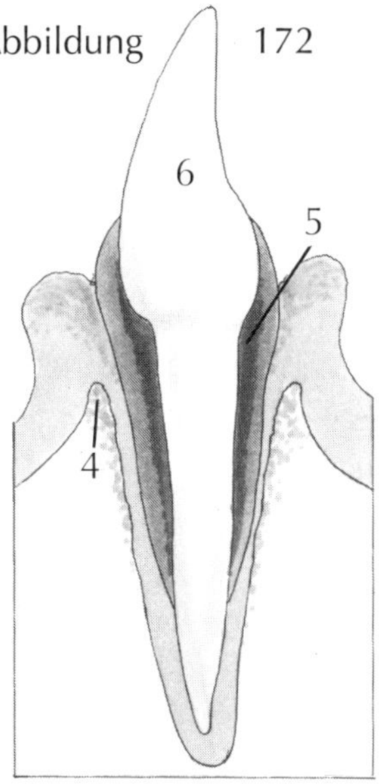

1–Kariesloch
2–Zahnschmelz
3–Zahnbein

4–Knochenschwund
5–Zahnstein
6–lockerer Zahn durch Parodontose

Mundduschen ersetzen keineswegs das Zähneputzen mit der Bürste. Sie stellen lediglich eine Ergänzung dar, bei der in erster Linie das Zahnfleisch massiert wird und Speisereste ausgespült werden. Wer empfindliches Zahnfleisch hat, bei dem kann der harte Wasserstrahl jedoch Zahnfleischbluten hervorrufen.

Zahnpasta: Zahnpasten und -gels erfüllen in erster Linie den Zweck von Gleitmitteln. Der gesundheitsfördernde Effekt von Beimengungen wie Fluor ist umstritten und hat neben der Ernährung und der Zahnhygiene nur nebensächliche Bedeutung bei der Zahnpflege.

Zahnseide (Abbildung 170): Durch die dünnen Fäden der Zahnseide können auch Zahnzwischenräume gereinigt werden, die für die Bürste nicht zugänglich sind. Die Zahnseide ist somit ein gutes Mittel, um Zahnstein vorzubeugen.

Mundwasser: Mundwässer sind deshalb so beliebt, weil sie kurzfristig für guten Atem sorgen. Man sollte jedoch bei ständigem Gebrauch beachten, daß Sie nur eine oberflächliche Abhilfe schaffen und zugrundeliegende Ursachen wie etwa Verdauungsstörungen nur übertünchen.

Zahnarztbesuch: Zu guter Letzt gehört natürlich die regelmäßige Untersuchung beim Zahnarzt mit zu den wirkungsvollsten Vorbeugemaßnahmen für gesunde Zähne.

Zahnprobleme, und was man dagegen tun kann

Problem	Mögliche Ursache	Abhilfe
Amalgam-füllungen	Die Silber-Zinn-Legierung, der neben Spuren von Zink und Kupfer auch Quecksilber beigemengt wird, steht in dem Verdacht, als Krankheitsherd zu zahlreichen Erkrankungen zu führen (Abwehrschwäche, Rheuma usw.)	Zahnärztliche Beratung, gegebenenfalls Entfernung der Plomben und Ersatz durch Zahnfüllungen mit edleren Metallen (z. B. Gold) oder Porzellan (ist jedoch nicht so beständig wie Amalgam).
Karies	Bakterienflora des Zahnbelags entwickelt, sobald sie mit Zucker in Berührung kommt, hochaggressive Säuren, die sich in den Zahnschmelz einfressen und dort zu den typischen Löchern führt (Abbildung 171).	Zuckergenuß einschränken, vor allem Kinder frühzeitig zu maßvollem Umgang mit Süßigkeiten erziehen. Regelmäßiges Zähneputzen, vor allem nach dem Verzehr von zuckerhaltigen Speisen (je länger die Bakterienflora mit dem Zucker reagiert, desto schlimmer die Folgen).
Parodontose	Genaue Ursache noch ungeklärt. Sicher aber spielen mehrere Faktoren eine Rolle: Zahnstein, Schwund von Zahnknochen und Zahnfleisch, Entzündungen des Parodontiums (der Umgebung des Zahnes). Führt zu einer Lockerung des Zahns (Abbildung 172).	Regelmäßig den Zahnstein entfernen lassen, sorgfältige Zahnpflege, vitamin- und mineralstoffreiche Ernährung.
Zahnfleisch-bluten	Vitaminmangel, mangelnde Mundhygiene, Verletzungen durch harte Gegenstände.	Sorgfältige Zahnpflege, eventuell etwas weichere Zahnbürste verwenden, Verzehr von Roh- und Vollwertkost.

Kosmetikratgeber

Kosmetikallergien vorbeugen

„Von den Fußnägeln bis zu den Haarspitzen kommt heute der Konsument mit etwa 4000 biologisch gefährlichen und giftigen Chemikalien in Berührung, und das in einer Sparte, die Verjüngung, Gesundheit und Schönheit propagiert.“ Dieses bittere Resümee zieht Stefanie Faber, die sich mit ihren Publikationen über Naturkosmetik einen Namen gemacht hat. Wer schön sein will, muß leiden – die ständig steigende Zahl der Allergien und anderer Unverträglichkeiten verhelfen diesem Sprichwort zu einem traurigen Beweis.

Symptome: Allergische Hautreaktionen haben zum Teil erschreckende und äußerst schmerzhafte Symptome. Sie äußern sich in starkem Juckreiz, die betroffenen Stellen röten sich oder schwellen an. Zuweilen bilden sich Bläschen, Schuppen oder Krusten. Diese Hautreaktionen sind anfangs meist auf die Stelle beschränkt, die unmittelbar mit der allergieauslösenden Substanz in Berührung gekommen ist. Schreitet die Krankheit weiter fort, so kann sich die Allergie auf den ganzen Körper ausweiten.

Diagnose: Die Auslöser von Allergien (man nennt sie Allergene) können meist nur in komplizierten ärztlichen Allergietests ausfindig gemacht werden, die oft genug daran scheitern, daß die genaue Zusammensetzung der Kosmetika wohlgehütetes Geheimnis ihrer Hersteller bleibt.

Auslöser: Zu den verbreitetsten Auslösern von Kosmetikallergien zählen die Konservierungsstoffe, unter anderem gehören dazu:

* Benzoesäure
* Parabene (PHB-Ester, Nipa-Ester)
* Formaldehyd
* Hexacholorphen (HCP)
* Glutaraldehyd
* Chlorhexidin
* Quecksilber-Verbindungen
* Bronopol
* Sorbinsäure

Kosmetika und Sonne: Ein Spezialbereich der Kosmetikallergien sind die sogenannten *photoallergischen Reaktionen.* Das heißt im Klartext: Die Allergie wird nicht unmittelbar durch den Kontakt mit dem Allergen ausgelöst, sondern erst durch eine Wechselwirkung zwischen dem Allergen und den UV-Strahlen der Sonne (siehe auch Seite 241). Solche Wechselwirkungen können auftreten zwischen UV-Strahlen und den Inhaltsstoffen von:

* Parfüms
* Hautcremes
* Sonnenschutzmitteln
* Medikamenten (z. B. „Pille"!)
* Deodorants
* ätherischen Ölen (Duft- und Aromastoffe)
* Süßstoffen (Saccharin, Cyclamat)

Natürliche Inhaltstoffe: Es wäre falsch, an dieser Stelle eine reine Chemieschelte stehen zu lassen. Es sind nicht nur die chemischen Inhaltstoffe, die eine Allergie auslösen können. Das Gemeine und Unberechenbare an dieser Erkrankung ist, daß die Unverträglichkeit auch gegenüber völlig harmlosen Substanzen auftreten kann. Jeder Heuschnupfengeplagte oder Tierhaarallergiker kann davon ein Lied singen. So wie simple Blütenpollen oder Katzenhaare können auch natürliche Inhaltstoffe wie Kamillenextrakte oder Lanolin allergische Krankheitssymptome hervorrufen.

Die 10 Grundregeln für den Allergiker

1. Inhaltstoffe erfragen: Wer unter einer Allergie auf Inhaltstoffe von Kosmetika leidet, sollte sich vor Benutzung eines neuen Präparates in jedem Fall vom Hersteller sämtliche Inhaltstoffe bekanntgeben lassen. Verweigert der Hersteller diese Auskunft, so ist es besser, auf das Produkt zu verzichten.

2. Produktwechsel reicht oft nicht aus: Mit einem Wechsel zu einem anderen Produkt ist das Problem in den wenigsten Fällen aus der Welt zu schaffen. Denn die Stoffe, die in erster Linie für die Kontaktallergien bei Kosmetika verantwortlich sind, sind die Konservierungsstoffe – und deren Einsatz ist in der Kosmetikindustrie weit verbreitet.

3. Überall ist Vorsicht geboten: Wissen Sie, auf welchen Stoff Sie allergisch reagieren, so müssen Sie alle Präparate meiden, die diesen Stoff beinhalten. So könnte der allergieauslösende Stoff zum Beispiel auch in Medikamenten oder Nahrungsmitteln enthalten sein.

4. Hypoallergene Kosmetika: Die wachsende Zahl der Allergien hat dazu geführt, daß einige Firmen hypoallergene Produkte anbieten. Die Bezeichnung *hypoallergen* bedeutet nicht, daß die Produkte keinerlei Allergierisiko mit sich bringen. Eine solche Garantie kann gar nicht gegeben werden, da allergische Erkrankungen ganz entscheidend von der individuellen Veranlagung abhängen. Hypoallergene Produkte haben jedoch ein deutlich geringeres Allergie-Risiko als vergleichbare Mittel, die auf dem Markt erhältlich sind.

5. Aufmerksamkeit: Beobachten Sie genau, wie Ihre Haut auf ein neues Pflegepräparat reagiert. Nehmen Sie auch scheinbar harmlose Hautreizungen (Rötung und Brennen der Haut) zum Anlaß, den Kosmetikartikel nicht mehr zu benutzen.

6. Wenig experimentieren: Eine Allergie kommt selten allein. Allergiker sind ständig der Gefahr ausgesetzt, auf neue Stoffe allergisch zu reagieren. Bleiben Sie bei bewährten Produkten, und experimentieren Sie nicht zuviel mit Pflegepräparaten.

7. Vorsicht Sonne: Beim Sonnenbaden keine Parfüms oder Deodorants auf die Haut bringen. Allergiker müssen auch mit der Auswahl des Sonnenschutzmittels sehr vorsichtig sein. Emulgator- und fettfreie Gels werden vielfach besser vertragen als herkömmliche Cremes.

8. Naturkosmetik: Naturkosmetik an sich stellt keine Garantie dafür dar, daß Allergien nicht auftreten. Aber sie hat dennoch einen entscheidenden Vorteil: Naturkosmetik verwendet wesentlich weniger künstliche Zusatzstoffe und beschränkt sich weitgehend auf altbewährte Rezepturen. Dadurch vermindert sich das Allergierisiko.

9. Selbstgemachte Kosmetik: Eine gute Alternative für Allergiker ist es, sich seine Kosmetik selbst herzustellen – so weiß man wenigstens genau, welche Stoffe verwendet wurden, und kann mögliche Allergene schnell ausfindig machen.

10. Medizinische Beratung: Allergien sind ernstzunehmende Erkrankungen. Suchen Sie in jedem Falle auch einen Hautarzt auf.

Tierversuche

Tierversuche – muß das sein?

Im Namen des Verbraucherschutzes: Nach Angaben der Hamburger Verbraucherzentrale werden jedes Jahr schätzungsweise zwölf bis 15 Millionen Tiere bei Tierversuchen getötet. Die Kosmetikindustrie hat daran ungefähr einen Anteil von zehn bis 15 Prozent. Im Namen des Verbraucherschutzes werden jahrein jahraus Tausende von Hunden und Katzen, Mäusen und Ratten Qualen ausgesetzt und getötet, um die Schleimhautverträglichkeit, die Hautreizung oder die Giftigkeit eines Stoffes zu untersuchen.

Alternativen: All das wäre vermeidbar, entschlössen sich die Kosmetikfirmen dazu, auf aggressive Wirkstoffe zu verzichten und auf altbewährte, natürliche Ingredienzien und Rezepte zurückzugreifen. Der Gesetzgeber schreibt nämlich nur für neue Chemikalien Tierversuche vor – bei der Fülle von bekannten und bereits getesteten Stoffen ist der Einsatz neuer Stoffe durchaus nicht zwingend notwendig. Darüber hinaus steht eine Reihe von alternativen Testmethoden zur Verfügung, deren sich bereits viele Firmen bedienen. Dazu zählen Experimente mit Zellkulturen und Bakterien sowie Computeranalysen. Ein großer Erfolg der Tierversuchsgegner, der beweist, daß ein konsequentes Verbraucherverhalten auch bei großen Firmen und Konzernen nicht ohne Wirkung bleibt: Im August dieses Jahres meldeten vier weitere Kosmetikgiganten, daß sie in Zukunft auf Tierversuche verzichten werden.

Ratgeber für Tierfreunde

Positivliste: Beim Deutschen Tierschutzbund können Tierfreunde eine Liste von Kosmetikfirmen anfordern, die rechtsverbindlich erklärten, daß sie

* keine Tierversuche für die Entwicklung und Herstel-

lung von Endprodukten durchführen,
* keine Rohstoffe verarbeiten, die nach dem 1. 1. 1979 im Tierversuch getestet wurden,
* keine Rohstoffe verwenden, die durch Tierquälerei gewonnen wurden, wie z. B. Walrat, Nerzöl, Schildkrötenöl usw.
* wirtschaftlich nicht abhängig sind von Firmen, die ihrerseits Tierversuche durchführen oder in Auftrag geben,
* detaillierte Angaben machen über Rohstoffe und Lieferanten,
* die Inhaltsstoffe aller Produkte auf den Verpackungen oder Katalogen angeben.

Sie erhalten diese Liste, wenn Sie ein frankiertes Rückantwortkuvert an die Adresse des Tierschutzbundes senden (siehe Seite 311).

Naturkosmetik: die sanfte Alternative

Die Skandale über unerfreuliche Nebenwirkungen von Kosmetikpräparaten sind nicht spurlos am Konsumenten vorübergegangen. Wie in vielen anderen Bereichen, zeigt sich auch bei der Körperpflege ein stetig wachsender Trend zu mehr Natur. Der Verbraucher ist kritischer und verantwortungsbewußter geworden. Längst wird nicht mehr jedes Werbeversprechen der Beauty-Industrie für bare Münze genommen und bedenkenlos die Haut mit hochaggressiven Wirkstoffen malträtiert. Naturkosmetik ist, wie die Naturmedizin, zu einem Schlagwort der Zeit geworden, das die Kosmetikindustrie mehr und mehr aufgreift.

Reine Naturkosmetik hat gegenüber herkömmlichen Kosmetika mit chemischen Inhaltstoffen fünf entscheidende Vorteile:

1. Hautverträglichkeit: Naturkosmetik ist im Regelfall wesentlich hautverträglicher als herkömmliche Kosmetik. Die natürlichen Inhaltstoffe (wie pflanzliche Öle) sind in ihrer Zusammensetzung dem Hautgewebe ähnlicher als künstliche Stoffe. Sie können die Haut in ihren Funktionen auch besser unterstützen.

2. Bewährte Rezepte: Naturkosmetik greift auf altbekannte Rezepturen und Zutaten zurück, die sich oft über Generationen hinweg schon bewährt haben.

3. Keine Tierversuche: Naturkosmetik verzichtet auf Tierversuche.

4. Geringeres Allergierisiko: Auch bei Naturkosmetik kann ein Allergierisiko nicht völlig ausgeschlossen werden (siehe Seite 263). Bei reinen Naturkosmetika, deren Inhaltstoffe bekanntgegeben werden, ist es jedoch leichter, das Allergen ausfindig zu machen.

5. Umweltfreundlichkeit: Sanft zum Gesicht und sanft zur Umwelt heißt die Devise verantwortungsbewußter Hersteller von Naturkosmetik. Die natürlichen Stoffe belasten sowohl in der Produktion als auch in der Abfallbeseitigung die Umwelt geringer als chemische Präparate.

Verbrauchertips: Naturkosmetik

Das Geschäft mit dem Bio-Boom: Die Marketing- und Werbeabteilungen der Kosmetikbranche sind hellhörig geworden und versuchen, das gewandelte Bewußtsein der Käufer für ihre Werbestrategien auszunutzen. *Bio* und *Natur* wurden zu beliebten Zusätzen bei Produktnamen – in so manchen Fällen, ohne daß sich bei den Inhaltstoffen oder der Rezeptur etwas geändert hätte. Doch das Papier der Etiketten ist geduldig, genauso geduldig wie der Gesetzgeber, der die Bezeichnung *Naturkosmetik* bislang noch nicht geschützt hat. Solange nur ein Stäubchen Kamillenextrakt in die Nachtcreme fällt oder sich ein Hauch von Jojoba in die Shampooflasche verirrt, solange kann jeder Kosmetikfabrikant diese Produkte als natürliche Kosmetik verkaufen.

Wie aber läßt sich bei der Naturkosmetik die Spreu vom Weizen trennen? Anhand einer Reihe von Anhaltspunkten kann der Verbraucher erkennen, inwieweit Werbung und Wahrheit auseinanderklaffen:

Rezept: Achten Sie darauf, daß die Inhaltstoffe der Kosmetik angegeben sind. Naturkosmetik verwendet schlichte Rezepte und wenige, gezielt ausgewählte Inhaltstoffe.

Haltbarkeit: Achten Sie auf den Aufdruck eines Herstellungs- und Haltbarkeitsdatums. Ist kein Haltbarkeitsdatum angegeben, so ist die Wahrscheinlichkeit groß, daß das Produkt künstliche Konservierungsstoffe enthält.

Aufbewahrung: Durch den Verzicht auf chemische Konservierungsmittel müssen die meisten Naturpräparate kühl aufbewahrt werden. Achten Sie auf einen entsprechenden Aufdruck.

Verpackung: Umweltfreundliche Verpackungen (Glas statt Plastik, Verzicht auf aufwendiges und unnötiges Drumherum) lassen auf einen umweltbewußten Hersteller schließen. Manche Anbieter von Naturkosmetik verkaufen ihre Produkte sogar in Pfand-Glasbehältern.

Dekorative Kosmetik: Lidschatten, Lippenstifte, Make-up oder Nagellacke gibt es nur wenige auf natürlicher Basis. Zum einen färben natürliche Farbstoffe nicht intensiv genug, zum anderen sind vielfach chemische Lösungsmittel (z. B. beim Nagellack) erforderlich.

Vertrieb: Vielfach bieten die Hersteller reiner Naturkosmetik ihre Produkte nicht in großen Kaufhaus- oder Drogerieketten an, sondern in Reformhäusern, Naturläden oder speziell Kosmetiksalons, die sich auf Naturkosmetik spezialisiert haben.

Schönheit aus erster Hand – Naturkosmetik selbstgemacht

Der Chemie überdrüssig, gehen immer mehr Menschen dazu über, sich die Zutaten für ihre individuellen Pflegemittel selbst zu kaufen und selbst zusammenzumischen. Vor allem in Großstädten schießen Läden, die Rohstoffe für Naturkosmetik anbieten, förmlich aus dem Boden.

Die Vorteile: Der große Vorteil selbstfabrizierter Kosmetika liegt darin, daß man die exakte Zusammensetzung seiner Körperpflegemittel kennt und nicht mehr auf die Verläßlichkeit der Angaben von Kosmetikfirmen angewiesen ist. Auch was die Qualität der Rohstoffe betrifft, kann der Verbraucher nach der Beurteilung des Testmagazins *Ökotest* relativ zufrieden sein. *Ökotest* ging im April 1988 der Frage nach, wie es um die Natürlichkeit der Kosmetikrohstoffe bestellt sei. Das generelle Urteil war durchaus positiv.

Verbrauchertips: Selbstgemachte Naturkosmetik

Keine Selbstexperimente: Seien Sie vorsichtig mit eigenen Experimenten. Nicht alles, was natürlich ist, ist gleichzeitig ungefährlich. Auch natürliche Zutaten können zu Hautreizungen und unschönen Folgen führen, wenn sie unsachgemäß angewandt werden. Zur Grundausstattung gehört in jedem Fall ein verantwortlicher Ratgeber, der über Rohstoffbeschaffung, Rezepte und Anwendungsgebiete informiert (Buchempfehlungen finden Sie auf Seite 310).

Natur pur: Die „reinste Lehre" vertritt zweifelsohne Stefanie Faber, die sich ausschließlich auf natürliche Inhaltsstoffe beschränkt. Dekorative Kosmetik wie Lidschatten oder Make-up wird man bei ihr vergeblich suchen.

Natur + Schminke: Etwas lockerer gehen die Autoren Jean Pütz und Christine Niklas in der Hobbythek-Reihe vor. Sie verwenden, wenn unbedingt nötig, auch chemische Stoffe, wobei sie nach dem Prinzip des kleineren Übels vorgehen und weniger giftige Substanzen auswählen. Dafür finden sich dann bei Pütz/Niklas auch Rezepte für dekorative Kosmetika (Lippenstifte, Lidschatten etc.).

Rohstoffe: Achten Sie bei der Rohstoffbeschaffung von Naturkosmetika auf genaue Angaben der Inhaltstoffe und der Herkunft der Substanzen. Fragen Sie gegebenenfalls beim Hersteller nach.

Geräte: Bei der Herstellung von Naturkosmetika muß äußerst genau und hygienisch vorgegangen werden. Eine exakte Briefwaage, Meß- und Rührbecher sowie Glasgefäße zum Anrühren und Aufbewahren sind unerläßliche Hilfsmittel.

Konservierung: Verzichten Sie auf chemische Konservierungsstoffe, und verwenden Sie dafür natürliche Konservierungsstoffe wie Bienenwachs, Lanolin oder Alkohol. Bedenken Sie jedoch, daß natürliche Konservierungsstoffe die Kosmetika nicht so lange haltbar machen. Stellen Sie deshalb nur geringe Mengen her, und achten Sie auf eine kühle Lagerung.

Fit durch gesunde Ernährung

Ernährung und Wohlbefinden

Der Mensch ist, was er ißt

Allesfresser Mensch: Die Palette dessen, was der Mensch essen kann, ist immens groß. Schließlich gehören wir, biologisch gesehen, zu den Allesfressern: Ob Fleisch, Fisch, Gemüse oder Früchte, ob roh, gekocht, gegrillt oder geräuchert, es gibt fast nichts, was vor dem menschlichen Appetit sicher wäre. Selbst Mineralien und Mikroorganismen gehören zu unserem Speiseplan. 60 Tonnen Nahrungsmittel verzehrt jeder Bundesbürger im Durchschnitt im Laufe seines Lebens – 20 Tonnen feste Nahrung und 40 Tonnen Getränke –, das besagen die Zahlen der Deutschen Gesellschaft für Ernährung aus dem Ernährungsbericht 1988.

Moderne Ernährung: Trotz der vielfältigen Möglichkeiten sieht der Durchschnitts-Speisezettel meist recht dürftig aus: Fastfood, „verfeinerte" Lebensmittel, Dosen- oder Fertiggerichte mögen zwar praktisch sein, Nährwerte und Vitamingehalt bleiben aber auf der Strecke. Hinzu kommt die Art und Weise wie wir essen: im Stehen, während der Zeitungslektüre oder während der Fernsehapparat läuft, hektisch hinuntergeschlungen, in verrauchten Speisesälen, zu heiß, zu scharf gewürzt und zu wenig gekaut. Und last but not least essen wir alle schlichtweg zuviel. Nach der Statistik ist beinahe jeder zweite Deutsche übergewichtig.

Gesundheitsrisiko Ernährung: Wen mag es da wundern, daß unsere Nahrung uns meist nicht mehr *am Leben erhält* – wie es der ursprünglichen Wortbedeutung von *nähren* entspräche –, sondern zu einem beträchtlichen Gesundheitsrisiko geworden ist, das für zirka ein Viertel aller Behandlungskosten in der Bundesrepublik Deutschland verantwortlich ist? Nach Angaben des Bundesgesundheitsministeriums belaufen sich die Kosten für die Behandlung ernährungsbedingter Erkrankungen im Jahr 1988 auf über 40 Milliarden D-Mark. Es scheint, als wählten wir mit erstaunlicher Zielsicherheit aus dem mehr als reichhaltigen Nahrungsangebot just diejenigen Lebensmittel aus, die der Gesundheit schaden.

Die Nährstoffe oder: Das brauchen wir unbedingt

In den Abermillionen Zellen des menschlichen Körpers laufen in jedem Bruchteil einer Sekunde komplizierte Lebensvorgänge ab, die von einer Reihe von Faktoren abhängig sind und gesteuert werden. Zu den äußeren Lebensgrundlagen gehören Licht, Luft und die Lebensmittel, die wir in Form von flüssiger oder fester Nahrung zu uns nehmen. Damit der Organismus richtig funktioniert, müssen alle Zellen mit den nötigen Stoffen versorgt werden. Diese Stoffe werden dann entweder direkt vom Körper verwertet oder in komplizierten Verdauungs- und Stoffwechselvorgängen aufbereitet. Für einen gesunden Organismus spielt nicht nur die Tatsache eine Rolle, daß ihm diese Stoffe zugeführt werden, sondern auch in welchen Mengen und in welchem Verhältnis sie in der Nahrung vorkommen.

Die Kraftstoffe: Kohlehydrate, Eiweiß und Fett

Die hauptsächliche Funktion der Kraftstoffe ist es, den Körper mit Energie zu versorgen. Sie sind unsere Kalorien-Lieferanten (siehe dazu auch Seite 298). Ein ausgewogener Speisezettel besteht zu 50 Prozent aus Kohlehydraten und zu je 25 Prozent aus Eiweiß und Fett (siehe Abbildung 173).

Abbildung 173

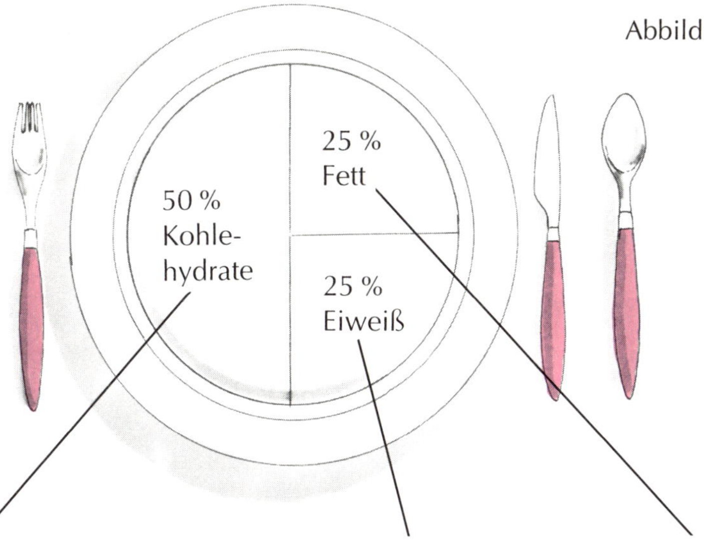

50 % Kohlehydrate	25 % Eiweiß	25 % Fett
Stärkehaltige Lebensmittel Getreide, Mehl, Brot, Reis, Nudeln, Kartoffel, Hülsenfrüchte.	**Tierisches Eiweiß** Fleisch, Fisch, Milch, Eier, Käse.	**Tierisches Fett** Butter, Sahne, versteckte Fette in Wurst oder Fleisch.
Zuckerhaltige Lebensmittel Trauben- und Fruchtzucker, Haushaltszucker, Süßigkeiten, Limonaden, Marmeladen.	**Pflanzliches Eiweiß** Kartoffel, Getreide, Nüsse, Hülsenfrüchte.	**Pflanzliches Fett** Pflanzenöle, Margarine.

Speiseplan: Kraftstoffe

Kohlehydrate vom Stärketyp bevorzugen: Kohlehydrate vom Stärketyp (Getreide, Mehl, Brot, Reis, Kartoffeln, Hülsenfrüchte) liefern nicht nur Energie, sondern auch lebenswichtige Ballaststoffe, Vitamine und Mineralstoffe.

Haushaltszucker und Süßigkeiten meiden: Kohlehydrate vom Zuckertyp sind – mit Ausnahme des Obst-Fruchtzuckers – sogenannte leere Energiespender. Sie versorgen den Körper lediglich mit Kalorien und enthalten keine weiteren wichtigen Stoffe.

Fett nicht ganz vom Speiseplan streichen: Fette liefern fast doppelt soviel Energie wie Kohlehydrate und Eiweiß, ein Grund weshalb sie in dem schlechten Ruf stehen, zu Übergewicht zu führen. Fette dürfen jedoch keineswegs ganz vom Speiseplan gestrichen werden. Es gibt eine Reihe von Fettstoffen, auf die der Körper nicht verzichten kann. Man nennt sie deshalb auch *essentielle (d.h. wesentliche) Fettsäuren.* Sie sind u. a. für den Aufbau einer Reihe von Hormonen und für die Zellbildung unerläßlich. Besonders wichtig für diese Aufgaben ist die Linolsäure, die reichlich in Fischfett und pflanzlichen Ölen (Soja, Distel, Maiskeime, Sonnenblumen) vorkommt. Daneben sorgen die Fettsäuren dafür, daß der Körper die fettlöslichen Vitamine A, D, E und K (siehe Seite 277) optimal verwerten kann. Die Butterflöckchen auf den gedünsteten Karotten sind deshalb nicht nur eine Verbesserung des Geschmacks, sondern ohne sie könnte der Körper die wertvollen Vitamine nicht verwerten.

Pflanzliche Fette und Öle bevorzugen: Pflanzliche Öle und Fette sind reich an den lebenswichtigen essentiellen Fettsäuren. Darüber hinaus bergen sie ein geringes Risiko für hohe Blutfettwerte, Arteriosklerose und Herzinfarkt. Pflanzliche Fette enthalten im Gegensatz zu tierischen auch Cholesterin und keine Purine (siehe Seite 286).

Pflanzliches und tierisches Eiweiß kombinieren: Das Eiweiß, auch Protein genannt, wird bei der Verdauung in seine Bestandteile, die Aminosäuren, umgewandelt. Es gibt insgesamt 20 verschiedene Aminosäuren, acht davon – die *essentiellen Aminosäuren* – müssen dem Körper unbedingt von außen zugeführt werden. Lange Zeit glaubte man, die essentiellen Aminosäuren kämen ausschließlich in tierischem Eiweiß vor. Heute weiß man, daß das so nicht stimmt. Tierisches Eiweiß hat lediglich eine höhere Wertigkeit als pflanzliches Eiweiß. So werden beispielsweise 100 Gramm tierisches Eiweiß zu 70 Gramm Körpereiweiß umgewandelt, wohingegen 100 Gramm pflanzliches Eiweiß nur 30 Gramm Körpereiweiß ergeben.

Fazit: Wer sich streng vegetarisch ernährt, muß sich genau über die Zusammensetzung und den Nährwertgehalt der Lebensmittel informieren, um Mangelerscheinungen vorzubeugen. Für Nicht-Vegetarier empfiehlt sich eine Kombination von tierischem und pflanzlichem Eiweiß, zum Beispiel Vollkornprodukte oder Kartoffeln zusammen mit etwas Butter, Milch oder Eiern. Das Schwergewicht sollte jedoch beim pflanzlichen Eiweiß liegen, da tierische Produkte eine Reihe von bedenklichen Nebenstoffen mitliefern (zum Beispiel hoher Fett- und Cholesteringehalt: siehe Seite 286).

Die Vitalstoffe: Ballaststoffe, Vitamine und Mineralien

Vitalstoffe liefern im Gegensatz zu Kraftstoffen keinerlei Energie. Sie beinhalten wichtige Stoffe, die für die Steuerung vieler Lebensvorgänge (zum Beispiel für den Stoffwechsel oder das Immunsystem) unerläßlich sind. Zu den Vitalstoffen gehören Vitamine, Mineralstoffe und Ballaststoffe (Abbildung 174).

Abbildung 174

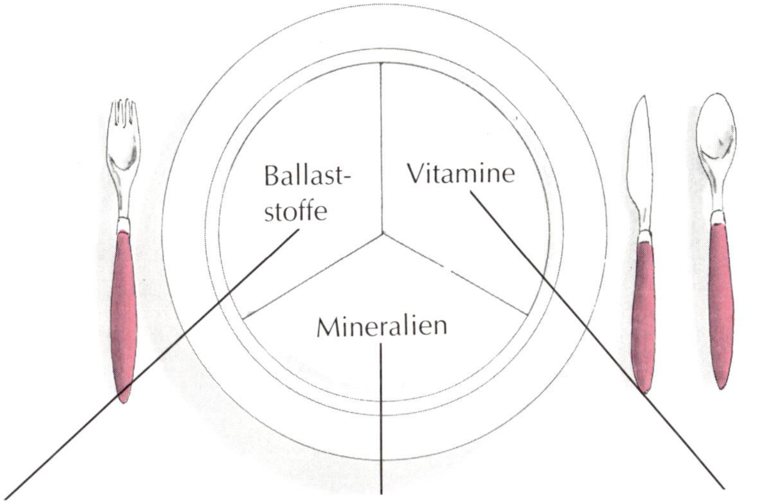

Ballaststoffe	Mineralien	Vitamine
Vollkornprodukte (Vollkornbrot, Vollkornnudeln), Hülsenfrüchte, Gemüse, Obst.	**Mengenelemente** z. B. Calcium, Kalium, Magnesium. **Spurenelemente** z. B. Eisen, Fluor, Jod.	**Fettlösliche Vitamine** Vitamine A, D, E und K. **wasserlösliche Vitamine** z. B. Vitamin-B-Complex, Vitamin C, Biotin.

Die Ballaststoffe: Als Ballaststoffe werden die unverdaulichen Bestandteile der Nahrung bezeichnet. Sie haben die Fähigkeit, Wasser zu binden, und quellen im Magen auf. Damit sättigen sie, ohne dick zu machen (da sie ja keine Energien liefern). Ballaststoffe sind sehr wichtig für eine geregelte Verdauung und haben einen positiven Einfluß auf den Blutzucker- und Cholesterinspiegel. Werden Sie nicht in ausreichender Menge zugeführt, so können sich neben Verdauungsstörungen auch andere Stoffwechsel- und Gefäßkrankheiten einstellen.

Die Vitamine: Vitamine sind lebenswichtige Bestandteile unserer Nahrung. Vitamine sind sogenannte Mikronährstoffe, das heißt, der Körper benötigt sie nur in kleinsten Mengen. Man unterscheidet zwischen *fettlöslichen und wasserlöslichen Vitaminen.* Die fettlöslichen Vit-

Tabelle wasserlöslicher Vitamine

täglicher Bedarf*)	**Ihre Bedeutung für die Gesundheit**	**Ihr hauptsächliches natürliches Vorkommen**
Vitamin B_1 1,1–1,5 mg	Gut für Nervenzellen und Muskeln. Wichtig für Kohlehydratstoffwechsel.	Vollkornprodukte, Kartoffel, Hülsenfrüchte, Leber und Geflügel.
Vitamin B_2 1,5–1,8 mg	Wichtig für Kohlehydrat-, Fett- und Eiweißverwertung.	Milchprodukte, Fleisch, Leber, Vollkornprodukte.
Vitamin B_6 1,6–2 mg	Wichtig für die Verwertung von Eiweiß.	Sojabohnen, Vollkornprodukte, Fleisch, Kartoffeln, Sardinen, Makrelen.
Vitamin B_{12} 5 μg	Fördert die Bildung von Blutzellen.	Leber, Milch, Eier, Quark, Hering, Seelachs, Rindfleisch.
Vitamin C 70 mg	Stärkt die Abwehrkräfte, fördert den Aufbau von Knochen und Bindegewebe.	Sanddorn, Orangen, Grapefruit, schwarze Johannisbeeren, Hagebutten, Kiwi.
Biotin 0,3–0,6 mg	Wichtig für den Kohlehydrat- und Fettstoffwechsel.	Hefe, Sojabohnen, Eier, Linsen, Haferflocken, Weizenkeime.
Folsäure 1 mg	Fördert die Bildung roter und weißer Blutkörperchen.	Sojabohnen, Hühner- und Rinderleber, Kichererbsen, weiße Bohnen.
Niacin 25–30 mg	Gut für Herz und Nervensystem.	Geflügel (vor allem Putenfleisch), Vollkornprodukte, Pilze, Sojabohnen, Erdnüsse, Fisch.
Pantothensäure 20–30 mg	Wichtig für den Fett- und Kohlehydratstoffwechsel und für die Leber.	Hefe, Leber, Erdnüsse, Sojabohnen, Vollkornprodukte, Naturreis.

Tabelle fettlöslicher Vitamine

täglicher Bedarf*)	**Ihre Bedeutung für die Gesundheit**	**Ihr hauptsächliches natürliches Vorkommen**
Vitamin A 0,8–1 mg	Gut für Augen, Haut und Schleimhäute.	Leber, Gemüse, Milch, Butter, Margarine.
Vitamin D 5–10 µg	Gut für Knochen, Knorpel und Haut.	Milch, Butter, Eier, Leber.
Vitamin E 12 mg	„Schutzvitamin", wichtig für den Fettstoffwechsel.	Pflanzliche Öle, vor allem Weizenkeimöl, Eigelb, Fenchel.
Vitamin K)**	Wichtig für die Blutgerinnung.	Sauerkraut, Kohlarten, Leber, Sonnenblumenöl, Fleisch, Spinat.

*) 1 mg = ein tausendstel Gramm, 1 µg = ein millionstel Gramm. Die Mengenangaben gelten für Erwachsene und richten sich nach Empfehlungen der Deutschen Gesellschaft für Ernährung (DGE) in Frankfurt.

**) exakte Bedarfsmenge noch nicht bekannt.

amine können vom Körper gespeichert werden, während die wasserlöslichen durch Schweiß und Harn dem Körper laufend wieder entzogen werden.

Die nachfolgende Vitamintabelle zeigt Ihnen auf einem Blick, welche Aufgaben Vitamine in unserem Körper übernehmen, welche Mengen täglich aufgenommen werden sollten und in welchen Nahrungsmitteln sich die Vitamine in größeren Mengen finden.

Die Mineralstoffe: Bei den Mineralstoffen unterscheidet man zwischen Mengen – und Spurenelementen. Mineralien, die in einer Menge von über 5 Gramm vorkommen, nennt man Mengenelemente. Dazu gehören Calcium, Kalium, Magnesium, Natrium und Phosphor. Mineralien, die in geringeren Mengen vorkommen, werden als Spurenelemente bezeichnet. Zu den wichtigsten Spurenelementen zählen Eisen, Fluor und Jod.

Mineralstoffe sind an einer Vielzahl von Stoffwechselvorgängen beteiligt, sie sind wichtig für den Aufbau von Knochen oder Zähnen (zum Beispiel Calcium), sie regulieren den Wasserhaushalt (Natrium, Kalium) und wirken bei der Blutbildung mit (Eisen). Wieviel Mineralstoffe wir zu uns nehmen sollten und wo sie hauptsächlich vorkommen, können Sie der nachfolgenden Tabelle entnehmen.

Tabelle Mineralien

täglicher Bedarf*)	Ihre Bedeutung für die Gesundheit	Ihr hauptsächliches natürliches Vorkommen
Eisen 10–20 mg	Wichtig für Bildung roter Blutkörperchen, gut für Nerven und Muskeln.	Leber, Sojabohnen, Getreide, Fleisch, Eier, Milch.
Fluor 1 mg	Wichtig für den Aufbau von Knochen und Zähnen.	Fisch, Fleisch, Eier, Leber, Vollkornprodukte.
Jod 0,1–0,2 mg	Beeinflußt Stoffwechsel und Schilddrüsenfunktion.	Seefisch, Lebertran, Meeresfrüchte, Meersalz, Radieschen.
Kalium 0,8–2 g	Fördert die Verwertung von Kohlehydraten, gut für Knochen und Nerven.	Sojabohnen, Weizenkeime, Kartoffeln, Spinat, getrocknete Aprikosen und Sultaninen.
Kalzium 0,8–2 g	Besonders wichtig für Muskeln, Herz, Knochen und Nerven.	Käse, Quark, Milch, Petersilie, Mandeln, Sojabohnen.
Magnesium 0,3–0,5 g	Wichtig für Eiweiß- und Muskelaufbau, aktiviert die Energieversorgung.	Sojabohnen, Nüsse, Weizenkeime, Naturreis, Fleisch, Fisch.
Natrium 3–6 g	Beeinflußt den Blutdruck und Wasserhaushalt.	Kochsalz, Fisch, eingelegte und geräucherte Speisen.
Phosphor 0,7–1,3 g	Wesentlicher Faktor beim Knochenaufbau, gut für die Zähne.	Wurstwaren, Eigelb, Käse, Fisch (vor allem Ölsardinen), Fleisch, Sojabohnen.

*) 1 mg = eintausendstel Gramm

Speiseplan: Vitalstoffe

Viele Ballaststoffe zu sich nehmen: Der reichliche Verzehr von Gemüse, Obst und Vollkornprodukten garantiert eine ausreichende Ballaststoffzufuhr. Denaturierte Lebensmittel wie Auszugsmehl oder Haushaltszucker, Fleisch, Wurst, Käse oder Eier enthalten keine Ballaststoffe.

Ein Tip: Durch das Aufquellen der Ballaststoffe im Magen-Darm-Trakt wird Flüssigkeit gebunden. Wer also viele Ballaststoffe zu sich nimmt, der muß auch viel trinken!

Vitaminbedarf natürlich decken: Die natürlichste und unverfänglichste Art und Weise, seinen Vitaminbedarf zu decken, liegt in einer vollwertigen, ausgewogenen Ernährung. Die in der Vitamintabelle auf Seite 276 angegebenen Werte können problemlos auf natürliche Weise gedeckt werden. Zusätzliche Vitaminpräparate sollten Sie nur einnehmen, wenn sie vom Arzt verordnet wurden. Eine unkontrollierte, überdosierte Vitaminzufuhr schadet unter Umständen mehr als sie nutzt. So kann beispielsweise eine längere Überdosierung von Vitamin A zu Hautreizungen und Schlafstörungen führen.

Vitamine schonend behandeln: Vitamine sind sehr empfindliche Stoffe. Unsachgemäße und lange Lagerung, weite Lieferwege und eine falsche Verarbeitung in der Küche können den Vitamingehalt von Lebensmitteln drastisch vermindern.

Bei Zimmertemperatur gelagert, verliert Kopfsalat schon nach zwei Tagen 50 Prozent seines Vitamin-C-Gehaltes und Spinat sogar 80 Prozent! Wie leicht wertvolle Vitamine bei unterschiedlichen Garmethoden verloren gehen, zeigen folgende Beispiele:
Kartoffeln verlieren von ihrem Vitamin-C-Gehalt
* beim Kochen zirka 25 Prozent,
* beim Backen zirka 30 Prozent,
* beim Braten zirka 50 Prozent,

Fisch verliert von seinem Vitamin-A-Gehalt
* beim Braten zirka 70 Prozent,
* beim Grillen zirka 60 Prozent,
* beim Schmoren zirka 45 Prozent.

Einem Vitaminmangel entgegenwirken: Auf eine ausreichende Vitaminzufuhr müssen vor allem folgende „Risikogruppen“ achten:
* *Kinder und Jugendliche:* Das Wachstum, besonders der Wachstumsschub in der Pubertät, erfordert eine erhöhte Aufnahme von Folsäure, Vitamin B_1 und Vitamin B_2.
* *Ältere Menschen:* Durch das Nachlassen des Appetits und der Nahrungszufuhr im Alter sinkt auch die Vitaminzufuhr. Sie muß vor allem was die Vitamine A, D, C, B_1, B_2, B_6 und Folsäure betrifft, ausgeglichen werden.

* *Schwangere und stillende Frauen:* Der Vitaminbedarf während Schwangerschaft und Stillzeit steigt um bis zu 80 Prozent. Besonders auf eine ausreichende Zufuhr von Vitamin A, C, B_1, B_2, B_6 und Folsäure ist zu achten.
* *Hochleistungssportler und Schwerarbeiter:* Wer extreme körperliche Anstrengungen vollbringen muß, der hat vor allem einen erhöhten Bedarf an Vitamin C.
* *Raucher:* Raucher benötigen 40 Prozent mehr Vitamin C als Nichtraucher (bei Passivrauchern liegt der Prozentsatz etwas niedriger), denn der giftige Rauch jeder Zigarette vernichtet in unserem Körper einige Milligramm Vitamin C.
* *Liebhaber von alkoholischen Getränken:* Wer regelmäßig größere Mengen Alkohol zu sich nimmt, sollte auf eine ausreichende Zufuhr von Vitamin C, B_1, B_6 und Folsäure achten.
* Menschen, die über längere Zeit *Medikamente einnehmen:* Eine Reihe von Medikamenten, so u.a. einige Schmerz- und Schlafmittel, aber auch die Anti-Baby-Pille, stören den Vitaminhaushalt und können zu einem erhöhten Bedarf vor allem an B-Vitaminen führen.

Mineralstoffbombe: Wer sich ausgewogen ernährt, erhält im Regelfall alle nötigen Mineralstoffe in ausreichender Menge. Regelrechte Mineralstoffbomben sind Algen (die darüber hinaus auch noch viele Vitamine und Eiweiß liefern). Algen liefern zum Beispiel siebenmal mehr Calcium als Milch. Während Algen in Japan seit jeher ein wichtiger Bestandteil der Ernährung sind, finden sie bei uns bislang nur wenig Beachtung. Sie sind in getrockneter Form in Naturkostläden erhältlich und werden als Beilage, Würzmittel und Zugabe zu Gemüsegerichten, Salaten und Suppen verwendet.

Mineralstoffe schonend behandeln: Mineralstoffe sind wasserlöslich. Lebensmittel sollen deshalb wenig im Wasser liegen, sondern zum Säubern möglichst kurz abgebraust werden. Kochwasser immer weiterverwenden (zum Beispiel zum Binden von Soßen).

Wasser, die flüssige Nahrung

Der Mensch besteht zu 60 Prozent aus Wasser. Um am Leben zu bleiben, benötigt er täglich etwa zweieinhalb Liter Flüssigkeit. Zirka ein Drittel dieses Flüssigkeitsbedarfs wird dabei durch den Wassergehalt von Nahrungsmitteln gedeckt. Zwei Drittel müssen wir in Form von Getränken zu uns nehmen (Abbildung 175). Wenn wir also eineinhalb Liter Flüssigkeit pro Tag zu uns nehmen, dann decken wir unseren Grundbedarf. Sobald wir aber übermäßig viel Flüssigkeit verlieren – durch Schwitzen, Durchfall oder Erbrechen – müssen wir diesen Verlust durch erhöhte Flüssigkeitszufuhr wieder ausgleichen. Wie der Name schon ausdrückt nimmt man über „Mineralwasser“ nicht nur lebenswichtige Flüssigkeit auf, sondern auch eine Vielzahl von unterschiedlichen Mineralstoffen.

Abbildung 175

1,5 l in Form von Getränken, am besten natriumarmes Wasser

1 l durch den Flüssigkeitsgehalt von Nahrungsmitteln

Das Angebot an Durstlöschern ist so vielfältig wie verlockend: Limonaden, Frucht- und Gemüsesäfte, Wein, Bier, Cocktails, Tee, Kaffee, Mineralwasser... Die meisten davon versorgen den Körper mit mehr als nur Flüssigkeit und den nötigen Mineralien: Sie sind versteckte Kalorienbomben, beinhalten „Genußgifte“ wie Koffein und Teein, sind mit chemischen Farb-, Konservierungs- und Geschmackstoffen versehen.

Speiseplan: Getränke

Gesunde Durstlöscher bevorzugen: Natriumarme Mineralwässer, ungesüßte, naturreine Fruchtsäfte sowie ungesalzene, naturreine Gemüsesäfte gehören ebenso zu den empfehlenswerten Getränken wie Kräutertees oder Rohmilch.

Zucker meiden: Zuckerhaltige Getränke (Limonaden, chininhaltige Bittergetränke, vor allem Cola-Getränke) sind mit Vorsicht zu genießen. In einem Liter Cola verbergen sich 44 Stück Würfelzucker! Vor allem Kinder sind für diese süßen Verlockungen anfällig.

Nicht zu unterschätzen ist auch der natürliche Fruchtzuckergehalt von Fruchtsäften. Wer sie als Durstlöscher nach einer sportlichen Anstrengung trinkt, der nimmt oft mehr Kalorien zu sich, als er vorher mühsam abtrainiert hat. Vergleichen Sie dazu auch die Kalorientabelle auf den Seiten 298 und 301.

Koffein meiden: Koffeinhaltige Getränke wie Kaffee und Cola führen schließlich zu nervlicher Überreizung und sollten nur in Maßen genossen werden. Für Kinder sind sie tabu.

Mineralstoffverlust ausgleichen: Durch den Schweiß werden wertvolle Mineralien ausgeschieden. Wer sehr viel schwitzt – das gilt vor allem für Sportler und Schwerarbeiter –, muß seinen Flüssigkeits- und Mineralstoffhaushalt wieder ins Gleichgewicht bringen. Am besten dazu geeignet sind Mineralwässer, die natriumarm sind und einen hohen Magnesiumwert (von über 100 Milligramm pro Liter) aufweisen.

Trinken und Alter: Mangelerscheinungen aufgrund von ungenügender Flüssigkeitszufuhr sind relativ selten. Bei älteren Menschen läßt jedoch das Durstgefühl nach. Sie müssen deshalb besonders auf regelmäßige Flüssigkeitszufuhr achten.

Alkohol: Ein Kapitel für sich sind alkoholische Getränke. Ihr hoher Kaloriengehalt ist noch der harmloseste Nachteil. Vor allem wegen der hohen Suchtgefahr und der fatalen Auswirkungen von regelmäßigem Alkoholmißbrauch auf das körperliche und seelische Wohlbefinden sollte Alkohol nur in Maßen getrunken werden.

Mangelernährung oder: Davon haben wir zuwenig

Mangelernährung in einem der führenden Industrieländer, in einer Überfluß- und Konsumgesellschaft? Gerade wir, die wir mitunter ein schlechtes Gewissen bekommen angesichts der sich biegenden Regalbretter in den Supermärkten und des gleichzeitigen Hungers in der Welt – gerade wir sollen unter Mangelernährung leiden? Absurd, aber wahr. Ein Mangel in quantitativer Hinsicht herrscht bei uns sicherlich nicht, aber ein Qualitätsmangel. Fastfood, künstlich „verfeinerte" Lebensmittel, der Verzehr von exotischen Lebensmitteln, die (wenn sie nach langer Reise bei uns ankommen) fast keine Vitalstoffe mehr besitzen, zu Tode gekochte und gegrillte Speisen – das alles führt zu einer Unterversorgung des Körpers.

Je nach Grad dieser Unterversorgung können die Beeinträchtigungen des Wohlbefindens mitunter in schwerwiegende Erkrankungen ausarten. Eine der weitverbreitetsten Mangelerscheinungen bei uns ist die Kropfbildung. Etwa jeder zehnte Bundesbürger leidet an diesem Beschwerdebild, das auf eine unzureichende Versorgung mit Jod zurückzuführen ist. Allein die Behandlungskosten von Schilddrüsenerkrankungen belaufen sich in der BRD jährlich auf eine Milliarde Mark!

Die nachfolgende Aufstellung gibt einen Überblick, welche Mangelerscheinungen zu welchen Beschwerden und Beeinträchtigungen des Wohlbefindens führen können. Diese Tabelle soll Sie aber nicht dazu verleiten, bei eventuellen Beschwerden eigenmächtig Vitamine oder Mineralstoffe hochdosiert einzunehmen (siehe Seite 279). Sie will Sie vielmehr dazu anregen, durch eine ausgewogene vollwertige Ernährung solchen Mangelerscheinungen vorzubeugen.

Tabelle Mangelerscheinungen

Mangel an Kraft- und Ballaststoffen	**Mögliche Folgen**
Kohlehydrate	Körperlicher und geistiger Leistungsabfall, Abbau körpereigener Energiereserven (Gewichtabnahme).
Eiweiß	Schwächung der Abwehrkräfte und damit gesteigerte Anfälligkeit für Krankheiten, körperlicher Leistungsabfall, Konzentrationsschwäche, Apathie, eventuell sogar Abbau von Muskelgewebe.
Fett	Körperlicher und geistiger Leistungsabfall, Abbau von Energiereserven (Gewichtabnahme), Mangel an den fettlöslichen Vitaminen A, D, E und K (siehe unten)
Ballaststoffe	Verdauungsstörungen, vor allem Verstopfung, in deren Folge Kreislauferkrankungen, Hämorrhoiden und Stoffwechselerkrankungen auftreten können.
an Vitaminen	
Vitamin A	Sehstörungen, Nachtblindheit, Schwächung der Abwehrkräfte und gesteigerte Anfälligkeit für Krankheiten, schuppige und faltige Haut.
Vitamin D	Mangelnde Versorgung der Knochen, Knochendeformation, Rachitis.
Vitamin B	Muskel-, vor allem Wadenkrämpfe, gestörte Nervenfunktion.
Vitamin K	Mangelnde Blutgerinnung und schlechte Wundheilung.
Vitamin B_1	Nervenentzündungen, Krämpfe, Muskelschmerzen und -schwäche, Müdigkeit.
Vitamin B_2	Lichtempfindlichkeit, mangelnde Blutbildung, aufgesprungene und spröde Lippen.
Vitamin B_6	Blutarmut, nervöse Störungen, Muskelschmerzen und Hautveränderungen.
Vitamin B_{12}	Haut- und Schleimhautveränderungen, Haarausfall, bei Kleinkindern Milchschorf.
Vitamin C	Abwehrschwäche und gesteigerte Anfälligkeit für Infektionskrankheiten, Müdigkeit, Leistungsabfall, verzögerte Wundheilung, in chronischen Fällen: Skorbut.
Biotin	Hautveränderungen, Haarausfall.

Mangel an Vitaminen	Mögliche Folgen
Folsäure	Blutarmut und Schleimhautveränderungen
Niacin	Rauhe und gerötete Haut, Verdauungsstörungen, Appetitlosigkeit, Nervosität.
Pantothensäure	Magen-Darm-Beschwerden, Nervosität.
an Mineralstoffen	
Eisen	Blutarmut, verminderte Sauerstoffversorgung der Muskeln, Leistungsabfall.
Fluor	Zahnerkrankungen, vor allem Karies.
Jod	Stoffwechselstörungen, vor allem Schilddrüsenerkrankungen (Kropfbildung).
Kalium	Gestörte Funktion der Muskeln, Leistungsabfall, Lustlosigkeit, Apathie.
Kalzium	Brüchige Nägel und Haare, Zahnerkrankungen, Beeinträchtigung der Muskelfunktion.
Magnesium	Ameisenlaufen, Kribbeln in Händen und Füßen, Händezittern, Herzflattern, Muskel-, vor allem Wadenkrämpfe.
Natrium	Niedriger Blutdruck, Störungen im Wasserhaushalt.
Phosphor	Mangelversorgung von Knochen, Muskeln und Zähnen. Tritt jedoch selten auf.

Risikofaktoren oder: Davon essen wir zuviel

Unser Hauptfehler bei der Ernährung liegt darin, daß wir den Körper mit bestimmten Stoffen überfüttern. Wird das gesunde Maß überschritten, so lagern sich diese Stoffe ab und führen zu einer Belastung des Körpers. Übergewicht, hohe Blutzucker- und Blutfettwerte, Arteriosklerose, Gicht und zahllose andere Krankheiten sind die Folge. Die größten Risikofaktoren sind die überhöhten Werte an Cholesterin, übrigen Blutfetten, Purinen, Salz und Zucker.

Was bewirken diese Stoffe?

Cholesterin ist ein Stoff, der sich in allen Zellen von Menschen und Tieren findet; in pflanzlichen Zellen ist er nicht vorhanden. Der menschliche Körper benötigt es unter anderem zur Produktion von Gallenflüssigkeit und Hormonen. Die lebenswichtigen Mengen an Cholesterin kann der Körper selbst herstellen, sie müssen ihm nicht von außen zugeführt werden. Wird nun durch den Verzehr cholesterinhaltiger Nahrungsmittel zuviel Cholesterin aufgenommen, so führt dies zu einem Cholesterinüberschuß, der zum Teil in den Wänden der Blutgefäße abgelagert wird und zu Arteriosklerose und Herzinfarkt führen kann. Wie wirkungsvoll eine cholesterinarme Ernährung zur Vorbeugung solcher Erkrankungen sein kann, zeigt das Beispiel USA. Dort ist in den letzten Jahren die Zahl der Herzinfarkte um zirka 20 Prozent zurückgegangen. Als Ursache dafür wird genannt, daß sich die Nordamerikaner zunehmend cholesterinarm ernähren (und weniger rauchen).

Fett ist der Hauptenergielieferant in unserer Nahrung. Überschüssiges Fett wird in Fettdepots abgelagert und reichert den Blutfettgehalt an. Die Folge sind Übergewicht (siehe vor allem Seite 295), Herz- und Gefäßerkrankungen. Darüber hinaus weist tierisches Fett hohe Cholesterinwerte auf, deren Wirkungen bereits oben beschrieben wurden.

Purine sind Bestandteile unserer Nahrung, die vom Körper in Harnsäure umgewandelt werden. Purinüberschüsse lagern sich in Form von Kristallen vorwiegend in den Gelenken oder in der Niere ab. Die Folge sind Nierensteine und Gicht. In der Bundesrepublik leiden zwischen 6 und 8 Prozent aller Männer über 20 Jahre an Gicht, Frauen sind in der Regel erst nach den Wechseljahren von dieser Stoffwechselerkrankung betroffen.

Salz: Ein überhöhter Salzgenuß ist vor allem aufgrund des hohen Natriumgehaltes von Kochsalz bedenklich. Zuviel Natrium führt zu Bluthochdruck, einem der wichtigsten Auslöser von Herz-Kreislauf-Erkrankungen, die bei uns zur Todesursache Nr. 1 zählen. Salz bindet auch Wasser. Wer unter vermehrter Wassereinlagerung leidet, muß sich salzarm ernähren (zum Beispiel auch während der Schwangerschaft).

Speiseplan: Risikofaktoren vermeiden

Cholesterinarm: Einen hohen Cholesteringehalt haben Eigelb, fettes Fleisch, Innereien (vor allem Hirn), Schokolade, Butter und Butterschmalz. Diese Nahrungsmittel gehören nur selten auf den Speiseplan.

Fettarm: Hohen Fettgehalt haben nicht nur alle Arten von pflanzlichen und tierischen Fetten und Ölen. Besonders tückisch sind die versteckten Fette in Wurstwaren, Mayonnaisen, Käse, Süßspeisen oder Nüssen.

Purinarm: Lebensmittel mit sehr hohem Puringehalt sind Fleischextrakt, Innereien, Sojabohnen sowie geräucherte und in Öl eingelegte Fische. Sie sollten möglichst wenig auf dem Speiseplan auftauchen. Auch vor regelmäßigem Alkoholgenuß muß gewarnt werden, da Alkohol die Ausscheidung von Harnsäure vermindert.

Salzarm essen: Schränken Sie den übermäßigen Genuß von Kochsalz ein. Der automatische Griff zum Salzstreuer ist eine äußerst gesundheitsschädliche Angewohnheit, die darüber hinaus die Geschmacksnerven für den Eigengeschmack der Lebensmittel unsensibel macht. Trinken Sie auch nur natriumarmes Mineralwasser.

Zuckerarm: Gehen Sie sparsam mit allen Formen von Zucker (Haushalts-, Frucht-, Traubenzucker), Süßigkeiten, gesüßten Getränken oder gesüßten Müslis um. Die lebenswichtigen Kohlehydrate kann sich der Körper auch aus stärkehaltigen Nahrungsmitteln bilden (siehe dazu Seite 273). Kinder sollten bereits von klein auf „zukkerbewußt“ erzogen werden.

Schadstoffe oder: Darauf können wir ganz verzichten

Ein trauriges Kapitel ist die Schadstoffbelastung unserer Nahrungsmittel. Umweltverschmutzung und moderne Produktionsweisen sind dabei die hauptverantwortlichen Faktoren, die zu vielfältigen Gesundheitsschäden, vor allem zu Allergien führen. Sofortreaktionen sind relativ selten, die Gesundheitsschäden zeigen sich oft erst nach Jahren. So holen uns unsere Umweltsünden über die Nahrungskette wieder ein. „In der lebendigen Natur geschieht nichts, das nicht in einer Verbindung zum Ganzen steht" – dieser ganzheitliche, „grüne" Gedanke stammt von Johann Wolfgang von Goethe. Auf die Frage der gesunden Ernährung übertragen, ließe er sich so interpretieren: Jeder Schritt zu einer bewußten, gesunden Ernährung ist gleichzeitig auch ein Schritt hin zu einer gesünderen, lebendigeren Natur. Und diese ist wiederum eine Voraussetzung für unsere gesunde Ernährung.

Die Liste der Schadstoffe, die sich in unseren Nahrungsmitteln befinden, ist leider sehr lang. Sie kann und soll an dieser Stelle nicht in aller Ausführlichkeit dargelegt werden. Konzentrieren wir uns lieber auf die Möglichkeiten, sich möglichst schadstoffarm zu ernähren:

Strategieplan: Schadstoffe vermeiden

Biologischer Anbau: In der herkömmlichen Landwirtschaft werden jährlich 30 000 Tonnen Herbizide und Insektizide eingesetzt, die über die Nahrungskette auf unsere Teller gelangen. Lebensmittel aus kontrolliertem biologischen Anbau weisen weit weniger Schadstoffe auf als Lebensmittel aus herkömmlichem Anbau. Lassen Sie sich beim Einkauf nicht von Äußerlichkeiten täuschen. Auch wenn Bio-Produkte nicht so glattpoliert und steril aussehen, so haben sie doch einen hohen Nährwert. Neben Bio-Gemüse und -Obst breiten sich immer mehr Bio-Bäckereien und Metzgereien aus.

„Aber Bioprodukte kosten mehr!" Dieser Einwand ist auf den ersten Blick durchaus verständlich. Doch darf man die Ernährungs-Gesundheits-Gleichung nicht kurzfristig ansetzen. Schließlich geben wir jährlich Milliarden aus, um ernährungsbedingte Krankheiten zu kurieren – Kosten, für die wir direkt und indirekt (über die Krankenkassenbeiträge) selbst aufkommen müssen.

Vorsicht mit dem Etikett Bio: Seit sich umweltbewußte Verbraucher immer mehr auf dem Markt durchsetzen, wird mit den Etiketten *Bio* und *Naturkost* in großem Rahmen geworben – und in den wenigsten Fällen hat der Verbraucher eine Kontrollmöglichkeit, wie biologisch und natürlich die Lebensmittel tatsächlich hergestellt und verarbeitet wurden. Bei den Großproduzenten unterwerfen sich lediglich fünf Anbauorganisationen den Richtlinien der Stiftung Ökologischer Landbau: *Anog, Biokreis, Bioland, Demeter* und *Naturland.*

Unnütze und schädliche Verpackungen meiden: Verpackungen schützen nicht nur die Lebensmittel, sie geben auch Stoffe an sie ab. Beispielsweise treten Weichmacher aus PVC-Folien oder Polyethylen aus Milchpappkartons aus. Unnütze Verpackungen stellen darüber hinaus eine große Umweltbelastung dar. Ihre Produktion verbraucht wertvolle Energie, und ihre Entsorgung belastet die Müllberge und setzt Schadstoffe frei.

Man sollte sich deshalb angewöhnen, Lebensmittel wieder lose zu kaufen. Verpackte Lebensmittel sofort auspacken und in „gesunden" Behältern lagern (Glas-, Porzellan- oder Tonschüsseln). Wo immer möglich, Glaspfandflaschen bevorzugen und Pergamentpapier anstatt PVC- oder Aluminiumfolien verwenden.

Etiketten lesen: Viele Lebensmittel-Zusatzstoffe, vor allem Farb- und Konservierungsstoffe, haben sich einen schlechten Namen als Allergieauslöser gemacht. Kaufen Sie möglichst naturbelassene Lebensmittel, und lesen Sie sich genau das Etikett durch. Je länger die Zutatenliste, desto denaturierter ist das Nahrungsmittel im Regelfall.

Die örtlichen Verbraucherzentralen und das Bundesgesundheitsamt (Adressen: siehe Seite 311) halten ausführliche Listen von Lebensmittel-Zusatzstoffen, ihrem Vorkommen und ihren Wirkungen auf die Gesundheit bereit. Diese Listen bekommen Sie teilweise kostenlos, teilweise gegen Einsendung einer geringen Gebühr für Portokosten zugeschickt.

Je frischer, desto besser: Lebensmittel möglichst frisch verarbeiten. Zu lange und feuchte Aufbewahrung fördert die Bildung von Salmonellen, Schimmelpilzen und Fäulnisbakterien, beim Grillen an offenem Feuer entstehen die krebserregenden Benzpyrene, und bei der Erhitzung von gepökelten Lebensmitteln auf über 170 Grad Celsius können die ebenfalls krebserregenden Nitrosamine gebildet werden. Verwenden Sie deshalb möglichst frische und naturbelassene Lebensmittel, essen Sie nicht zuviel Gegrilltes und Gepökeltes.

Vollwerternährung

Was bedeutet Vollwert?

Lebensmittel und Nahrungsmittel: Die Grundlagen der Vollwertkost wurden von dem deutschen Bakteriologen und Hygieniker Werner Kollath (1892–1970) gelegt, der besonders auf dem Gebiet der Vitaminforschung und Ernährungswissenschaft tätig war. Kollath unterschied als erster zwischen Lebens- und Nahrungsmitteln. Lebensmittel sind für ihn frische, lebendige Speisen, die den Menschen mit lebensnotwendigen Stoffen versorgen. Nahrungsmittel hingegen werden zwar vom Menschen verzehrt, haben aber keine oder nur noch wenige lebenswichtige Inhaltsstoffe. Lebensmittel – nach der Definition von Kollath – sind also vollwertig, Nahrungsmittel nur gering oder minderwertig.

Vollkorn und Vollwert: Naturbelassene Getreideprodukte spielen in der nährwertbewußten Vollwertküche eine besondere Rolle. Nur das volle, nicht ausgemahlene Korn besitzt den ganzen Gehalt an Vitaminen, Mineralien und Ballaststoffen. Je mehr das Korn ausgemahlen oder poliert wird, desto größer ist der Verlust dieser wichtigen Vitalstoffe. Der Aufbau eines Weizenkorns verdeutlicht die Gründe hierfür: Die wertvollsten Bestandteile des Korns befinden sich hauptsächlich in der Außenschicht und im Keimling – und eben diese Bestandteile werden beim Mahlen und Polieren entfernt.

Ein Beispiel: Weißmehl vom Typ 405, die im Haushalt am meisten verwendete Mehlsorte, hat im Vergleich zum vollen Korn zirka 60 Prozent weniger Vitamin E und Vitamin B_2, 80 Prozent weniger Vitamin B_1, 90 Prozent weniger Biotin, 50 Prozent weniger Natrium, 70 Prozent weniger Kalzium, 80 Prozent weniger Eisen und 80 Prozent weniger Magnesium.

Obst und Gemüse: Aufgrund ihres hohen Vitamin- und Mineralgehaltes werden Obst und Gemüse in der Vollwertküche täglich verzehrt. Die meisten Vitalstoffe und Nährwerte sind in rohen, unbehandelten und ungeschälten Lebensmitteln enthalten. Denn auch bei Obst und Gemüse befinden sich die wichtigsten Stoffe direkt unter der Schale. Jedes Schälen, Zerkleinern, Kochen oder Backen führt zu einem Verlust dieser wichtigen Stoffe (vergleiche dazu die Angaben über Vitaminverluste auf der Seite 279).

Heimische Produkte: Die Vollkornküche bevorzugt stets heimische Produkte, so wie sie der Jahreszeit entsprechend angeboten werden. Denn je kürzer die Zeit, die zwischen Ernte und Verzehr verstreicht, desto höher ist der Nährwertgehalt der Lebensmittel. Exotische Produkte, die meist unreif geerntet werden sowie lange Transportwege und Lagerzeiten hinter sich haben, bevor sie auf unseren Märkten angeboten werden, enthalten oft nur noch wenige Vitalstoffe.

Wenig tierische Produkte: Die Vollwertkost ist nicht nur äußerst nährwertbewußt, sie ist auch eine risikobewußte Ernährungsweise. Durch den Verzicht auf weißen Zucker, übermäßiges Würzen (der Eigengeschmack der Lebensmittel ist in der Vollwertküche vorrangig) und den eingeschränkten Genuß tierischer Produkte wie Fleisch, tierische Fette und Eier wird vielen Risikofaktoren wie Cholesterin-, Harnsäure- oder Zuckererkrankungen vorgebeugt.

Die Einschränkung des Fleischkonsums hat aber auch eine umweltpolitische Dimension: Zur Produktion von einem Kilogramm Fleisch in der Intensivmast müssen sieben Kilogramm Getreide verfüttert werden – Futtermittel, für deren Anbau täglich quadratkilometerweise der brasilianische Urwald abgeholzt wird.

Biologischer Anbau: Die konsequente Vollwerternährung versucht natürlich auch, möglichst wenig Giftstoffe mit den Lebensmitteln aufzunehmen. Sie ist schadstoffbewußt und bevorzugt deshalb Produkte aus biologischem Anbau (siehe Seite 288 und 289).

Verarbeitung und Zubereitung: Bei der Verarbeitung legt die Vollwertküche großen Wert darauf, den natürlichen Gehalt der Lebensmittel so wenig wie möglich zu beeinträchtigen. So wird darauf geachtet, daß alle Lebensmittel erst kurz vor dem Verzehr zerkleinert, gemahlen oder gepreßt werden. Bei den Garmethoden wird dem vitaminschonenden Dünsten der Vorrang vor Kochen oder Grillen gegeben.

Vollwert und Gesundheit

Aufgrund des hohen ernährungsphysiologischen Wertes der Vollwertküche gehen immer mehr Ärzte, nicht nur die naturheilkundlich orientierten, dazu über, ihren Patienten eine vollwertige Ernährung anzuraten. Sie wird als Vorbeugung für Zivilisationserkrankungen aller Art ebenso empfohlen wie als Diät bei Allergien, Verdauungsbeschwerden oder Magen-Darm-Erkrankungen.

Eine Warnung muß jedoch noch ausgesprochen werden: Die Vollwertkost ist bei allen gesundheitlichen Vorteilen nicht gleichzeitig kalorienarm. Ein Blick in die Kalorien-/Joule-Tabelle auf der Seite 298 zeigt, daß etliche Vollwert-Produkte gehörige Kalorien beinhalten. Wer übergewichtig ist, muß bei der Zusammenstellung seines vollwertigen Speiseplans sehr bewußt und vorsichtig auswählen!

Vollwerternährung und Wohlbefinden

Vollwertkost

* ist reich an Kohlehydraten, pflanzlichem Eiweiß, pflanzlichen Fetten und Ölen,
* besitzt viele Ballaststoffe, Vitamine und Mineralien,
* ist arm an Schadstoffen,
* hat niedrige Cholesterin- und Zuckerwerte,
* vermeidet Schadstoffe und künstliche Zusatzstoffe,
* vermindert das Risiko Allergien,
* fördert die Verdauung,
* beugt ernährungsbedingten Krankheiten vor.

Speiseplan: Vollwertkost

Rohkost und gekochte Kost: Ein vollwertiger Speiseplan besteht zu 60 Prozent aus Frischkost und zu 40 Prozent aus gekochten Speisen (Abbildung 176).

Die Hälfte der roh verzehrten Speisen soll dabei aus frischen Körnern, Samen und Nüssen sowie Rohmilch bestehen, der Rest zu gleichen Teilen aus Obst und Gemüse.

Abbildung 176

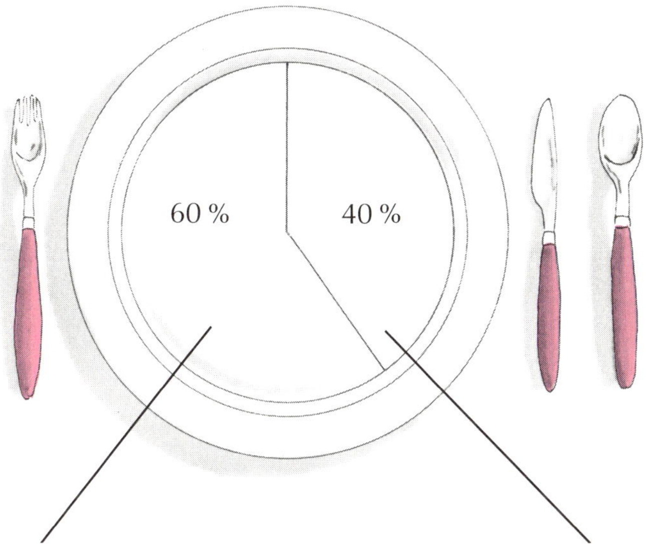

Rohkost
Frische Körner, Nüsse, Rohmilch, Obst und Gemüse.

Gekochte Kost
Gemüse- und Getreidegerichte, Brot, nur wenig Fleisch und Eier.

Die Auswahl der Lebensmittel (Abbildung 177): Der Schwerpunkt der vollwertigen Ernährung liegt auf dem Verzehr von frischem Gemüse, Obst, Milch und Vollwertprodukten. Nur in Maßen werden Fleisch (allerdings kein Schweinefleisch), Fisch und Eier verzehrt. Aus der Küche verbannt sind alle „denaturierten“ Nahrungsmittel, also solche, die erhitzt, poliert, sterilisiert, mit Zusatzstoffen versehen oder raffiniert wurden. Darunter fallen vor allem weißer Zucker, weißes Mehl, polierter Reis und natürlich alle Formen von Fertiggerichten und Konserven.

Abbildung 177

Empfehlenswert: Obst, Gemüse, Körner, Samen, Nüsse, Rohmilch. Alles möglichst frisch, unzerkleinert und biologisch erzeugt.

In geringen Mengen erlaubt: Fleisch, Geflügel, Fisch, Eier. Alles aus möglichst artgerechter biologischer Haltung.

Nicht empfehlenswert: Schweinefleisch, Auszugsmehl, weißer Zucker, Süßigkeiten, Fertiggerichte sowie alle denaturierten und verfeinerten Nahrungsmittel.

Stufenplan: Vollwerternährung (Abbildung 178): Für alle, die sich langsam mit der Vollwertküche vertraut machen möchten, ist der folgende Stufenplan gedacht. Er stellt eine Anregung dar, wie man Schritt für Schritt von seiner herkömmlichen Ernährungsweise in die Vollwertküche einsteigen kann.

Stufenplan Ernährung

Vollwert

△ Hauptsächlich Produkte aus biologischem Anbau verwenden.

△ Den Anteil von Rohkost vergrößern (auf 60 Prozent des Essens).

△ Auf denaturierte Produkte, Zucker und Süßigkeiten weitgehend verzichten.

△ Nur ein bis zweimal die Woche Fleisch, Fisch, Geflügel und Eier essen.

△ Mehr frisches Obst, Gemüse, Körner, Samen, Keime und Milch zu sich nehmen.

△ Speisen erst kurz vor dem Essen zerkleinern und schonend zubereiten (Dünsten oder Dämpfen).

△ Weniger einkaufen, nur kurz lagern und möglichst nur frische und unverpackte Lebensmittel einkaufen.

Herkömmliche Ernährungsweise

Abbildung 178

Übergewicht abbauen

Das leidige Gewicht ist eines der Hauptgesprächsthemen, und das nicht nur beim weiblichen Geschlecht. Über Schönheitsideale läßt sich bekanntlich streiten – schließlich waren barocke Formen jahrhundertelang in, und der Schlankheitswahn vergangener Jahre ist längst einem moderateren Gewichtsbewußtsein gewichen. Aber jenseits aller ästhetischen Bewertungen ist Übergewicht – und darüber läßt sich nun nicht mehr streiten – ein bedenkliches Gesundheitsrisiko. Eine ganze Reihe von Zivilisationskrankheiten können in direktem oder indirektem Zusammenhang mit überflüssigen Pfunden stehen: Arteriosklerose, Herz-Kreislauf-Erkrankungen, Bluthochdruck, Cholesterinüberschuß, Abnutzungserscheinungen der Gelenke... Sowohl in der Vorbeugung als auch in der Behandlung dieser und vieler anderer Erkrankungen spielt die Reduzierung von Übergewicht eine wichtige Rolle – überschüssige Pfunde belasten eben nicht nur die Seele, sondern auch die Gelenke und den gesamten Organismus.

Übergewicht und Wohlbefinden

Übergewicht
* kann zu zahlreichen Erkrankungen wie Arteriosklerose, Bluthochdruck oder Herz-Kreislauf-Beschwerden führen,
* verstärkt die Beschwerden bei Gicht und anderen rheumatischen Erkrankungen,
* führt bei vielen zu psychischen Problemen und Kontaktschwierigkeiten,
* mindert die Leistungsfähigkeit und Lebenserwartung.

Vom Ende des Schlankheitswahns: Normal-, Ideal- und Übergewicht

Wo aber liegt die Grenze vom Normal- zum Übergewicht und damit auch die Gefahrenzone für die Beeinträchtigung der Gesundheit?

Das Normalgewicht: Erfunden wurde die noch heute geltende Norm für das normale Gewicht von Männern und Frauen bereits im 19. Jahrhundert. Der französische

Anthropologe und Chirurg Paul Broca ermittelte eine Formel für das sogenannte *Körpersollgewicht,* die noch heute seinen Namen trägt und Gültigkeit hat. Die Broca-Formel für das Normalgewicht lautet:

* Körpergröße in Zentimetern minus 100 = Normalgewicht in Kilogramm

Ein Beispiel: Das Normalgewicht einer 168 Zentimeter großen Frau beträgt: 168 minus 100 = 68 kg.

Das Idealgewicht: Umstritten ist heute jedoch der Begriff des Idealgewichts, den wir einer amerikanischen Lebensversicherungsgesellschaft verdanken. Die Metropolitan Life Ensurance Company glaubte nämlich herausgefunden zu haben, daß Menschen, die einen bestimmten Prozentsatz unter dem Broca-Normalgewicht lagen, eine höhere Lebenserwartung aufwiesen. Für Frauen lag dieses Idealgewicht 15 Prozent, für Männer zehn Prozent unter dem Normalgewicht.

Übergewicht: Wo beginnt denn nun das Übergewicht? Mit starren Formeln und Gewichtsgrenzen ist diese Frage sicherlich nicht zu beantworten. Als Richtwert wird heute angegeben, daß eine Überschreitung des Normalgewichtes von mehr als zehn Prozent als Übergewicht zu bezeichnen ist.

Kleine Kalorienkunde

Kalorien und Joule: Das Zauberwort, wann immer von Übergewicht die Rede ist, ist die Kalorie. Was den Umgang mit den Energieeinheiten angeht, ist die deutsche Umgangssprache sehr salopp: Eigentlich ist die offizielle Einheit seit 1978 das (Kilo-)Joule. Doch die wenigsten benutzen sie. Sie sprechen weiter von der Kalorie. Was sie damit meinen, ist aber die Kilo-Kalorie.

So rechnen sich Kilokalorien in Kilojoule um:

* 1 Kilokalorie = 4,2 Kilojoule abgekürzt:
  1 kcal = 4,2 kJ

Der tägliche Energiebedarf: Die Kalorie ist die Maßeinheit, die angibt, wieviel Energie beim Verzehr eines Lebensmittels dem Körper zur Verfügung gestellt wird. Aber wie so vieles im Leben ist auch die Kalorie ein relativer Begriff: Der tägliche Energieverbrauch ist nämlich nicht für alle Menschen gleich, er ist abhängig vom

* Alter
* Geschlecht
* der Art der körperlichen und geistigen Beanspruchung und dem
* individuellen Energie-Grundumsatz (in einfachen Worten: ob man ein guter oder schlechter „Futterverwerter“ ist.)

Die nachfolgende Übersicht gibt wichtige Anhaltspunkte für den täglichen Energiebedarf. Sie stützt sich auf Richtwerte, die von der Deutschen Gesellschaft für Ernährung erarbeitet wurden.

Die Kalorien-/Jouletabelle auf den Seiten 298 bis 302 gibt einen Überblick über die Brennwerte ausgewählter Lebensmittel.

Tabelle Täglicher Energiebedarf

	männlich	weiblich	männlich	weiblich
0–2 Monate	550 kcal		2 300 kJ	
3–5 Monate	750 kcal		3 140 kJ	
6–12 Monate	850 kcal		3 560 kJ	
1–3 Jahre	1 100 kcal		4 600 kJ	
4–6 Jahre	1 500 kcal		6 280 kJ	
7–9 Jahre	1 900 kcal		7 950 kJ	
10–12 Jahre	2 300 kcal	2 200 kcal	9 620 kJ	9 200 kJ
13–14 Jahre	2 700 kcal	2 500 kcal	11 300 kJ	10 460 kJ
15–18 Jahre	3 000 kcal	2 500 kcal	12 550 kJ	10 040 kJ
19–35 Jahre	2 600 kcal	2 200 kcal	10 880 kJ	9 200 kJ
36–50 Jahre	2 400 kcal	2 000 kcal	10 040 kJ	8 370 kJ
51–65 Jahre	2 200 kcal	1 800 kcal	9 200 kJ	7 530 kJ
über 65 Jahre	1 900 kcal	1 700 kcal	7 950 kJ	7 110 kJ

Die Werte, die für Erwachsene angegeben sind, gehen von Leichtarbeitern mit überwiegend sitzender Tätigkeit aus. Folgende Personengruppen haben jedoch einen erhöhten Energiebedarf:

Schwangere:	+ 300 kcal oder + 1 260 kJ
Menschen mit mittelschwerer Beschäftigung (Hausfrauen, Verkäufer):	+ 600 kcal oder + 2 510 kJ
Schwerarbeiter (Landwirte, Gerüstbauer):	+ 1 200 kcal oder + 5 050 kJ

Kalorien-/Joule-Tabelle

Getränke (¼ Liter)		
Apfelsaft	55 kcal	231 kJ
Cognac (40%, 2 cl)	50 kcal	210 kJ
Cola-Getränk	110 kcal	462 kJ
Kaffee (schwarz)	0 kcal	0 kJ
Karottensaft	68 kcal	285 kJ
Milch (3,5% Fett)	165 kcal	693 kJ
Mineralwasser	0 kcal	0 kJ
Orangensaft	120 kcal	504 kJ
Vollbier	120 kcal	504 kJ
Weißbier	120 kcal	504 kJ
Wein (weiß)	170 kcal	714 kJ
Wein (rot)	165 kcal	693 kJ
Whisky (40%, 4 cl)	115 kcal	483 kJ
Obst (1 Stück, mittelgroß)		
Apfel	70 kcal	294 kJ
Banane	150 kcal	630 kJ
Birne	70 kcal	294 kJ
Erdbeeren (500 g)	180 kcal	756 kJ
Grapefruit	70 kcal	294 kJ
Johannisberen (500 g)	220 kcal	924 kJ
Kirschen (500 g)	340 kcal	1 428 kJ
Kiwi	50 kcal	210 kJ
Orange	80 kcal	336 kJ
Pfirsich	60 kcal	252 kJ
Zwetschgen (500 g)	315 kcal	1 323 kJ
Gemüse (100 g Frischgewicht)		
Blumenkohl	27 kcal	113 kJ
Bohnen (grün)	28 kcal	117 kJ
Champignons	25 kcal	105 kJ
Erbsen	90 kcal	378 kJ
Feldsalat	20 kcal	84 kJ
Gurken	10 kcal	42 kJ
Kartoffeln	73 kcal	307 kJ
Kohlrabi	25 kcal	105 kJ
Kopfsalat	15 kcal	63 kJ
Morcheln	30 kcal	126 kJ
Porree	39 kcal	164 kJ
Rote Bete	25 kcal	105 kJ
Rotkohl	25 kcal	105 kJ
Sauerkraut	26 kcal	109 kJ

Sojabohnen (getrocknet)	380 kcal	1 596 kJ
Sojabohnensprossen	25 kcal	105 kJ
Spargel	20 kcal	84 kJ
Spinat	25 kcal	105 kJ
Tomaten	20 kcal	84 kJ
Zucchini	28 kcal	118 kJ
Zwiebeln	45 kcal	189 kJ

Getreideprodukte und Nüsse
(100 g Rohgewicht bzw. 1 Scheibe)

Cornflakes	390 kcal	1 638 kJ
Haselnüsse	690 kcal	2 898 kJ
Leinsamen	420 kcal	1 764 kJ
Mandeln	600 kcal	2 520 kJ
Mischbrot	100 kcal	420 kJ
Pistazienkerne	590 kcal	2 478 kJ
Pumpernickel (1 Scheibe)	100 kcal	420 kJ
Reis (braun)	372 kcal	1 562 kJ
Reis (weiß)	370 kcal	1 554 kJ
Roggenbrot (1 Scheibe)	100 kcal	420 kJ
Sonnenblumenbrot (1 Scheibe)	100 kcal	420 kJ
Sonnenblumenkerne	520 kcal	2 184 kJ
Nudeln	390 kcal	1 638 kJ
Vollkornbrot	100 kcal	420 kJ
Vollkornnudeln	430 kcal	1 806 kJ
Walnüsse	700 kcal	2 940 kJ
Weizenkeime	400 kcal	1 680 kJ
Weizenkleie	150 kcal	630 kJ
Weizenmehl (Type 405)	370 kcal	1 554 kJ
Weizenschrot	350 kcal	1 470 kJ

Milchprodukte und Eier

Buttermilch (0,5 Liter)	180 kcal	756 kJ
Vollmilch (0,5 Liter)	330 kcal	1 386 kJ
Fettarme Milch (0,5 Liter)	240 kcal	1 008 kJ
Saure Sahne (0,1 Liter)	125 kcal	525 kJ
Schlagsahne (30%, 0,1 Liter)	320 kcal	1 344 kJ
Speisequark mager (250 g)	220 kcal	924 kJ
Speisequark Sahne (250 g)	450 kcal	1 890 kJ
Kondensmilch (1 TL)	10 kcal	420 kJ
Hühnervollei	80 kcal	336 kJ
Hühnereigelb	65 kcal	273 kJ
Hühnereiweiß	15 kcal	63 kJ

Kalorien-/Joule-Tabelle

Fleisch- und Wurstwaren (100 g)		
Kalbfleisch		
Brust	150 kcal	630 kJ
Filet	104 kcal	437 kJ
Haxe	107 kcal	450 kJ
Leber	135 kcal	567 kJ
Niere	135 kcal	567 kJ
Schnitzel	108 kcal	454 kJ
Schulter	110 kcal	462 kJ
Rindfleisch		
Brust	275 kcal	1 155 kJ
Filet	125 kcal	525 kJ
Leber	140 kcal	588 kJ
Niere	120 kcal	504 kJ
Schlegel/Keule	160 kcal	672 kJ
Schulter	150 kcal	630 kJ
Zunge	220 kcal	924 kJ
Scheinefleisch		
Bauch	450 kcal	1 890 kJ
Filet	175 kcal	735 kJ
Halsgrat/Kamm	300 kcal	1 260 kJ
Haxe	320 kcal	1 344 kJ
Kotelett	300 kcal	1 260 kJ
Leber	140 kcal	588 kJ
Niere	125 kcal	525 kJ
Schnitzel	190 kcal	798 kJ
Schulter	250 kcal	1 050 kJ
Hammel/Lamm/Schaf		
Brust	400 kcal	1 680 kJ
Filet	123 kcal	517 kJ
Keule	250 kcal	1 050 kJ
Kotelett	320 kcal	1 344 kJ
Schnitzel	140 kcal	588 kJ
Bierschinken	250 kcal	1 050 kJ
Blutwurst	430 kcal	1 806 kJ
Hartwurst	550 kcal	2 310 kJ
Krakauer	300 kcal	1 250 kJ
Leberkäse	270 kcal	1 134 kJ
Leberpastete	340 kcal	1 428 kJ
Leberwurst	400 kcal	1 680 kJ
Schinken (roh)	400 kcal	1 680 kJ
Schinken (gekocht)	290 kcal	1 218 kJ

Schweinswürstl (1 Paar)	440 kcal	1 848 kJ
Weißwürste (1 Paar)	500 kcal	2 100 kJ
Wiener Würstl (1 Paar)	400 kcal	1 680 kJ
Wild und Geflügel (100 g)		
Ente	240 kcal	1 008 kJ
Gans	370 kcal	1 554 kJ
Gänseleber	230 kcal	966 kJ
Hähnchenbrust	100 kcal	420 kJ
Hähnchenkeule	140 kcal	588 kJ
Hase	120 kcal	504 kJ
Putenbrust	120 kcal	504 kJ
Putenkeule	130 kcal	546 kJ
Rehrücken	130 kcal	546 kJ
Rehschlegel	100 kcal	420 kJ
Fisch- und Meeresfrüchte (100 g)		
Aal (geräuchert)	300 kcal	1 260 kJ
Forelle	110 kcal	462 kJ
Forelle (geräuchert)	130 kcal	546 kJ
Hummer	89 kcal	374 kJ
Kabeljau	80 kcal	336 kJ
Karpfen	120 kcal	504 kJ
Miesmuscheln	70 kcal	294 kJ
Scampi	80 kcal	336 kJ
Scholle	85 kcal	357 kJ
Tintenfisch	80 kcal	336 kJ
Zander	95 kcal	399 kJ
Fette und Öle (10 g)		
Butter	78 kcal	328 kJ
Butterschmalz	90 kcal	378 kJ
Maiskeimöl	90 kcal	378 kJ
Margarine	75 kcal	315 kJ
Mayonnaise	110 kcal	462 kJ
Olivenöl	90 kcal	378 kJ
Schweineschmalz	90 kcal	378 kJ
Sojaöl	90 kcal	378 kJ
Sonnenblumenöl	90 kcal	378 kJ
Walnußöl	90 kcal	378 kJ
Zucker- und Süßwaren (100 g)		
Bienenhonig	320 kcal	1 344 kJ
Gummibärchen	330 kcal	1 386 kJ
Kaugummi (1 Stück)	10 kcal	42 kJ

Kalorien-/Joule-Tabelle

Marmelade	280 kcal	1 176 kJ
Marzipan	450 kcal	1 890 kJ
Vollmilchschokolade	530 kcal	2 226 kJ
Zucker	400 kcal	1 680 kJ

*) Die Mengenangaben beziehen sich, sofern nichts anderes angegeben ist, auf die in der Obergruppe (z. B. Getränke, Obst) angegebenen Zahlen.

Wie kommt es zu Übergewicht?

Energiebilanz: Die Frage, ob wir Gewicht zulegen, hängt zu einem guten Teil davon ab, wieviel Energie wir dem Körper zuführen. Ist unsere Energiebilanz ausgeglichen, das heißt liefern wir genau so viel Energie, wie der Körper braucht, so halten wir unser Gewicht. Führen wir mehr Energie zu als nötig, so legt der Körper diese Energie in Form von Fettdepots auf Lager. Die Folge: Übergewicht.

Die Gründe für Übergewicht sind aber nicht nur in simplen Energie-Gleichungen zu finden. Die Wurzeln des Übels liegen tiefer und sind verzweigter, als dies auf den ersten Blick scheinen mag (siehe auch Abbildung 179):

Anlage von Fettzellen im Kleinkindalter: Der Grundstein für Übergewicht wird manchmal schon in der frühen Kindheit gelegt. Vergrößerte Fettzellen, verursacht durch Überfütterung von Babys und Kleinkindern, bergen das ganze Leben lang ein Risiko für Übergewicht.

Falsche Eßgewohnheiten: Falsche Ernährungsgewohnheiten führen zu einer gestörten Energieverwertung und zum Ausbleiben des natürlichen Hunger- und Sättigungsgefühls. Zu den wichtigsten Faktoren zählen hier hektisches, liebloses Essen und Ablenkungen während des Essens (z. B. durch Fernsehen).

Moderne Lebensweise: Schließlich darf eines nicht vergessen werden: Wir essen meist noch die Kalorienmengen aus Großmutters Küche, während wir den ganzen Tag am Schreibtisch sitzen und schwere körperliche Anstrengungen zur Seltenheit geworden sind.

Essen aus Frust und Kummer: Viele Menschen versuchen, mit Essen seelische Tiefschläge zu kompensieren:

Einsamkeit, Beziehungsprobleme, Scheidung, Trennung, beruflicher Streß, Unsicherheit, Einsamkeit... Die psychischen Probleme, die dazu führen, sich einen Kummerspeck anzuessen, sind unzählig. Für so manchen beginnt dadurch sogar ein Teufelskreis, denn Übergewicht steigert nicht gerade das Selbstwertgefühl – und dieser Frust will auch „runtergeschluckt" werden.

Schlankheitskuren und Diäten – mehr Frust als Lust

Dick durch Diät? Es ist also eine Frage der Zeit. Kurzfristig nimmt man bei jeder Diät ab. Der stolze Blick auf die Waage und das anerkennende Schulterklopfen mitfühlender Freunde und Familienangehöriger stärken die Abnehm-Disziplin solange, bis die magische Marke, die man sich gesetzt hat, erreicht ist. Endlich geschafft! Doch die Freude ist meist nicht von langer Dauer. Innerhalb von wenigen Wochen, wenn nicht Tagen, sind die lästigen Pfunde wieder unübersehbar, ja vielfach sind sie gar mehr anstatt weniger geworden. Der vergleichende Blick auf einige bekannte Schlankheitsdiäten zeigt, weshalb so viele Abmagerungskuren auf lange Sicht scheitern:

Einseitigkeit: Die meisten Diäten haben einen extrem einseitigen Speiseplan. Schon nach kurzer Zeit stellt sich ein regelrechter Überdruß ein. Selbst das wenige, das man essen darf, schmeckt nicht. Der Erfolg: Mit wahrem Heißhunger stürzt man sich nach der Diät auf all die vorher verbotenen Verlockungen.

Kein Lerneffekt: Durch kurzfristige Kuren, die man nur unter äußerster Disziplin durchhält, werden keine falschen Ernährungsgewohnheiten korrigiert. Nach der Diät ernährt sich der Übergewichtige meist genauso falsch wie vorher. Der Lerneffekt vieler Diäten ist gleich Null.

Essen allein ist nicht schuld: Diäten setzen nur an einer Wurzel des Übels an: an der kalorienreichen Ernährung. Übergewicht ist aber ein komplexes Problem, bei dem sich mehrere Faktoren die Hand geben (siehe Seite 302). Überschüssige Pfunde kann man selten durch reine Kalorienreduktion auf Dauer loswerden.

Diäten im Überblick

Diät*)	Charakteristika
Atkins-Diät	Verzicht auf Kohlehydrate, gegessen werden hauptsächlich fettreiche Lebensmittel wie Fleisch, Eier, Käse, Mayonnaise, Eier, Sahne.
Brigitte-Diät	Ausgewogener, abwechslungsreicher Diätplan. Erlaubt sind nahezu alle Arten von Lebensmitteln mit geringem Fett- und Zuckergehalt.
Hollywood-Diät	Ein fester Diätplan legt die Nahrungszufuhr für 18 Tage fest. Die Auswahl der Lebensmittel ist genau vorgeschrieben und auf wenige beschränkt.
Mayo-Diät	Hat nichts mit der berühmten Mayo-Klinik in den USA zu tun. Gegessen werden hauptsächlich Eier, mageres Fleisch und etwas Obst.
Mayr-Kur	Benannt nach dem österreichischen Arzt Dr. F. X. Mayr. Gegessen werden ausschließlich Milch und Semmeln.
Reisdiät nach Dr. Kempner	Vier Wochen lang darf nur Reis und Apfelmus gegessen werden, danach ist etwas mageres Fleisch, Obst und Gemüse erlaubt.
Schrothdiät	Benannt nach dem Naturheiler Johann Schroth. Über mindestens vier Wochen werden nur trockenes Brot, etwas Reis, Müsli, Obst und Gemüse gegessen. Getrunken wird Mineralwasser und Weißwein.
Weight Watchers	Eigentlich keine Schlankheitskur, sondern eine Organisation. Abgenommen wird gemeinschaftlich in der Gruppe mit Hilfe einer ausgewogenen Mischkost. Die psychologische Betreuung und der gemeinsame Erfahrungsaustausch in der Gruppe wirkt sich positiv auf den Erfolg aus.

*) In Verbindung mit einer Kur.

Erfolgreich abnehmen

Eine erfolgreiche Reduzierung von Übergewicht muß an vielen Punkten ansetzen. Sie ist nicht durch reines Kalorienzählen zu erreichen. Beachten Sie die folgenden Empfehlungen:

Vielseitigkeit: Jede einseitige Nahrungszusammenstellung (zum Beispiel nur Eier, nur Kohlehydrate, nur Quark) vermeiden. Sie führt zu Überdruß und Mangelernährung. Je ausgewogener der Diätplan, je abwechslungsreicher die Speisenfolge, desto besser sind die Erfolgsaussichten.

Langzeiteffekt: Die Güte einer Diät besteht nicht in der möglichst schnellen Gewichtsabnahme. Viel wichtiger ist es, die verlorenen Pfunde auch endgültig loszuwerden. Fragen Sie sich bei jedem Diätplan: Kann ich diese Ernährung auch auf lange Sicht durchhalten?

Lerneffekt: Langfristig kann nur ein Erfolg eintreten, wenn durch praktische Diätpläne eine Änderung alter Ernährungsgewohnheiten erreicht wird. Eine gute Schlankheitskur sollte ein Lehrgang in puncto vernünftiger Ernährung sein.

Keine künstlichen Hilfsmittel: Von jeder Art von Appetitzüglern und Abführmitteln ist abzuraten. Der Lerneffekt bei diesen Präparaten ist gleich Null. Bei längerem Gebrauch rufen sie sogar bedenkliche Gesundheitsschäden hervor.

Ernährungstagebuch: Schreiben Sie sich über einige Wochen hinweg täglich auf, was Sie alles essen. Sie brauchen sich nicht die Mühe zu machen, dabei jede Kalorie zu zählen. Führen Sie sich nur vor Augen, was Sie täglich zu sich nehmen. Gewöhnen Sie sich an, einen Blick auf Ihre Tagesliste zu werfen, bevor Sie erneut etwas zu sich nehmen. Vielleicht wird Ihnen dadurch bewußt, daß Sie eigentlich schon genügend gegessen haben.

Checkliste: Führen Sie vor dem Essen eine Art Gewissenserforschung durch. Haken Sie dazu eine kurze Checkliste in ihrem Kopf ab.

Checkliste Eßverhalten

* Habe ich wirklich Hunger, oder esse ich aus Frust oder Langeweile?
* Habe ich heute nicht schon genug gegessen?
* Muß es tatsächlich diese Speise sein?
* Kann es nicht etwas Kalorienärmeres sein?
* Esse ich wirklich mit Genuß oder hektisch und lustlos?

Geduld: Nehmen Sie sich nicht zuviel vor. Ebenso schleichend wie sich die überflüssigen Pfunde angesammelt haben, ebenso behutsam muß man in der Regel auch wieder abbauen. Versuchen Sie es einmal mit einem schrittweisen Vorgehen (siehe Stufenplan S. 294).
Denken Sie stets daran, daß

* falsche Erziehung,
* falsche Eßgewohnheiten,
* zuviel Kalorien bei zu wenig Bewegung,
* Essen aus Frust und Kummer

wie ein Bleigewicht auf die Waage drücken.

Abbildung 179

Stufenplan Übergewicht abbauen

Normalgewicht

Wenn Sie es alleine nicht schaffen: Suchen Sie Unterstützung in einer Gruppe, zum Beispiel den Weight Watchers.

Führen Sie ein konsequentes Bewegungstraining durch, das an den Problemzonen ansetzt (siehe Bodyshaping, Seite 121).

Versuchen Sie nicht, mit Essen psychische Probleme zu kompensieren. Es gibt bessere Problemlösungen, wie Abschalten und Entspannen (siehe Seite 19).

Wählen Sie Ihre Nahrungmittel gezielt aus: Wie viele Kalorien brauchen Sie? Welche können Sie sich sparen? Was schmeckt Ihnen? Was ist gesund?

Lösen Sie sich von falschen Eßgewohnheiten. Der Teller muß nicht leergegessen werden, Ihr Magen ist der falscheste Ort für eine Resteverwertung.

Nehmen Sie sich Zeit zum Essen. Lenken Sie sich durch keine Nebenbeschäftigung vom Essen ab. Unterlassen Sie die kleinen Häppchen zwischendurch.

Waren Sie ein überfüttertes Baby? Nehmen Sie dies nicht zur Generalausrede für Ihr Übergewicht. Gerade diese frühkindliche Veranlagung muß zu einem bewußteren Umgang mit dem Risiko „Übergewicht“ führen.

Übergewicht

Abbildung 180

Fit bleiben

Auf den vorangegangenen Seiten haben Sie eine Menge darüber erfahren, welch vielfältige Möglichkeiten Sie haben, fit zu werden und fit zu bleiben. Dieser Ratgeber hat bei aller Anleitung zur Selbsthilfe aber nie den Eindruck erweckt, die eigenen Kräfte seien grenzenlos und die Hilfe von Fachleuten – seien es Therapeuten, Trainer, Lehrer oder Mediziner – wäre unnötig. Eine derartige Überschätzung von Selbsthilfe würde die Grenzen von

Checkliste Gesundheitsvorsorge

Was?	Wo?	Wann
Blutdruck	Arzt ______	______
	Apotheke ______	______
	Mit eigenem Gerät zuhause	______
Blutfett	Arzt ______	______
Harnsäure	Arzt ______	______
Krebs	Arzt ______	______
Sehvermögen	Augenarzt ______	______
Zähne	Zahnarzt ______	______
Zucker	Arzt ______	______
	Apotheke (Urintest).	______
MÄNNER: zusätzlich ab dem 40. Lebensjahr		
Prostata	Arzt ______	______
FRAUEN: zusätzlich		
Brust	Frauenarzt ______	______
Gebärmutter	Frauenarzt ______	______

verantwortungsbewußten Ratschlägen auch weit überschreiten. Aus diesem Grund soll zum Ausklang dieses Buches auch der Appell stehen, die enormen Möglichkeiten zur Gesundheitsvorsorge zu nutzen, die die Medizin heute zur Verfügung stellt. Sehen Sie deshalb die Checkliste auf S. 307 durch, und machen Sie die (mindestens) jährliche Untersuchung der genannten Faktoren zu einem festen Teil Ihres Fitneß-Konzeptes.

Bücher und Adressen

Entspannung

Brockert, Siegfried/Brockert, Heinz: *So werde ich Tolerant, Ruhig, Erfolgreich, Sicher und Streßfrei,* München 1985 (Oesch)

Dahlke, Rüdiger: *Luft, Wasser, Feuer, Erde.* Meditationskassette, München 1984 (Edition Neptun)

Franke, Klaus: *So lernt man Autogenes Training,* Stuttgart o. J. (Paracelsus)

Harf, Anneliese: *Yoga. Wege zur Harmonie.* Niedernhausen 1989 (Falken)

Kent, Howard: *Yoga leicht gemacht.* Übungen für geschwächte, kranke und ältere Menschen, Genf 1988 (Ariston)

Lidell, Lucy: *Die neue Schule der Sinnlichkeit.* Sanfte Körpererfahrung durch Massage und Meditation, München 1988 (Mosaik)

Lie, Foen Tjoeng: Chinesisches Schattenboxen. *Tai-Ji-Quan für geistige und körperliche Harmonie,* Niedernhausen 1987 (Falken)

Lowen, Alexander: Bioenergetik. *Der Körper als Retter der Seele.* Bern und München 1975 (Scherz)

Seitz, Margit: *Der Meditationsführer.* Wege nach innen. Wie Sie Ihre persönliche Meditationsmethode finden können, München 1985 (Oesch)

Schleimer, Jochen: *Tiefenentspannung.* Ein integriertes Cassettenprogramm, München 1984 (Pflaum)

Zi, Nancy: *Die Kunst richtig zu atmen,* München 1988 (Knaur Taschenbuch)

Bewegung

Cooper, Kenneth H: Dr. Coopers Gesundheitsprogramm. *Bewegung, Ernährung, Seelisches Gleichgewicht,* München 1984 (Droemer Knaur)

Ebermann, Renate: *Isometrische Übungen,* München 1980 (Heyne)

Kieser, Werner: *Leistungsfähiger mit korrektem Krafttraining,* Zürich 1978 (copypress)

Melzig, Dieter/Sklorz, Martin: *Richtiges Fitneß-training*, München 1988 (blv)

Meusel, Heinz: *Sport ab 40*, Reinbek 1988 (rororo)

Stemper, Theo: *Gesundheit, Fitneß, Freizeitsport.* Praxis des modernen Gesundheitssports, Köln 1988 (Bund-Verlag)

Wöllzenmüller, Franz/Grünewald, B: *Ausdauertraining, Laufen, Radfahren, Skilanglauf, Schwimmen*, München 1980 (Mosaik)

Yanker, Gary D.: Walking. *Fit, schlank und gesund durch Sportgehen*, Niedernhausen 1982 (Falken)

Wasseranwendungen, Sauna, Massage

Bachmann, Robert M. und Burghardt, Lothar: *Kneippen für jeden*, München 1987 (Gräfe und Unzer).

Fresenius, Hanna: *Sauna.* Der ärztliche Führer zur Entspannung und Gesundheit durch richtiges Saunabaden, München o. J. (Gräfe und Unzer).

Wagner, Franz: *Reflexzonen-Massage für jeden*, München 1987 (Gräfe und Unzer).

Körperpflege

Faber, Stefanie:*Das neue Rezeptbuch der Naturkosmetik.* 318 Rezepte zum Selbermachen, München 1987 (Goldmann)

Hingst, Wolfgang: *Zeitbombe Kosmetik*, Wien 1985 (Orac)

Kaufmann, Christin: *Körperharmonie*, München 1987 (Droemer Knaur)

Klopfleisch, Reinhold u.a.: *Mit Haut und Haaren. Ein kritischer Kosmetik-Ratgeber*, Köln 1987 (KiWi)

Pütz, Jean / Niklas, Christine: Hobbythek. *Schminken, Masken, schönes Haar. Die sanfte Kosmetik*, Köln 1987 (vgs verlagsgesellschaft)

Schwartau, Silke: *Schöner, stärker, schlanker.* Werbung und Wirklichkeit, Reinbek 1984 (rororo)

Ernährung

Was kann man überhaupt noch essen. *ABC der gesunden Nahrungsmittel,* München 1986 (Mosaik Verlag)

Elmfada, Ibrahim u.a.: *Die große GU-Nährwerttabelle.* Kalorien/Joule- und Nährstoffgehalte unserer Lebensmittel, München 1987 (Gräfe und Unzer)

Früchtel, Ingrid: *Vollwertkost auch für Einsteiger,* München 1987 (Gräfe und Unzer)

Vollwert, Nudeln, Münster 1990 (Stedtfeld Verlag)

Vollwert, Salate, Rohkost, Snacks, Münster 1990 (Stedtfeld Verlag)

Rütting, Barbara: *Mein neues Kochbuch, Schlemmereien aus der Vollwertküche*, München 1984 (Mosaik Verlag)

Adressen

Deutscher Sportbund, Otto-Fleck-Schneise 12, 6000 Frankfurt a. M. 71

Deutscher Tierschutzbund, Baumschulallee 15, 5300 Bonn 1

Stiftung Warentest, Lützowplatz 11 bis 13, 1000 Berlin 30

Bundeszentrale für gesundheitliche Aufklärung, Ostermerheimerstraße 200, 5000 Köln 91

Deutsche Yogagesellschaft e.V., Postfach 2223, 8070 Ingolstadt

Register